UM PAÍS SEM EXCELÊNCIAS E MORDOMIAS

CLAUDIA WALLIN

UM PAÍS SEM EXCELÊNCIAS E MORDOMIAS

Na Suécia, os políticos ganham pouco, andam de ônibus e bicicleta, cozinham sua comida, lavam e passam suas roupas e são tratados como "você". No Brasil...

GERAÇÃO

3ª reimpressão — Outubro de 2015

Grafia atualizada segundo o Acordo Ortográfico da Língua Portuguesa
de 1990, que entrou em vigor no Brasil em 2009.

Editor e Publisher
Luiz Fernando Emediato

Diretora Editorial
Fernanda Emediato

Assistente Editorial
Adriana Carvalho

Capa
Alan Maia

Imagem de Capa
Erhan Güner
Jornal Grajaú de Fato

Projeto Gráfico e Diagramação
Kauan Sales

Preparação
Daniela Nogueira

Revisão
Rinaldo Milesi
Josias A. Andrade

DADOS INTERNACIONAIS DE CATALOGAÇÃO NA PUBLICAÇÃO (CIP)
(Câmara Brasileira do Livro, SP, Brasil)

Wallin, Claudia
Um país sem excelências e mordomias / Claudia Varejão Wallin.
-- São Paulo : Geração Editorial, 2014.

ISBN 978-85-8130-237-9

1. Jornalismo 2. Suécia - História 3. Suécia -
Política e governo I. Título.

14-03426 CDD-070.449320485

Índices para catálogo sistemático

1. Suécia : Política e governo : Jornalismo 070.449320485

GERAÇÃO EDITORIAL

Rua Gomes Freire, 225 – Lapa
CEP: 05075-010 – São Paulo – SP
Telefax: (+ 55 11) 3256-4444
E-mail: geracaoeditorial@geracaoeditorial.com.br
www.geracaoeditorial.com.br

Impresso no Brasil
Printed in Brazil

À família que amo a distância —
minha mãe, Lenita; meus irmãos,
Paulo Roberto e Tanit; os sobrinhos,
Lono, Udo e Ingo; e nosso
pai, Ajuary Varejão, eternamente
presente em nossos corações.

SUMÁRIO

AGRADECIMENTOS

A Mats Knutson, pelas conversas valiosas. Ao prof. Paulo Roberto Varejão e a Joe Frans, Claes Jernaeus e Sofia Polhammer, pelo apoio de tantas horas. A Anna Aspegren e Maria Skuldt, do Riksdag (Parlamento sueco), pela gentileza na busca de respostas para perguntas infindáveis. A todos os entrevistados, pelo apoio para tornar este livro possível.

A Max, Alex e Felix, nossos vikings, pelo carinho ao longo da jornada.

A Ulf Wallin,
por todas as razões do mundo.

VIVA A SUÉCIA. POBRE BRASIL!

Luiz Fernando Emediato

A INCIPIENTE DEMOCRACIA brasileira vive uma situação *sui generis*. Ser político e alto servidor público transformou-se numa profissão que confere à pessoa enormes confortos e mordomias e altíssimos lucros. Empresários podem ser ministros, ou ministros ou altos secretários se transformam em banqueiros, depois de seus controvertidos mandatos. Deputados e senadores costumam ser empresários ou delegados de corporações empresariais ou agrárias.

O sistema de governo é de República Presidencialista, com um Executivo, um Legislativo e um Judiciário, mas, que coisa estranha, o Judiciário legisla, o Legislativo participa do Executivo, nomeando ministros, secretários e altos funcionários de bancos e estatais, e o Executivo também legisla... A "res publica", a coisa pública, torna-se imediatamente propriedade privada, de pessoas, grupos e corporações.

Por que um partido quer cargos no Executivo? Se fosse para ajudar a governar seria uma maravilha, mas geralmente é para empregar parentes, correligionários e aplicar recursos, comprar e vender, levando a inevitável comissão, a propina, aquilo que os líderes partidários chamam eufemisticamente de "estrutura". Que não se ofereça a essa gente ministérios sem "estrutura". Recusarão, ofendidos.

Como os negócios públicos precisam gerar recursos privados para as campanhas eleitorais e bolsos pessoais, surge então a figura do doleiro, do "laranja", da empresa fantasma que receberá e distribuirá as propinas – e acabarão, porque existe imprensa livre nessa democracia, nas páginas dos jornais, nem sempre porque um grande jornalista descobriu a tramoia, mas porque um inimigo político do denunciado vazou documentos ou forjou um dossiê a respeito. Pobres jornalistas... Muitos deles acabam manipulados ou usados no contexto dessa verdadeira guerra entre quadrilhas de politiqueiros e negociantes.

Pobre democracia! Platão, há 2.500 anos, já dizia que o castigo dos homens capazes que se recusam a participar das questões governamentais é viver sob o domínio dos homens incapazes. Hoje em dia, incapazes de serem homens públicos, porque são muito capazes para tocar seus negócios. Donde infelizmente são raros – existem, mas são raros – os homens capazes, íntegros, que se interessam por política e pela gestão pública. Nem tudo está perdido.

Na política em si os íntegros e capazes são mais raros do que na estrutura burocrática do Estado. Professores, intelectuais, economistas, engenheiros, sociólogos, gente de boa qualidade em geral não quer "sujar as mãos" na política.

Daí que os quadros são tão medíocres no chamado "baixo clero" dos parlamentos ou tão espertos no "alto clero", ali onde estão os poucos que realmente mandam, fazem e acontecem. Na burocracia existe, felizmente, um quadro capaz – mas em geral desestimulado ao ver que acabam dirigidos por políticos ou indicados de políticos cujos interesses não serão jamais aqueles que deveriam interessar aos bons gestores.

Até aqui falamos de negócios. Agora falemos dos confortos, das chamadas mordomias. No Brasil, ser vereador, deputado estadual, deputado federal, senador, ministro ou juiz de altas cortes implica ter geralmente um salário que pode não ser escandaloso – um juiz do Supremo Tribunal Federal ou um ministro de Estado não ganha mais do que 12 mil dólares por mês, que não chega a ser um absurdo para tão altas funções – mas além disso tem automóvel, motorista, assessores, jatinhos, diárias, férias prolongadas, viagens internacionais, verbas extras, moradia em mansões e até palácios.

Tudo o que aqui se disse, então, serve para nos levar ao seguinte: ao ler este espantoso livro de Claudia Wallin sobre a Suécia, parece que estamos lendo um livro de ficção científica, sobre um país utópico qualquer. Mas como isso pôde ser possível? Como a democracia pôde se consolidar naquele país gelado, habitado no passado remoto por um bando de selvagens louros que a lenda desenhou vestindo peles e usando chifres na cabeça?

História. Educação. Reforma política. Construção e defesa de instituições sólidas. A Suécia, há menos de 100 anos, era um país pobre, mas habitado por um povo determinado a sair da pobreza e do atraso. E conseguiu. O segredo –

que não é segredo – é sempre o mesmo: investimento em educação, ciência, tecnologia, justiça, projetos nacionais integrados, que levam ao desenvolvimento com igualdade e justiça social.

Assim como é fascinante ler este livro, é desanimador concluir que ainda falta muito, mas muito mesmo, para o Brasil atingir um nível de civilização que nos permita ombrear com as democracias de verdade. Sem reforma política – por uma Comissão Independente, pois o Congresso atual não a fará – e sem investimento em educação nada ou pouco se obterá.

Ler e refletir sobre este livro de Claudia Wallin pode ser um bom começo.

VOSSAS EXCELÊNCIAS, ILUSTRÍSSIMOS SENHORES E SENHORAS,

TRAGO NOTÍCIAS URGENTES de um reino distante. É mister vos alertar, Vossas Excelências, que nesta estranha terra os habitantes criaram um país onde os mui digníssimos e respeitáveis representantes do povo são tratados, imaginem Vossas Senhorias, como o próprio povo. Insânia! Dirão que as histórias que aqui relato são meras alucinações de contos de fadas, pois há neste rico reino, que chamam de Suécia, rei, rainha e princesas. Mas não se iludam! Os habitantes desta terra já tiraram todos os poderes do rei, em nome de uma democracia que proclama uma tal de igualdade entre todos, e o que digo são coisas que tenho visto com os olhos que esta mesma terra um dia há de comer.

Nestas longínquas comarcas, os mui distintos parlamentares, ministros e prefeitos viajam de trem ou de ônibus para o trabalho, em sua labuta para adoçar as mazelas do povo. De ônibus, Eminências! E muitos castelos há pelos quatro cantos deste próspero reino, mas aos egrégios representantes do povo é oferecido abrigo apenas em pífias habitações de um cômodo, indignas dos ilustríssimos defensores dos direitos dos cidadãos e da democracia.

Tais aviltamentos impostos aos nobres guardiões do erário serão, talvez, efeitos dos ares destas estranhas paragens sobre as faculdades mentais do povo que nelas sobrevive. Nos extremos desta terra gelada, o sol brilha quase sem parar por muitos meses do ano, e no inverno só existe noite. Tão medonho é o frio neste pedaço do mundo, aqui nas lonjuras do Círculo Ártico, que o próprio mar se transforma em gelo no inverno. Isto eu também vi, com estes olhos que a terra há de comer.

Dirão os incautos que há mais alces e renas do que criaturas humanas nestas gélidas províncias, mas não é verdade. Os homens e as mulheres desta terra, antes habitada por bravos guerreiros *vikings* que lutavam pelo dinheiro público com unhas, dentes, espadas e machados, já somam mais de 9 milhões. E este reino está cercado por outros ricos reinos, numa península chamada Escandinávia, onde também há príncipes e reis, e onde os representantes do povo vivem como sobrevive um súdito qualquer. E isto eu também vi, com os olhos que esta terra há de comer: em um dos povos vizinhos, conhecido como o reino dos noruegueses, os nobres representantes do povo chegam a almoçar sanduíches que trazem de casa, e que tiram dos bolsos dos paletós quando a fome aperta.

Juntos, os habitantes desta península isolada do norte da Europa somam quase 20 milhões, a constranger e humilhar a existência dos ilibados representantes que elegem.

É preciso cautela, Vossas Excelências. Deste reino que chamam de Suécia ainda pouco se ouve falar, pois são muitos os que confundem seu nome com o da Suíça, a terra dos bons chocolates e dos fidedignos bancos, como sabem Vossas Senhorias. Mas as notícias sobre o igualitário reino dos suecos se espalham.

Estocolmo, 6 de janeiro de 2013.

INTRODUÇÃO

SUBITAMENTE, A PORTA SE ABRE. Cenas assombrosas se seguirão, e é melhor avisar de uma vez: são cenas impróprias para portadores de corações safenados, síndromes de Napoleão e megalomaníacos em geral.

Por trás da dita porta surge um funcionário, brandindo uma xícara de café e cantalorando em tom maquiavélico. Ele acaba de adentrar a sala onde se desenrola uma importante reunião internacional em Rosenbad, a sede do Governo sueco.

— Alguém se esqueceu de colocar a xícara na lavadora de louças — ele acusa, para espanto da delegação estrangeira que se entreolha, atônita, em torno da mesa de reuniões.

— Oh! Está escrito "Fredrik" na xícara — diz o funcionário, fingindo surpresa. — Talvez seja a sua xícara, Fredrik?

O Fredrik em questão, que olha desconcertado para o acusador, é Fredrik Reinfeldt, o primeiro-ministro da Suécia.

— A lava-louças estava cheia — tenta defender-se o primeiro-ministro, mortificado pelo flagrante do pecado que é impossível negar.

— É só você esvaziar a máquina, Fredrik — devolve o funcionário, que acrescenta com ar sarcástico: — A sua mãe não trabalha aqui, senhor primeiro-ministro.

Fredrik Reinfeldt levanta-se da cadeira e se dirige aos convidados. — Desculpem-me, mas preciso cuidar disso — ele diz, antes de deixar a sala com a xícara na mão.

A cena descrita acima terá seguramente atordoado alguns dos milhões de telespectadores que a assistiram, em maio de 2013. Ela foi exibida por emissoras de trinta e nove países durante a abertura do Eurovision, o popular festival da música europeia, sediado na ocasião pela Suécia. Cumpria-se assim, à maneira sueca, a tradição de abrir o festival com uma apresentação dos costumes e valores do país anfitrião: no ato simbólico da xícara do primeiro-ministro, os suecos falavam da sua nação igualitária, que — a exemplo dos demais países escandinavos — excomunga e abomina a existência de fossos brutais entre governantes e governados.

Ora, pensarão alguns, o episódio não passou então de uma fantástica quimera, uma fantasiosa piada de salão destinada a entreter o público do festival. Mas, guardadas as devidas proporções, os suecos terão o prazer de discordar.

A cena da xícara era familiar: certa vez, em uma conversa informal com a porta-voz do líder sueco, Roberta Alenius me contara que o primeiro-ministro Fredrik Reinfeldt nunca deixava o gabinete, no fim do dia, sem antes depositar sua xícara de café na lavadora de louças.

Àquela altura, eu já havia percebido que a Suécia era um país diferente. Não apenas por causa dos ataques de ursos que a TV noticiava, nem dos blocos de gelo que via cair do alto dos edifícios no inverno. Nem tampouco pelo incalculável número de homens que encontrava nas ruas empurrando carrinhos de bebê, em pleno exercício de suas licenças-paternidade. Ou pelas imagens que assistia de alces caminhando bêbados pelas estradas, quando comiam maçãs fermentadas.

O que mais me despertou a atenção para este país singular, que há dez anos é o país onde vivo, foi a ausência de esquizofrenia nas relações entre o povo e o poder. Em outras palavras, um povo que trata seus governantes e representantes como cidadãos normais, e vice-versa. Um país sem Excelências. Uma sociedade na qual o mandato político não confere um título de nobreza instantânea ao cidadão eleito, nem dá direito às regalias e aos rapapés normalmente dispensados, no Brasil e em outras geografias, a exóticas Cortes de plebeus sustentadas pelos plebeus que estão mais embaixo. Um lugar onde madames não vão às compras em carros oficiais do Parlamento, pagos com o dinheiro dos impostos dos próprios motoristas que carregam suas sacolas. Porque a deputados suecos não se concedem carros oficiais, nem motoristas, secretárias particulares, viagens de jatinho, hospedagem em hotéis de luxo ou verbas caudalosas. Nem luxos, nem privilégios.

A história deste livro começa numa noite fria na Suécia, e é preciso dizer que noite fria é uma redundância neste país gelado do norte europeu. Eram nove da noite, e começava o Aktuellt, o principal noticiário da TV pública *SVT*. Recém-saída dos bancos do curso de sueco da Universidade de Estocolmo, eu testava mais uma vez a minha compreensão da língua dos antigos *vikings*.

— Você ouviu isso? — perguntei a certa altura ao meu marido, Ulf. Na tela, travava-se um diálogo entre o primeiro-ministro Fredrik Reinfeldt e o jornalista Mats Knutson, um dos mais respeitados do país. — O repórter chamou o primeiro-ministro de Fredrik — eu disse. — E daí? — respondeu meu marido, evidentemente um sueco. Nem "senhor Reinfeldt", nem "primeiro-ministro": apenas Fredrik Reinfeldt, um cidadão. Com todo o respeito.

A partir daquela noite fria, em conversas com Mats Knutson, políticos suecos, cientistas políticos, jornalistas e pessoas nas ruas, eu iria perceber a lógica relação de horizontalidade entre os cidadãos suecos e os políticos que os representam. Não pela aversão dos suecos ao uso de pronomes formais de tratamento na interlocução com autoridades, mas pelo simbolismo do fato: o senso de igualdade marcante que aqui vigora entre os cidadãos, sejam governantes ou governados.

Esta é uma sociedade que aboliu os pronomes formais nos anos 1960, e onde todos se tratam por "você". Porque, assim reza a moral sueca, ninguém está acima de ninguém. Nem os políticos, que devem viver em condições próximas da realidade do povo que os elege. Nem tampouco os juízes, que, sem abonos ou privilégios especiais, não almoçam à custa do dinheiro do contribuinte com obscenos auxílios alimentação atrelados a altos salários. O igualitarismo sueco se reflete na própria transparência do poder político, fiscalizado por meio da lei de transparência mais antiga do mundo. Uma lei que faz da corrupção política um fenômeno relativamente raro no país.

O resultado daquelas primeiras conversas e entrevistas foi uma série de reportagens exibidas em setembro de 2010 no *Jornal da Band*, da TV Bandeirantes, sob o título "Suécia: o país dos políticos sem mordomia". Reproduzidas na velocidade febril da internet, as reportagens provocaram reações também em países como Portugal, Espanha, Colômbia, México, Venezuela e Índia, de onde chegaram e chegam mensagens de pessoas em busca de mais informações sobre a realidade sueca. É a estas pessoas que este livro, baseado nas pesquisas para a série de TV e em entrevistas conduzidas ao longo de 2013, busca responder. Mas que país é este?

O Reino da Suécia (*Konungariket Sverige*, em sueco), formado nos idos de 1200, é um dos reinos mais antigos do mundo. O Palácio Real domina o esplêndido panorama da capital, Estocolmo, espalhada sobre catorze ilhas banhadas pelo Mar Báltico e o lago Mälaren. Mas o rei já perdeu todos os poderes nesta nação extrema e progressista, que tornou-se referência na promoção dos ideais de igualdade, justiça e solidariedade social.

Longe vão-se os tempos em que os lendários *vikings* habitavam este território, lançando-se em mares açoitados para saquear, incendiar e aterrorizar terras alheias. Eles eram louros bárbaros, no pior sentido da palavra. Mas também foram grandes comerciantes e exploradores. E tinham um costume incomum para a época: tomavam suas decisões em conjunto, por meio do consenso. Reuniam-se em assembleias chamadas *ting*, que existiam por todos os cantos do que é hoje a Suécia e as demais terras escandinavas. Eram como parlamentos embrionários, inventados por um povo livre que dizia não ter líderes: todos eram iguais.

Na Suécia da Idade Média, outra cena incomum se produzia: camponeses do país tinham representação entre a nobreza, o clero e a burguesia reunida no Parlamento, um fenômeno único na Europa de então. A profunda tradição democrática e o sentimento visceral de igualdade entre os indivíduos, que moldou a sociedade sueca através dos séculos, transformaria gradualmente o país em um modelo de justiça social.

No princípio, porém, havia fome. Até meados do século XIX, a Suécia foi um dos países mais pobres da Europa, com uma economia agrária e atrasada. Mas a face do país seria mudada: entre os fatores decisivos que produziam a mudança, estavam investimentos substanciais em educação, infraestrutura e tecnologia. No século XX, a antes subdesenvolvida Suécia, praguejada pela pobreza, transformou-se em uma das mais ricas e sofisticadas nações industrializadas do mundo.

Eram lançadas assim as bases para a construção de um amplo e generoso Estado de bem-estar social, financiado por um dos impostos mais altos do planeta e destinado a proteger os cidadãos do berço ao túmulo. Um povo organizado e harmônico unia-se para corrigir desigualdades de renda e de padrão de vida, e criar uma sociedade nova e mais humana.

Em 1936, o jornalista americano Marquis Childs, autor do célebre *Suécia: o caminho do meio*, chegou a sugerir que os suecos teriam encontrado uma virtuosa via intermediária entre os extremos do capitalismo e do socialismo. Os tempos áureos do modelo sueco, conduzidos sob a liderança da social-democracia, durariam até os anos 1970.

"A profunda crença sueca, que transcende fronteiras ideológicas, é que os males de uma sociedade livre podem ser curados, e que a injustiça é intolerável", escreveu Childs. Os novos tempos trouxeram desafios à pioneira fórmula sueca, baseada em uma vigorosa economia de mercado aliada a um vasto Estado-providência.

A esta altura, assim como as rachaduras que se abrem no solo e nos mares congelados desta terra ao fim de cada inverno, é preciso dizer que esta não é, evidentemente, uma sociedade sem falhas. É um país com seus problemas e contradições, erros e acertos, com defensores ferrenhos e críticos ferozes dos rumos tomados pelo reino. As deficiências na política de integração de imigrantes geram uma massa de excluídos, a desigualdade econômica cresce, e o famoso Estado-providência torna-se menos generoso. Também não será a Suécia o único modelo de sistema político desprovido de regalias babilônicas, como bem atestam seus vizinhos nórdicos.

Mas é indispensável saber que existe, aqui nestas alturas que tocam o Círculo Ártico, um lugar onde o fundamental exercício da política é conduzido predominantemente com integridade, ausência de privilégios anacrônicos e respeito ao dinheiro dos impostos do cidadão. Um país onde os deputados recebem cerca de 50% a mais do que ganha, em média, um professor primário. Onde políticas sólidas de boa gestão controlam continuamente o uso eficiente do dinheiro público e alimentam a confiança nas instituições públicas. Onde uma sociedade que exige respeito fiscaliza e pune os desvios comportamentais dos poderosos. Uma sociedade transparente na qual a corrupção tornou-se a exceção, e não a regra. Onde um comportamento foi transformado.

Os suecos querem mais transparência e menos políticos desconectados da realidade das ruas. E o senso de autocrítica do poder persiste, como nas palavras do discurso feito, em 2002, pelo então primeiro-ministro, Göran Persson, a uma plateia de estudantes:

"Não lidero o governo mais brilhante do mundo. O gabinete de ministros não é nenhum modelo de elite intelectual, e particularmente bonitos nós também não somos." *(Inifrån — makten, myglet, politiken Thomas Bodström, Norstedts, 2011)*

Holm: "Sou eu que pago os políticos."

CAPÍTULO I

SEM LUXO NEM PRIVILÉGIOS

— É PRECISO ACEITAR os sacrifícios que se avizinham — murmura para si próprio um sueco no momento revelador em que a sua real vocação para a carreira política se manifesta como um desejo irrefreável. — Serão abomináveis os desafios — alerta um forasteiro: os cintos apertados como os da amorfa massa do povo, a ausência de alegres comitivas de inúteis, os apartamentos funcionais que lembram quartos de hotéis de duas estrelas, a falta que hão de fazer os batalhões de assessores e parasitas. Quando tal provação parecer insuportável, será prudente invocar Mímir, o deus venerado pelos *vikings* por sua sabedoria infinita e pela cabeça que, mesmo decepada pelos inimigos, continua a pensar.

A Suécia não oferece luxo aos seus políticos. Nessa sociedade essencialmente igualitária, a classe política não tem o *status* de uma elite bajulada, nem os privilégios de uma nobreza encastelada no poder. Sem direito a imunidade, políticos suecos podem ser processados e condenados como qualquer cidadão. Sem carros oficiais e motoristas particulares, deputados se acotovelam em ônibus e trens, como a maioria dos cidadãos que representam.

Sem salários vitalícios, não ganham a merecida aposentadoria após alguns poucos anos de trabalho pelo bem do povo. Sem secretária particular na porta, banheiro privativo ou copa com cafezinho, os gabinetes parlamentares são espartanos e diminutos, como a sala de um funcionário de repartição pública. Sem verbas indenizatórias para alugar escritório nas bases eleitorais, deputados suecos usam a própria casa, a sede local do partido ou a biblioteca pública para trabalhar quando estão em suas regiões de origem.

— Está bom, mas pode ficar melhor — resmunga o motorista de táxi que me leva do aeroporto de Arlanda ao centro de Estocolmo, a capital sueca. Ele reclama indignado, como tantos outros, do valor do salário líquido de um deputado do Parlamento sueco: horror dos horrores, é cerca de 50% a mais do que ganha em média um professor primário no país. Um privilégio indefensável, que na lógica do motorista deveria estar em processo acelerado de extinção.

Não é preciso consultar a cabeça de Mímir para deduzir que este é um povo que sabe quem é o patrão.

— Sou eu que pago os políticos — resumiu o cidadão sueco Joakim Holm, durante entrevista gravada em uma rua de Estocolmo para reportagem do *Jornal da Band*. — Não vejo razão alguma para dar a eles uma vida de luxo.

— Os políticos são eleitos para trabalhar para mim e para todos os outros cidadãos que pagam impostos. Aqui ninguém acha que os políticos são uma classe superior com direito a privilégios — disse outro entrevistado, Mikael Forslund.

No âmbito municipal, o desejo de exercer a atividade política poderia ser mal interpretado, fora da Suécia, como um caso clínico: vereadores suecos não ganham sequer salários, e também não têm direito a gabinete — trabalham de casa. Estarão os seus nervos em desordem?

O que o modelo sueco demonstra é que as camisas de força se ajustariam melhor ao figurino das plateias entorpecidas de outras latitudes, que assistem, bovinizadas, ao fascinante espetáculo diário dos abusos do poder. A experiência da Suécia subverte o desconexo conceito de que aos políticos deve-se dispensar um tratamento reverencial digno de uma casta superior, formada por cavalheiros e damas mais ilustres do que a média, e portanto com direitos quase divinos a benesses jamais alcançáveis pelos cidadãos que vivem sob o Olimpo político.

Ainda me lembro da estranha sensação de presenciar um fenônemo extraterreno quando encontrei, pela primeira vez, o ex-primeiro-ministro e atual ministro das Relações Exteriores, Carl Bildt, empurrando seu carrinho de compras no supermercado que frequento em Estocolmo. E o prefeito de Estocolmo, Sten Nordin, na fila do ônibus. E o presidente do Parlamento, Per Westerberg, em um vagão do metrô.

Sem desequilíbrios sociais monstruosos, este é, sem dúvida, um país mais seguro e menos violento, onde provavelmente os únicos carros blindados que circulam pelas ruas são guiados pelas forças de segurança. Mas, mais que isso, esta é uma sociedade que elege políticos mais próximos da realidade e das dores do cidadão comum. Políticos que, em geral, não colocam a vaidade ou os interesses próprios "na frente dos bois", em uma sociedade que mostra que o exercício da função política pode ser digno.

— Na Suécia, os políticos vivem uma vida simples, em condições semelhantes às que vivem os cidadãos. É uma tradição — diz o jornalista Mats Knutson, apresentador e comentarista político da TV pública *SVT*.

Na década de 1970, o então primeiro-ministro Olof Palme morava em sua própria casa no subúrbio de Vällinby, e costumava ir para a sede do Governo dirigindo um velho Fiat vermelho.

— Era um Fiat 600, fabricado na antiga Alemanha Oriental — conta Mårten Palme, filho de Olof Palme e professor de Economia da Universidade de Estocolmo. — Meu pai prezava a igualdade e a simplicidade, e vivíamos uma vida normal. Nossa casa de verão na ilha de **FÅRÖ** era bastante primitiva, e não havia sequer água ou eletricidade — ele me diz.

O antecessor de Palme, Tage Erlander, tomava o bonde para a sede do Governo, ou ia de carona com a mulher, que trabalhava perto dali.

Os suecos só decidiram criar uma residência oficial para o primeiro-ministro depois de 1986, quando Olof Palme foi assassinado a tiros na saída de um cinema quando caminhava para casa sem escolta, em um crime brutal e nunca solucionado. Seu sucessor, o também social-democrata Ingvar Carlsson, mudou-se aparentemente contrariado para a nova residência oficial. Diz-se que Carlsson, que renunciaria ao poder tempos depois, achava inapropriado para um primeiro-ministro sueco morar num lugar chamado de palácio — ao construir a casa em 1884, a abastada família Sager a batizara de Palácio Sagerska.

Turistas menos atentos pisam, sem se dar conta, a um metro da porta de entrada da casa do primeiro-ministro sueco. Sem portões externos, a residência oficial de Sagerska está situada na Strömgatan, a rua de pedestres que margeia o Mar Báltico e o lago Mälaren nas proximidades do Parlamento. Com uma área de 305 metros quadrados, os aposentos privados do *premier* ocupam o andar superior da residência de 1.195 metros quadrados, vigiada do lado de fora por duas câmeras disfarçadas e pela presença ocasional de um Volvo das forças de segurança suecas.

Sagerska é uma bela mansão. Mas não há serviçais no apartamento do primeiro-ministro sueco, Fredrik Reinfeldt.

— A limpeza dos aposentos privados do primeiro-ministro é feita uma vez por semana. Por esse serviço, o primeiro-ministro deve pagar impostos em sua declaração de renda — diz Anna Dahlén, assessora de imprensa do governo sueco.

Sem provocar reações de espanto sobrenatural entre a população, Fredrik Reinfeldt fala com naturalidade que lava, passa e cozinha como a maioria dos cidadãos deste país. — E por que ele não faria isso, se todos nós fazemos? — ouço de vários suecos.

Há quem vá sentir o cheiro acre da demagogia populista ao saber que na Suécia o primeiro-ministro dá dicas de limpeza em reportagens de jornal, e aconselha seus concidadãos a ajoelhar para raspar a sujeira. Mas a verdade é que cuidar das tarefas domésticas por aqui é tão natural como beber *snaps*, o destilado consumido em quantidades imoderadas no país.

Na Suécia, como em tantos outros países do mundo, a instituição da empregada doméstica não existe. Entre os suecos mais radicais, o zelo pela igualdade e o medo do ressurgimento de uma subclasse social chega a provocar reações exaltadas. Em um debate da campanha eleitoral de 2006, flechas voaram contra a então líder do Partido de Centro *(Centerpartiet)*, Maud Olofsson, quando ela defendeu a introdução de abatimentos fiscais para permitir aos suecos contratar faxineiras e aliviar assim sua dupla jornada.

— E quem limpa o banheiro da empregada? — perguntou, irritado, o intermediador do debate na TV4, Göran Rosenberg.

— E quem pinta a casa do pintor? — retrucou Maud. — A faxineira também pode contratar ajuda quando precisar — argumentou ela.

A inesperada proposta de Maud também foi atacada pelo primeiro-ministro da época, o social-democrata Göran Persson. — Cada pessoa deve cuidar das próprias tarefas domésticas, é o que eu digo — falou o primeiro-ministro.

Persson disse mais. Contou, com orgulho indisfarçável, que era capaz de passar sua camisa social em um minuto. Foi, então, rapidamente convidado para provar a façanha ao vivo no estúdio de um programa de TV, onde foi montada uma tábua de passar roupa. O feito, devidamente cronometrado pelo apresentador do programa, pode ser visto no YouTube sob o título "Ett Herrans Liv — Göran Persson Säsong 1 Avsnitt 3 del 4/5." (http://www.youtube.com/watch?v=xSAgICG2QDg)

As peripécias com o ferro renderam picos de audiência ao primeiro-ministro. Mas naquele ano, depois de dez anos no poder, Persson perdeu as eleições. Maud tornou-se vice-primeira-ministra, e muitos suecos passaram a ter a ajuda ocasional de faxineiras, em sua maioria imigrantes polonesas. No entanto, praticamente todos continuam a lavar, cozinhar e passar, como Göran Persson.

Ministros também vivem sem luxo. Eleito pelo jornal britânico *Financial Times* como o melhor ministro das Finanças da Europa em 2011, o sueco Anders Borg, segundo confirma seu porta-voz, mora em Estocolmo durante a semana, em um apartamento funcional conjugado de cerca de vinte e cinco metros quadrados. — Políticos suecos são despretensiosos — comenta o porta-voz de Borg, Peter Larsson.

O apartamento de um só cômodo do ministro das Finanças, segundo o porta-voz, fica em um edifício que serve de acomodação para estudantes da Escola Superior de Guerra sueca (*Försvarshögskolan*). No prédio vivem ainda alguns funcionários do Ministério sueco das Relações Exteriores. Nos fins de semana, Borg vive com a família em sua casa na região de Katrineholm, ao sul de Estocolmo.

Nem ministros, nem prefeitos e nem o presidente do Parlamento têm direito a residência oficial. Apenas políticos com base eleitoral fora da capital recebem auxílio moradia para viver em apartamentos ou mesmo quitinetes funcionais, que têm em média dezoito metros quadrados.

Parece pouco para criaturas tão excelsas, mas está muito melhor do que já foi: até o fim dos anos 1980, apartamentos funcionais nem sequer existiam na Suécia. Todos os parlamentares dormiam em sofás-cama, em seus próprios gabinetes. Hoje, todos têm um apartamento garantido. E essa garantia é, para muitos suecos que disputam um imóvel no centro da capital, uma mordomia inexplicável.

— Por que os deputados não precisam entrar na fila das imobiliárias para conseguir um apartamento, como todos nós? — diz uma funcionária da creche que funciona dentro do Parlamento. Sim, há uma creche no Parlamento para cuidar de filhos de deputados.

O apartamento funcional pode ser um direito garantido. Mas a cama, não. Em grande parte dos imóveis parlamantares, onde um único cômodo serve como sala e quarto de dormir, há apenas um sofá-cama.

Qual é a origem da frugal existência dos políticos suecos? Vou ao encontro da jornalista Lena Mehlin na sede do jornal *Aftonbladet*, onde ela assina uma das colunas políticas mais lidas do país.

— Mas eles têm privilégios — reage Lena.

— Quais? — quero saber.

— Os políticos não precisam pagar suas contas de telefone. Eles têm o direito de viver de graça em apartamentos no centro de Estocolmo. Eles recebem um computador para levar para casa, e não pagam pela assistência técnica. Eles ganham mais que a média dos cidadãos. E os parlamentares que vêm de outras bases eleitorais também viajam de graça para suas casas, nos fins de semana — enumera a jornalista. — Se algum cidadão arranjar emprego em outra cidade, nenhum empregador vai pagar suas viagens no fim de semana.

Pergunto a Lena se esses são benefícios considerados razoavelmente modestos na Suécia, em comparação às benesses que políticos recebem em outros países.

— Pode ser. Os políticos suecos não têm luxo, pois somos uma sociedade que elegeu a igualdade entre os cidadãos como um valor fundamental. Mas eles têm privilégios — ela insiste.

— Mas não privilégios como o de os parlamentares circularem em carros oficiais com motoristas particulares? — digo.

— Carros com motorista para parlamentares? Meus Deus, não! — sobressalta-se Lena. — Benesses deste gênero criam problemas que você não precisa ter. Como a corrupção. Para obter um emprego desses na política, muitos não hesitariam em cometer atos sujos — pondera Lena.

Pergunto qual seria a reação dos suecos se os políticos do país decidissem, em um devaneio impensado e incontrolável, aumentar seus próprios salários, ter direito a pensão vitalícia, ocupar espaçosos gabinetes com copa e cafezinho servido por secretárias, empregar dezenas de assistentes particulares e parentes, andar de jatinhos e circular em carros oficiais com motorista. Tudo pago com o dinheiro dos cidadãos.

— A sociedade sueca jamais toleraria a concessão de privilégios aos seus políticos — ela diz.

— Isto é uma das poucas coisas que poderiam causar uma revolução aqui na Suécia — exagera Lena.

"LIMPAR A CASA É UMA ARTE"

"Pior inimigo da poeira, o primeiro-ministro Fredrik Reinfeldt limpa a casa com prazer — e sistematicamente. Mas não de terno. Quando limpa de verdade, ele veste calças especiais com vários bolsos." Jornal *Aftonbladet*, 21.12.2008

UMA CONVERSA COM O PRIMEIRO-MINISTRO

"Quero ser um indivíduo entre outros indivíduos, e não alguém tratado como uma pessoa extraordinária". Fredrik Reinfeldt

Fredrik Reinfeldt entra no saguão do Parlamento sueco com os passos determinados de um gladiador a caminho da arena de leões esfomeados. Vai enfrentar a sabatina mensal do *Frågestund* ("Hora das Perguntas"), quando o primeiro-ministro se expõe a quarenta minutos de fogo inimigo para responder a questões dos parlamentares sobre os rumos da Suécia sob a sua liderança.

Aumenta o vaivém discreto de deputados e jornalistas a caminho do plenário. Estamos todos teoricamente ilhados. O Parlamento sueco ocupa toda a minúscula ilha de Helgeandsholmen, cercada de um lado pelas águas do Mar Báltico, de outro pelo lago Mälaren. No horizonte que se abre através dos painéis de vidro curvilíneos do saguão, brilha a cúpula dourada da *Stadshuset*, a sede da Prefeitura. Na margem oposta, diante de Rosenbad, a sede do Governo, pescadores lançam seus anzóis à espera de arenques e salmões.

— Você tem dez minutos — me avisa no saguão a assessora do primeiro-ministro, Roberta Alenius, dando o sinal para a entrevista com Reinfeldt.

Líder do Partido Moderado (*Moderata Samlingspartiet*), Fredrik Reinfeldt tornou-se primeiro-ministro da Suécia aos quarenta e um anos de idade, em 2006, quando uma aliança de quatro partidos de centro-direita desalojou do poder a coalizão comandada pelos social-democratas.

De pé na antessala do plenário do Parlamento, com fisionomia austera, Reinfeldt falou deste reino onde os políticos ocupam o poder antes exercido pela monarquia, mas não levam vida de príncipe.

A vida dos políticos suecos, sem luxo nem privilégios, obedece a algum tipo de código de conduta moral?

FREDRIK REINFELDT: Eu diria que sim. A Suécia é um país onde não existe o alto grau de desigualdade social que se vê em outros lugares, e este é um aspecto que valorizamos enormemente em nossa sociedade. Por esta razão, buscamos líderes políticos dos quais se possa dizer que são "um de nós", e não "acima de nós". Este é um ponto básico do pensamento social sueco, que a mim também agrada. Quero ser um indivíduo

© BJÖRN LINDAHL

O primeiro-ministro Reinfeldt: faxinando a casa e dando dicas de limpeza no jornal.

entre outros indivíduos, e não alguém tratado como uma pessoa extraordinária. O senso de igualdade entre as pessoas se reflete na alma sueca, no sentimento sueco de identidade nacional, e naquilo que desejamos que a Suécia seja como nação. Eu seria duramente criticado, assim como qualquer outro político, se houvesse a percepção de que vivo uma vida de luxo, inteiramente diferente da vida dos cidadãos comuns.

Qual é a origem deste sistema de valores sueco?

FREDRIK REINFELDT: A democracia tem raízes profundas na Suécia. Os políticos compreendem que não estão aqui para se tornar ricos ou enriquecer suas famílias, nem para criar condições de vida favoráveis para alguns. Estou aqui para realizar reformas e fazer deste um país melhor, de tal maneira que as pessoas digam "ele está me ouvindo, está resolvendo meus problemas". Do contrário, os eleitores darão seu voto a outra pessoa. Não vejo isso como um problema. Também acho bom poder continuar a cuidar das coisas cotidianas que costumava fazer antes de ocupar o posto de primeiro-ministro. A diferença é que hoje em dia tenho, é claro, um aparato de segurança em torno de mim. Mas continuo a cuidar da rotina das atividades pessoais do dia a dia, como qualquer cidadão.

É verdade que o senhor passa as próprias camisas pela manhã, como faz a maioria dos suecos?

FREDRIK REINFELDT: Sim. Não todas as manhãs, porque geralmente passo de uma só vez uma quantidade de camisas suficiente para toda a semana. Mas lavo e passo minhas próprias roupas.

O senhor também cozinha todas as noites?

FREDRIK REINFELDT: Sim, cozinho para mim e também para meus três filhos, quando estão em minha casa (Fredrik Reinfeldt é divorciado da mulher, a também política Filippa Reinfeldt). Não há nada de estranho nisso, é o que fazem todos os suecos quando voltam do trabalho.

O senhor tem fama de ser maníaco por limpeza. Ainda limpa a própria casa?

FREDRIK REINFELDT: Tenho dois filhos que são alérgicos a poeira. A necessidade de limpar bem a casa tornou-se uma questão de saúde para meus filhos. Tenho ocasionalmente um serviço de limpeza básica na residência oficial, mas cuido eu mesmo da maior parte da limpeza da casa no dia a dia. Embora não gaste mais tantas horas nessa tarefa como gastava antes de me tornar primeiro-ministro, quando passava a maior parte do domingo fazendo uma grande faxina.

Por que considera importante o senhor mesmo cuidar da limpeza?

FREDRIK REINFELDT: Gosto de fazer, e além do mais é algo que todos fazem na Suécia, não apenas eu. Limpar a casa me dá a sensação de ter controle sobre a minha própria vida e de cuidar das crianças, o que me faz bem. É um momento relaxante, que procuro tornar agradável. Enquanto limpo, uso fones de ouvido para ouvir música ou acompanhar partidas do meu time de futebol, o Djurgården. A sensação de andar pela casa no fim de uma faxina, enquanto as crianças dormem tranquilamente, é fantástica.

Qual é a sua melhor dica de limpeza?

FREDRIK REINFELDT: A parte de trás das camisas sociais velhas é excelente para polir espelhos e vidros de janelas.

Qual é a sua tarefa preferida?

FREDRIK REINFELDT: Lavar as roupas. Antes, eu preferia limpar a casa. Hoje em dia, gosto mais de lavar as roupas. Isso me dá a sensação de estar preparado.

Muitas pessoas também o veem na fila do supermercado.

FREDRIK REINFELDT: Faço minhas próprias compras, como qualquer pessoa. Embora acompanhado por seguranças.

Como fazer tudo isso e ao mesmo tempo liderar um país?

FREDRIK REINFELDT: As tarefas domésticas não tomam tanto tempo assim. Acho que é importante estar integrado à vida familiar, apesar de ter este tipo de trabalho na política. É uma questão de organização. Dedico uma pequena parte do meu dia aos afazeres da casa, e em seguida retorno à leitura de documentos ou aos telefonemas que necessito dar. É perfeitamente possível combinar o trabalho profissional com o trabalho doméstico.

Qual é a sua opinião sobre o sistema de países como o Brasil e outras nações, em que políticos possuem privilégios de uma classe à parte?

FREDRIK REINFELDT: Em primeiro lugar, é muito importante dizer que respeito o fato de que o Brasil é uma democracia e que, portanto, cabe àqueles que são eleitos pelo povo responder a este tipo de questão. Mas para dizer o óbvio, se eu fosse o ministro da Fazenda do Brasil e tivesse que fazer um corte de gastos, eu saberia exatamente por onde começar. Porque quando um político precisa cortar gastos, é muito importante mostrar que ele próprio dá o exemplo. Em nosso país, as pessoas estão sempre atentas aos custos da burocracia e da classe política. É necessário que haja equilíbrio. Se um político quer manter a confiança dos eleitores, deve estar próximo das pessoas.

Dicas de Limpeza do Primeiro-Ministro

Fredrik Reinfeldt começou a arrumar a casa ainda na adolescência. A mãe dividia a casa em zonas de limpeza, e uma delas ficava sob a responsabilidade de Fredrik.

As *primeiras-dicas* foram reunidas em uma reportagem publicada no jornal *Aftonbladet*, com o subtítulo "Encontre um mestre da limpeza — o primeiro-ministro Fredrik Reinfeldt".

Reduza o número de bibelôs:
"A regra básica é não ter coisas demais. Enfeites e bibelôs acumulam poeira e dificultam a limpeza."

Vista a roupa certa:
Reinfeldt usa um par de calças militares, com vários bolsos, onde ele coloca o escovão e outros utensílios de limpeza. "Limpar a casa é uma arte. É preciso se concentrar para fazer bem."

Ajoelhe para esfregar:
"Podem dizer que é bobagem, mas eu esfrego o chão de joelhos, principalmente na cozinha. Dessa forma tira-se de fato toda a sujeira. Só passar um esfregão não resolve.

A cozinha é primordial:
Fredrik Reinfeldt dedica quinze minutos extras à limpeza da cozinha todas as noites. Para limpar o fogão e a pia, passar um bom pano na mesa e ligar a lavadora de pratos: — Assim você começa bem a manhã seguinte — ele diz.

Use o bocal pequeno do aspirador de pó:
"A verdadeira satisfação de limpar a casa está nos cantos escondidos. Descobrir poeira debaixo dos assentos do sofá ou numa quina da sala dá uma grande motivação. A melhor maneira de ouvir aquele barulho bom, quando a sujeira sobe pela mangueira do aspirador de pó, é usar o bocal pequeno do aspirador."

Planeje a faxina:
— Por trás de uma faxina bem-sucedida está um bom planejamento — aconselha o primeiro-ministro. O ideal é começar sempre por uma das extremidades da casa. A alternativa é enfrentar primeiro a cozinha e o banheiro, que exigem limpeza mais pesada. Cada vez que limpa a casa, Reinfeldt também elege um determinado cômodo para uma limpeza especialmente mais profunda.

Fonte: jornal *Aftonbladet, 21/12/2008*

OS APARTAMENTOS FUNCIONAIS

Como todos sabiam, o fim do mundo estava próximo. Corriam rumores terríveis sobre a nefasta profecia do ano 2000, e o grande cataclismo que a tudo e a todos varreria com fúria bestial. Mas, certos de que não era a primeira vez que o mundo estava para acabar, os pragmáticos suecos levavam adiante seu plano para a primavera daquele ano: instalar nos recém-criados apartamentos funcionais os últimos parlamentares que ainda viviam e dormiam nos próprios gabinetes. A mudança começara em 1989.

No dia mais temido, os lobos não engoliram o Sol nem a Lua, o céu não derreteu, e quase todos os deputados com base fora da capital passaram a ter um apartamento funcional. Que é, no sentido prático do termo, o que o nome diz — funcional.

Se um sueco de virtudes negociáveis é assaltado pelo desejo súbito de trabalhar pelo povo, o apartamento funcional não será um dos estímulos a seduzi-lo, como serpente encantada, para a carreira política.

Parlamentares suecos vivem em apartamentos funcionais que têm em média 45,6 metros quadrados. Os menores têm 16,6 metros quadrados. Do total de 197 imóveis administrados pelo Parlamento sueco, apenas oito dispõem de espaço entre setenta e noventa metros quadrados, e somente oitenta e cinco têm área superior a 45,6 metros quadrados.

Deputados suecos também vivem em quitinetes funcionais. Sim, há quitinetes funcionais na Suécia. Chamadas de "quartos de pernoite" (*övernattningsrum*), elas têm em média dezoito metros quadrados e são ocupadas geralmente — mas não exclusivamente — por deputados em início de carreira. São, no total, cinquenta e sete quitinetes funcionais.

Comum a todos os imóveis destinados a parlamentares na Suécia, sejam eles apartamentos ou as inventivas quitinetes, é a ausência do que o senso comum chama de comodidades básicas: dentro dos imóveis não há máquina de lavar roupa, nem lavadora de pratos, nem TV a cabo paga com dinheiro público, nem cama de casal.

Nenhum ocupante de apartamento funcional na Suécia ganha do erário uma máquina de lavar para chamar de sua. As lavanderias são comunitárias, e os deputados precisam marcar hora na agenda para lavar suas roupas. Na maior parte dos apartamentos, não há sequer quarto. Um único cômodo funciona como sala e quarto de dormir.

Em uma manhã do curto e inconfiável verão sueco, vou conhecer o apartamento funcional do então deputado social-democrata Luciano Astudillo, nascido no Chile e na época, com seis anos de vida parlamentar, como representante de Malmö (sul da Suécia).

Desço pelo Katarinahissen, uma espécie de Elevador Lacerda sueco que liga o asfalto e o morro na ilha de Södermalm, centro de Estocolmo. O lugar provoca emoções ambíguas. Do alto da passarela que conduz ao elevador, abre-se uma das vistas mais fascinantes de Estocolmo, no ponto onde as águas do lago Mälaren se encontram com o Mar Báltico. Mas a cerca alta de aço que atrapalha a visão é resultado, assim me dizem, da atração que a passarela também exercia sobre suicidas em potencial. Menos sobressaltos se tem no *Gondolen*, o peculiar restaurante em forma de gôndola que fica pendurado sob a passarela, com visão de 360 graus para a cena imperdível.

Após poucos minutos de espera, o deputado Luciano Astudillo surge das roletas de saída da estação de metrô de Slussen, ao lado do Katarinahissen. Caminhamos juntos pela Götgatan, artéria que concentra bares e cafés moderninhos de Södermalm, até chegarmos à rua do apartamento funcional de Luciano.

Sigo o rito sueco de tirar os sapatos antes de entrar em qualquer casa, e olho à minha volta. Uma pequena sala, um pequeno banheiro, uma pequena cozinha com forno de micro-ondas e nenhuma lavadora de pratos. São trinta e três metros quadrados. — Onde é o quarto de dormir? — pergunto.

— O quarto é aqui na sala mesmo. Na hora de dormir, abro o sofá-cama — diz Luciano, que chegou à Suécia em 1975, aos três anos de idade, e dois anos depois do golpe militar que derrubou o presidente Salvador Allende, no Chile.

Enquanto mostra o apartamento, Luciano conta que a filha pequena, nas visitas ocasionais a Estocolmo, divide com ele o sofá-cama.

— Estive várias vezes no Chile, e sei que a situação lá em relação aos parlamentares é totalmente diferente — ele diz.

Descemos ao subsolo do prédio, onde fica a lavanderia coletiva. São apenas duas máquinas de lavar. Pregado na parede junto à porta, está o fichário onde os deputados reservam dia e horário para usar as máquinas. Tábuas de passar roupa estão dobradas em um dos cantos da lavanderia.

— Eu tenho a minha própria tábua — fala Luciano. — Prefiro passar minhas roupas dentro do apartamento.

Também é o próprio Luciano que cozinha e cuida da limpeza da casa, nesta sua época de vida parlamentar. Faxina gratuita nos apartamentos funcionais, segundo o Parlamento sueco, só uma vez por ano, durante o recesso parlamentar de verão. Luciano sabe.

Começa, logo depois, o período do recesso e das faxinas, quando visito, na companhia da chefe do setor de imóveis parlamentares, as quitinetes funcionais. Na entrada do Parlamento sueco, Marie Stolpe me recebe com a expressão de quem não entende o porquê de tamanho interesse por coisa tão banal.

Ao meu lado, com sua altura vertiginosa e seu temível sotaque da região de Skåne (sul da Suécia), o cinegrafista Casimir Reuterskiöld me acompanha, para registrar o material que será enviado à equipe do *Jornal da Band*, em São Paulo.

Tomamos a direção do Palácio Real e seguimos os três, a pé, pela Stallbron, a ponte que liga a ilha do Parlamento a Gamla Stan, a Cidade Antiga de Estocolmo. Na pequena praça de Mynttorget, entramos no anexo parlamentar que leva o nome de Ledamotshuset (Casa dos Deputados), e abriga gabinetes parlamentares. Passamos pelos procedimentos de segurança e tomamos o elevador para o sexto andar do prédio. Ali estão treze das cinquenta e duas quitinetes de deputados do prédio. As outras cinco ficam no complexo parlamentar conhecido como Cephalus, na Riddarhustorget, próximo dali.

Ao lado de cada porta no labirinto de corredores, uma placa identifica o deputado morador — Eva Olofsson, Tone Tingsgård, Christina Oskarsson, Allan Widman são alguns dos inquilinos do momento. À medida que caminhamos, as siglas partidárias se alternam nas placas. Nesses democráticos corredores, deputados progressistas e conservadores, ou ferrenhos inimigos de plenário, se transformam em vizinhos de porta.

Marie vira a chave em uma das portas, com a necessária autorização do deputado ausente, em recesso. É um exíguo aposento de dezoito metros quadrados.

— É espaço suficiente para um parlamentar viver na capital durante a semana — diz Marie, enquanto abre o sofá que se transforma em cama durante a noite.

Talvez com um pouco de exagero, o tamanho da quitinete me faz lembrar as celas que visitei na moderníssima penitenciária de Sala, nos arredores de Estocolmo, onde os detentos — como na maioria das prisões suecas — também têm banheiro privativo.

— Podemos colocar camas extras com rodinhas em caso de necessidade, como a visita de um parente — explica Marie.

Além do sofá-cama, uma mesa, um pequeno armário, uma minicopa com um fogão de uma boca, um frigobar e um banheiro são suficientes para preencher o espaço da quitinete parlamentar.

Aqui, até a cozinha é comunitária. Marie nos conduz à sala ampla da cozinha coletiva, que, além das modernas estações de reciclagem de lixo, exibe uma inesperada lavadora de pratos, item inexistente nos apartamentos funcionais.

— Mas os deputados devem lavar as panelas e manter a limpeza — diz Marie.

O aviso pregado em um dos armários da cozinha é um chamado ao asseio parlamentar: *Städa Upp!* (Deixe tudo limpo!)

Perto dali, vejo uma cozinha adaptada para parlamentares portadores de deficiência, que também dispõem de quartos e banheiros especialmente equipados.

Deixamos o prédio da Ledamotshuset e seguimos com Marie Stolpe em direção à Munkbron, endereço de um dos sete edifícios de apartamentos funcionais do Parlamento. Às margens do lago Mälaren, a Munkbron é uma rua ainda nos limites da Cidade Antiga, na ilha de Stadsholmen. Dali se avista a ilha de Riddarholmen e as torres da Riddarholmskyrkan, a igreja onde estão sepultados antigos monarcas da Suécia. À esquerda, vê-se mais uma ilha, a de Södermalm.

A fachada do edifício em tom de amarelo na Munkbron é simples como a do prédio de Luciano Astudillo, em Södermalm. Como em praticamente todos os edifícios de Estocolmo, não há porteiros ou zeladores, e nem mesmo interfone na entrada. Apenas o costumeiro painel eletrônico, onde se digita o código que abre a porta principal.

No andar térreo, o apartamento funcional tem pouco mais de dezesseis metros quadrados. Na minúscula copa, há um fogão de uma boca, um forno de micro-ondas e um frigobar. Uma cama de solteiro, uma mesa e um pequeno armário completam o ambiente, que segundo Marie é ocupado por uma deputada veterana de vários mandatos.

No segundo andar, o iluminado apartamento de quarenta metros quadrados é um salto de duas estrelas à frente, em comparação ao vizinho do térreo. Mas, à exceção da cozinha, onde mais de uma pessoa pode mexer uma panela no fogão, e dos metros a mais na dimensão da sala, que também é o único cômodo do apartamento, o padrão basicamente funcional dos imóveis parlamentares da Suécia também se repete aqui.

A visita é encerrada no subsolo do edifício, onde vemos nova lavanderia comunitária e o indefectível fichário na parede para a reserva de horário, à espera dos deputados.

Há, sem metáforas, deputados que lavam roupa suja no Parlamento: também há ali uma lavanderia comunitária. É o caso da deputada Rossana Dinamarca, do Partido da Esquerda (*Vänsterpartiet*, ex-comunista):

— Como costumo voltar muito tarde para o meu apartamento funcional, lavo minhas roupas durante o dia, na lavanderia do Parlamento. É simples, basta colocar na máquina e voltar uma hora depois para recolher as roupas — diz Rossana.

E na creche do Parlamento, os deputados podem deixar os filhos com idade entre um e treze anos.

— Mas os deputados precisam pagar pelo almoço das crianças, que custa 20 coroas (cerca de três dólares) — diz Monika Karlsson, funcionária da creche. — Em dias de sessão noturna, a creche fica aberta até a meia-noite ou mais.

Os apartamentos e quitinetes funcionais estão à disposição somente de deputados como Rossana Dinamarca, que têm base eleitoral a pelo menos cinquenta quilômetros de distância da capital. Deputados de Estocolmo não têm direito a imóvel funcional, nem auxílio moradia. E o Presidente do Parlamento sueco não tem direito a residência oficial.

— O Presidente do Riksdag não tem nenhum privilégio especial em relação à moradia. Seus direitos são os mesmos dos demais parlamentares — diz Maria Skuldt, da assessoria de imprensa do Parlamento.

Fica a critério de cada partido decidir como acomodar seus parlamentares — quem vai para os apartamentos, quem fica com as quitinetes. O Parlamento cobre os custos de manutenção dos imóveis. Mas não todas as contas.

— Os parlamentares têm verba mensal de 100 coroas suecas (cerca de 15 dólares) para gastos com eletricidade, e nada mais. Eles podem solicitar serviços de limpeza no apartamento, se quiserem, mas para isto têm que pagar cerca de 300 coroas suecas (aproximadamente 46 dólares) por faxina — diz a chefe do setor de Serviços Parlamentares (*Ledamotsservice*), Anna Aspegren.

Além disso, o erário paga apartamentos funcionais exclusivamente para parlamentares. Aos cônjuges de deputados, familiares, namorados e afins, é negado o benefício de morar ou até mesmo pernoitar em propriedade do estado sem pagar. Quando o familiar de um parlamentar passa uma temporada no imóvel funcional, o deputado tem prazo de um mês para ressarcir o erário pelos dias de pernoite.

E nesta sociedade, em que mais de 75% das mulheres estão trabalhando, se a esposa de um deputado do interior decide viver no apartamento funcional da capital com o marido, cabe a ela arcar com a metade do valor do aluguel.

— É claro que não pagamos para ninguém morar de graça, a não ser os parlamentares com base eleitoral fora da capital — diz Anna Aspegren.

Os parlamentares têm duas opções de moradia na capital sueca: a primeira é viver em um dos apartamentos ou quitinetes funcionais. A segunda é alugar um apartamento por conta própria, e cobrar do Parlamento o ressarcimento correspondente ao valor do aluguel. Neste caso, o valor máximo que o Parlamento reembolsa aos deputados é de 8 mil coroas suecas mensais (o equivalente a cerca de 1,2 mil dólares), quantia relativamente baixa para a escassa oferta imobiliária do centro da capital.

— Mas os parlamentares que vivem com o cônjuge em um apartamento alugado só podem pedir reembolso da metade do valor do aluguel, e têm que pagar do próprio bolso pela manutenção do imóvel — explica Anna Aspegren.

É o que faz a líder do Partido de Centro (*Centerpartiet*), Annie Lööf, que divide o apartamento funcional com o marido.

— O marido de Annie tem que pagar sua parte do aluguel, como qualquer outro cidadão — diz Aspegren.

Em 2011, o líder do Partido Social-Democrata, Håkan Juholt, sapateou nas regras. E enfrentou as consequências.

"AGÊNCIA NACIONAL ANTICORRUPÇÃO INVESTIGA JUHOLT"

Juholt: pagar metade do aluguel com dinheiro público custou sua carreira.

O ESCÂNDALO DO APARTAMENTO FUNCIONAL

Håkan Juholt parecia ser a encarnação do Messias que a social-democracia sueca esperava. Orador eloquente, ar vitorioso, Juholt assumiu a liderança do partido em março de 2011 com a missão de voltar a eletrizar o eleitorado e reconduzir os social-democratas ao poder, após duas vergonhosas derrotas eleitorais consecutivas.

Mas no meio do caminho havia um apartamento funcional com uma namorada dentro. A revelação de que a companheira do líder morava no apartamento funcional, sem pagar sua devida parte do aluguel, interrompeu a ofegante escalada de Håkan nas pesquisas de opinião. Era outubro, e o caso faria Håkan entrar na cadência das folhas das árvores do outono sueco, em sua lenta e inevitável queda ao chão.

A denúncia partiu do jornal *Aftonbladet*. Desde 2007, Håkan Juholt vinha "recebendo dinheiro dos contribuintes para pagar o aluguel integral do apartamento funcional" que dividia com a companheira, Åsa Lindgren. Foi escândalo instantâneo. No total, Håkan tinha recebido 320.532 coroas suecas (cerca de 49 mil dólares) durante quatro anos e meio. Pelas estritas regras do Parlamento sueco, Åsa deveria ter arcado com a metade deste valor — aproximadamente 160 mil coroas suecas (cerca de 25 mil dólares).

O caso foi parar na polícia. "Agência Nacional Anticorrupção investiga Juholt", noticiou a mídia em coro. Concluída a investigação preliminar, a Agência Anticorrupção encaminhou o caso ao Departamento Criminal da Polícia Nacional da Suécia (*Riksenheten för Polismål*), como mandam as normas que regem supostos crimes envolvendo parlamentares na Suécia.

Sem temer o inferno, Juholt jurou inocência e disse que não conhecia as regras que obrigam cônjuges e familiares a pagar pelo uso dos apartamentos funcionais. Mas tratou de devolver, sem esperneios nem demora, as 160 mil coroas suecas recebidas indevidamente. Håkan agiu rápido. Mas já era tarde.

— Eu errei por não ter me informado sobre as regras do uso de apartamentos funcionais. Peço desculpas por isso. Gostaria de enfatizar que não pedi dinheiro demais deliberadamente — disse Juholt. Já segundo o setor de Administração do Parlamento, um assistente do líder social-democrata tinha sido notificado sobre a questão meses antes.

Håkan Juholt vem da cidade de Oskarshamn, 300 quilômetros ao sul de Estocolmo. Eleito deputado em 1994, ele ocupava sozinho um apartamento funcional no centro da capital. Em 2007, Håkan mudou-se para o apartamento da namorada Åsa, no subúrbio de Västertorp. A partir daí, registrou o imóvel dela como o seu novo apartamento funcional na capital, e passou a solicitar ressarcimento pelo valor do aluguel de 7.225 coroas suecas.

O aluguel do apartamento no subúrbio era mais barato que o do apartamento funcional que Håkan ocupava antes, sozinho, no centro da capital. O valor do aluguel no subúrbio também estava abaixo de oito mil coroas suecas, que é o limite máximo estabelecido pelo Parlamento para pagamento de auxílio moradia a parlamentares.

Com esse e outros argumentos, Håkan percorreu incessantemente o país durante dois meses para pedir desculpas ao eleitorado, na chamada "turnê do perdão" (*förlåtelseturnén*).

Mas o pecado de Håkan Juholt foi imperdoável: a companheira do líder estava morando no apartamento funcional à custa do dinheiro do contribuinte, sem pagar a parte do aluguel que cabia a ela custear, e não ao erário. A esta altura, a imprensa revelara ainda que a namorada teria acompanhado Håkan em uma viagem oficial à Bielorrússia — e neste caso, segundo as regras parlamentares suecas, ele teria direito ao reembolso de apenas metade dos gastos com hotel.

O seguinte diálogo com Juholt foi publicado no jornal *Dagens Nyheter*, na edição de 8 de outubro de 2011:

> Repórter: *Como você pôde crer que os contribuintes deveriam pagar o valor total do aluguel, se você divide o apartamento funcional com sua companheira?*
>
> Håkan Juholt: Isso nunca passou pela minha cabeça. O que eu não sabia é que, quando um parlamentar divide o apartamento funcional com alguém, deve pedir reembolso apenas pela metade do valor do aluguel. Eu deveria conhecer esta regra. Não procurei me informar, mas deveria ter feito isso.
>
> Repórter: *Você não acha lógico ter que dividir o valor do aluguel do apartamento funcional com sua companheira, uma vez que ela também mora lá?*
>
> Håkan Juholt: Certamente.
>
> Repórter: *Você chegou a refletir sobre essa lógica?*
>
> Não, eu não cheguei a fazer isso. O apartamento funcional que eu ocupava antes sozinho, no centro de Estocolmo, era mais caro. Por isso, não cheguei a refletir sobre essa questão.

Repórter: *Como considera que esse episódio vai afetar a confiança dos eleitores em você?*

Håkan Juholt: Isso prejudica a imagem dos políticos como um todo.

O escândalo produziu editoriais inflamados. O diário liberal *Gefle Dagblad* observou que, como líder do Partido Social-Democrata, Håkan Juholt tinha uma renda mensal de 144 mil coroas suecas (cerca de 22 mil dólares).

— Com um salário desses, nem o Joakim von Anka (o milionário e avarento Tio Patinhas das histórias em quadrinhos) entraria numa fraude para ganhar algumas notas de mil — disse o editorial.

Muitos deram crédito à alegação de Juholt de que ele não tinha conhecimento sobre as regras de ocupação do apartamento funcional. Mas se perguntaram se os eleitores perdoariam o líder, e se Juholt seria, afinal, um candidato adequado a ocupar o posto de primeiro-ministro da Suécia.

Em janeiro de 2012, já desgastado por intensas pressões para abandonar a liderança do partido, Håkan Juholt anunciou a renúncia. Durou dez meses no cargo.

— Os suecos detestam quando veem alguém que ocupa posição de poder enchendo o próprio bolso — comentou a cientista política Jenny Madestam, em declarações à agência de notícias sueca TT.

O escândalo de Håkan fez o Parlamento introduzir novas regras: hoje, todo deputado é obrigado a declarar, em formulário oficial, se vive sozinho ou com quem divide o apartamento funcional. Antes, valia só a lei da confiança no respeito às normas.

OS TEMPOS EM QUE APARTAMENTOS FUNCIONAIS NEM EXISTIAM

UMA CONVERSA COM A DEPUTADA EVA FLYBORG

"Dormir em um sofá-cama no gabinete não era nenhum problema."

Nos tempos de Eva, nem a visão mais demente do paraíso poderia descrever a realidade da vida de um parlamentar sueco. Pratos e roupas eram lavados à mão na pia do gabinete, não havia cama, apartamentos funcionais não existiam. Durante os quatro primeiros anos do seu mandato, de 1994 a 1998, Eva Flyborg, deputada do Partido Popular Liberal (*Folkpartiet*), dormiu em um sofá-cama no próprio gabinete, no Parlamento.

Chego ao Parlamento para a conversa com Eva numa manhã gelada do inverno sueco, dessas em que até os cachorros tremem nas ruas, debaixo de suas roupas especiais de passear no frio. No saguão de entrada, sou recebida por um funcionário que me encaminha ao escritório da deputada, na ala do Parlamento reservada ao Partido Liberal. Pergunto se ele é o assessor de Eva Flyborg. — Trabalho em meio expediente auxiliando Eva e outros oito deputados em diferentes tarefas. Na Suécia não existem assistentes particulares para parlamentares — pontua Lars Johansson, o assessor coletivo.

Porta-voz do Folkpartiet para assuntos relacionados à energia, à indústria e ao comércio, Eva Flyborg é economista e ex-funcionária da montadora sueca Volvo. Ela nasceu em 1963 em Otterhällan, na região de Gotemburgo (costa oeste da Suécia), e é também conhecida como a fundadora da Associação de Fãs dos Beatles do Parlamento sueco.

Em seu atual escritório de doze metros quadrados, sem secretária na porta, copa com cafezinho ou banheiro privativo, a deputada contou como era a vida dentro do gabinete naqueles idos de 1990.

EVA FLYBORG: O escritório era pequeno, tinha cerca de dez metros quadrados. Havia um banheiro bem pequenino, uma máquina de café, uma torradeira, e isso era tudo. Tínhamos que lavar os pratos e as roupas na pia do banheiro. No subsolo havia uma lavanderia coletiva, que poderia ser usada caso não estivesse ocupada por alguns dos outros mais de 300 deputados.

Não era uma lavanderia grande?

EVA FLYBORG: Não, não. Era uma lavanderia pequena. Duas máquinas de lavar.

Duas máquinas de lavar para 349 deputados?

EVA FLYBORG: Sim, duas. Muitos deputados preferiam lavar a roupa na pia do banheiro do escritório ou então levar as roupas para casa, em seus estados de origem, e trazê-las de volta limpas.

E as roupas lavadas, era preciso pendurar no próprio escritório?

EVA FLYBORG: Sim. Onde mais eu poderia pendurar? Eu só tinha o meu escritório. Então eu pendurava as roupas nas cadeiras, no computador, no abajur. De manhã, quando estavam secas, era só recolher.

Trabalhar e dormir dentro do escritório no prédio do Parlamento era considerado normal, ou havia um sentimento de insatisfação entre os deputados?

EVA FLYBORG: Não, era normal, sem problemas.

Nenhum deputado reclamava dessas condições?

EVA FLYBORG: Você vive um tipo de vida diferente quando é deputado. Não é um emprego normal. E você sabe disso desde o princípio. Eu fui escoteira quando era garota, então para mim não era nenhum problema dormir num sofá-cama, no escritório. E os suecos são um povo muito prático. Você faz o melhor que pode. Se tem que lavar uma roupa e precisa ser na pia do banheiro, tudo bem.

Por que então o Parlamento decidiu criar apartamentos funcionais para parlamentares, a partir do fim da década de 1990?

EVA FLYBORG: A decisão de criar apartamentos funcionais para deputados só foi tomada com base na obediência a normas legais de segurança contra incêndio e também a normas ambientais. Porque chegou-se à conclusão de que era arriscado demais ter deputados vivendo, comendo e acendendo velas em seus escritórios, em meio a todos esses documentos e livros. Por isso, tiveram que nos retirar dos prédios do Parlamento. Do contrário, ainda estaríamos vivendo em nossos escritórios.

A senhora estaria?

EVA FLYBORG: Sim, estaria. Não é nenhum bicho de sete cabeças. Veja bem, a minha casa não é aqui na capital. Minha casa é em Gotemburgo. É lá que eu vivo, é lá que estão a minha família, o meu carro, os meus amigos. Eu apenas trabalho em Estocolmo durante parte da semana. Até alguns anos atrás, eu ficava de segunda a sexta-feira na capital por conta da minha agenda parlamentar, e às vezes também durante o fim de semana. Em algumas ocasiões, era necessário permanecer em Estocolmo durante um mês. Atualmente, passo quatro dias por semana na capital.

Como a senhora compara o sistema sueco em relação a países nos quais os políticos gozam de privilégios como espaçosos gabinetes e apartamentos funcionais, motoristas, secretárias e assessores particulares?

EVA FLYBORG: Em primeiro lugar, não julgo nenhum país. Cada sociedade faz suas próprias escolhas. Mas devo dizer que certos privilégios concedidos a políticos em alguns países me parecem excessivamente exorbitantes. Talvez isso seja um reflexo da visão da sociedade desses países de que a representação política é uma função importante, que deve, portanto, ter *status* social. Na Suécia, não atribuímos nenhum *status* à função de político. Talvez seja esta a diferença. E se alguém chamasse algum deputado aqui de Excelência, as pessoas iam achar ridículo. Somos todos iguais. Ninguém está acima de ninguém. Com uma única exceção: a Família Real. Mas a Família Real não tem mais poderes.

Como é o seu atual apartamento funcional?

EVA FLYBORG: Hoje vivo em um dos maiores apartamentos funcionais do Riksdag, que tem quarenta

© DIVULGAÇÃO

A deputada Eva Flyborg: duas máquinas de lavar para 349 deputados.

e oito metros quadrados. Isso porque sou deputada há muitos anos, e também porque meu filho vivia comigo aqui. Então, foi uma conjunção de fatores.

É um apartamento de dois quartos?

EVA FLYBORG: Não, apenas um quarto. Pequeno. Eu dividia o quarto com meu filho, que atualmente estuda em Gotemburgo.

A senhora precisava pagar para que seu filho vivesse no apartamento funcional?

EVA FLYBORG: Não, porque na época ele tinha menos de doze anos de idade. Acima de doze anos, qualquer filho de parlamentar precisa pagar para ter direito a viver ou pernoitar no apartamento funcional, o que é normal. Em qualquer hotel, crianças acima dessa idade têm que pagar para dormir.

O apartamento tem alguma comodidade, como máquina de lavar ou de lavar pratos?

EVA FLYBORG: Não, não há nada disso. Temos uma lavanderia no subsolo do prédio. São duas máquinas de lavar para dois edifícios, que têm cerca de oitenta apartamentos no total.

Deputados lavam roupa e passam suas próprias camisas?

EVA FLYBORG: E quem mais deveria fazer isso? Por que alguém deveria fazer isso para você, se você sabe fazer? É também mais prático. Eu passo a minha camisa em dois minutos. Se eu fosse deixar na lavanderia, teria que gastar tempo e dinheiro. Não tenho tempo para isso. É mais fácil eu mesma fazer. Faço jantar em vinte minutos, e passo minha camisa em dois minutos. É um esquema bastante eficiente.

Como deputada e integrante da comissão parlamentar de Indústria e Comércio, a senhora não tem assistente particular no seu gabinete.

EVA FLYBORG: Não. Eu e outros oito deputados dividimos um assistente, que trabalha em regime de meio expediente.

Não há uma secretária para ajudá-la, por exemplo, a marcar uma passagem de avião para participar de um encontro ou conferência?

EVA FLYBORG: Não. E é mais rápido e eficiente eu mesma fazer, em vez de falar com uma secretária que vai telefonar para a agência de viagens, voltar a falar comigo sobre diferentes opções de voo, e então ligar de novo para a agência de viagens, até achar a alternativa que me atende melhor, de acordo com as necessidades e restrições da minha agenda pessoal. Não seria, portanto, muito eficiente dar essa tarefa a uma secretária, não é verdade?

Não, a menos que a deputada tivesse uma secretária particular que organizasse seus compromissos e coordenasse sua agenda pessoal.

EVA FLYBORG: Bem, isso não existe aqui na Suécia. Nenhum deputado tem secretária particular.

Seria algum privilégio exorbitante ter secretária particular?

EVA FLYBORG: Na minha opinião, sim. Porque não é justo com o restante da sociedade. Seria demais. E um deputado não precisa disso. Privilégios tendem a transformar um deputado, e políticos em geral, em pessoas acima dos cidadãos que os elegeram. Dessa maneira, cria-se uma distância entre o povo e seus representantes, o que por sua vez gera um sentimento de desconfiança e descrença da população em relação aos políticos.

OS GABINETES ESPARTANOS

Os gabinetes parlamentares dos deputados suecos têm em média quinze metros quadrados, e decoração frugal. — Os sofás são disputados, não temos para todos — diz Ömer Oguz, porta-voz do Partido Social-Democrata na época. Ele aponta para um franzino sofá vermelho de três lugares, do tipo encontrado em lojas de móveis populares, no estilo da sueca IKEA.

Estamos no anexo parlamentar da Riksdagens Hus, a base dos deputados social-democratas. O edifício é uma antiga construção circular situada na Riddarhustorget, a poucos passos do Parlamento. O átrio central, aberto ao público, é dominado pela monumental escultura de uma mulher nua, que o artista Ivar Johnson batizou de *Morgon* (Manhã). Em torno do átrio, pequenas passagens desembocam na rua Myntagatan e em vielas da Cidade Antiga.

Na Riksdagens Hus, gabinetes de 15 m² para os parlamentares.

Da entrada do complexo parlamentar vê-se a imponente torre da Catedral de Estocolmo (*Storkyrkan*), onde a princesa Victoria, herdeira do trono sueco, casou-se com seu ex-*personal trainer*, em 2010. Mas, por dentro, o tom é de austeridade.

Ao longo dos imensos corredores que percorro, cada porta se abre diretamente para um dos diminutos gabinetes parlamentares. Nenhum escritório de deputado possui *hall* de entrada com secretária, copa com máquina de café ou banheiro privativo. Apenas uma mesa simples de madeira clara com um computador, armários de prateleiras no mesmo estilo, e um aparelho de TV. Alguns gabinetes têm ainda uma pequenina mesa redonda.

Em cada andar, uma cafeteira automática localizada no corredor atende a cerca de vinte e cinco parlamentares. Deputados pegam ali os copos, de papel, e servem a si próprios. Alguns aproveitam para tirar do bolso suas caixas redondas de *snus*, o tradicional tabaco umedecido dos países escandinavos. O *snus* exala odor detestável, e é prova de que há gosto para tudo: embalado em papéis que lembram saquinhos de chá em miniatura, o tabaco é colocado entre a gengiva e a bochecha. É mais seguro que o cigarro, mas também é nocivo. Quem é contra, diz que é a antessala do vício.

Perto das cafeteiras, estão balcões com os jornais diários e publicações diversas. São para uso coletivo dos parlamentares: as assinaturas de jornais e revistas são custeadas pelo partido, e deputados não têm verba pessoal para assinar publicações.

— Podemos levar um jornal para ler no gabinete, e colocá-lo de volta em seguida no balcão — diz o deputado Michael Hagberg.

— Não vejo necessidade de se pagar centenas de assinaturas individuais para cada deputado ter seus próprios jornais e revistas. Também podemos ler jornais e outras publicações na biblioteca do edifício, e há bibliotecas em cada complexo parlamentar — acrescenta ele.

Nos corredores, estão ainda estações de reciclagem de lixo e armários que guardam material de escritório para os parlamentares.

Os menores gabinetes do Parlamento têm dez metros quadrados. Os maiores têm em média vinte e cinco metros quadrados, e alguns chegam a quarenta e cinco. São reservados aos líderes de partidos e presidentes de comissões parlamentares. No escritório de cerca de trinta metros quadrados do líder social-democrata não há vestígio de luxo: seu privilégio é a garantia do sofá.

SEM SECRETÁRIAS OU ASSESSORES PARTICULARES

Secretárias e assessores particulares, reais ou imaginários, não fazem parte do mundo de um deputado sueco.

— Nenhum deputado tem secretária particular, nem contrata assessores — diz Mats Lindh, assessor do setor de Serviços Parlamentares.

No sistema sueco, cada partido político representado no Parlamento recebe verba restrita para contratar um grupo de assistentes e assessores, que formam o chamado secretariado do partido. E este grupo de funcionários atende, coletivamente, a todos os deputados de uma sigla.

A verba de contratação cobre, a título de cálculo, o salário de um assessor por deputado, no valor de 50,3 mil coroas suecas (cerca de 17,5 mil reais, ou 7,6 mil dólares). Cada partido é livre para distribuir o valor da verba como quiser, de maneira a montar uma equipe de assistentes que melhor atenda às necessidades dos deputados. Mas a regra geral é que nenhum deputado tenha assessor particular: todos dividem entre si um *pool* de assessores e assistentes, que entre outras atividades preparam textos políticos e cuidam das relações com a imprensa.

Nos corredores da base parlamentar do partido Social-Democrata, o porta-voz fornece a lista do secretariado: noventa e cinco funcionários trabalham em conjunto para apoiar as atividades de 130 deputados. São, no total, cinquenta e dois assessores políticos, trinta e três funcionários de apoio para questões políticas e de imprensa, e dez assistentes administrativos — que não costumam estar à disposição dos deputados para tarefas pessoais.

— Cada deputado cuida da sua agenda de trabalho e marca ele próprio, por exemplo, as passagens de trem ou avião — diz Ömer Oguz.

Já o líder do Partido Social-Democrata tem um total de dez funcionários em seu gabinete, no Parlamento. E, sim, uma secretária na porta.

Para o cientista político sueco Rune Premförs, manter uma força-tarefa de assessores particulares para um só parlamentar é uma aberração. Em seu escritório na Universidade de Estocolmo, ele conta que certa vez visitou um amigo que trabalhava para um senador americano em Washington. Surpreso, constatou que todos os funcionários que estavam no escritório serviam apenas àquele único senador.

— Por que todos esses recursos deveriam estar à disposição de um único político, se podem ser divididos?

Representantes políticos devem também ser representantes do povo em termos de não se atribuir condições privilegiadas — opina.

— É válido o argumento de que países grandes têm grandes problemas — diz o cientista político — e que para resolvê-los precisam de mais recursos humanos. Mas isto não significa necessariamente aumentar os privilégios pessoais, na forma de assessores particulares. O que um parlamentar precisa é de serviços de informação e consultoria de qualidade para apoiar suas atividades e a sua tomada de decisões. Na Suécia, um dos setores do Parlamento que mais se expandiram nos últimos vinte anos foi o RUT (Serviço de Pesquisas do Parlamento), que fornece todo tipo de pesquisas, estatísticas e consultorias especializadas a parlamentares de todas as siglas — fala Premförs.

Até a década de 1970, os deputados não tinham nem assistentes e nem mesmo escritórios individuais no Parlamento, lembra o cientista político Daniel Tarschys.

— Ao longo do tempo, foram introduzidos recursos como o auxílio de assistentes e assessores. Mas esses recursos nunca foram destinados diretamente a um deputado em particular, e sim ao partido, a quem cabe decidir como usá-los para serviços coletivos ou individuais — diz Tarschys.

— Este sistema reflete a forte posição dos partidos no Parlamento, e o forte grau de coesão partidária na Suécia — aponta o cientista político.

No Governo, cada ministro possui uma secretária e uma equipe que varia entre dois e nove assistentes, segundo o departamento de administração governamental (*Förvaltningsavdelningen Regerinskansliet*).

Paula Carvalho Olovsson, Assessora Parlamentar

"Não trabalho como assessora particular para nenhum deputado."

Filha de um ex-deputado português e de uma vereadora sueca, a cientista política Paula Carvalho Olovsson trabalha desde 2005 como assessora parlamentar do partido Social-Democrata. Na base parlamentar do partido, na Riksdagens Hus, ela conta como é assessorar todos os deputados de um só partido.

Como é o seu trabalho como assessora política na Suécia?
PAULA CARVALHO: Não trabalho como assessora para nenhum deputado em particular, e sim para o grupo de parlamentares social-democratas como um todo.

São mais de cem deputados no partido. Qualquer um pode pedir a sua ajuda?
PAULA CARVALHO: Não pedem ajuda ao memo tempo, pois temos um esquema bem organizado. Nós, assessores políticos, somos divididos em grupos especializados em determinados assuntos. Por exemplo, alguns colegas meus trabalham exclusivamente na área de assuntos sociais ou de economia, e outros são especializados em questões relacionadas à saúde ou à criminalidade. Há também colegas que trabalham nas comissões parlamentares, escrevendo moções em linguagem mais rebuscada. A minha função é principalmente reescrever as moções parlamentares em linguagem mais acessível, para que os deputados possam usar quando forem dar entrevistas, fazer discursos ou encontrar os eleitores. Ou seja, há assessores com expertise específico para diferentes áreas de atuação dos parlamentares.

O sistema funciona bem, ou seria mais desejável que os deputados suecos tivessem mais assessores?
PAULA CARVALHO: Para nós, funciona muito bem. E penso que também trabalhamos de forma mais eficaz. Com pessoas demais trabalhando numa determinada área, muitas vezes acaba-se fazendo coisas desnecessárias.

Você quer dizer que ter assessores demais não é bom?
PAULA CARVALHO: Eu acho que não. E os deputados suecos também podem contar com o Serviço de Pesquisas do Parlamento (RUT), que possui consultores apartidários com especialização em diversas áreas para produzir estudos, projeções e consultorias técnicas.

Os deputados suecos cuidam da própria agenda e marcam suas viagens e passagens?
PAULA CARVALHO: Sim, claro. Para nós, é claro que eles devem fazer isso.

Como você compara o sistema sueco com o de países como Portugal ou o Brasil, onde deputados têm equipes de assessores particulares?
PAULA CARVALHO: Para nós, estes são mundos diferentes. E não me parece necessário ter tantos assessores em um só gabinete. Aqui, jamais aconteceria. Em primeiro lugar, porque os suecos nunca aceitaram nem nunca permitiriam isso. Há muitas pessoas na Suécia que pensam, inclusive, que os políticos suecos já têm direitos demais, e que ganham bem demais. As pessoas aqui não gostam de os políticos terem coisas que as pessoas normais não têm. Os políticos suecos têm que ser como cidadãos comuns. E aqui na Suécia não temos corrupção como Itália.

O SALÁRIO LÍQUIDO DE UM DEPUTADO: 50% A MAIS DO QUE GANHA UM PROFESSOR PRIMÁRIO

Para viver em um país que tem um dos custos de vida mais elevados do mundo, e onde se paga um dos impostos mais altos do planeta, um deputado do Parlamento sueco recebe o equivalente a cerca de 21 mil reais por mês (em taxa cambial de agosto de 2013). Descontados os impostos, o deputado recebe em sua conta um salário que corresponde, em valores líquidos, a cerca de 50% a mais do que ganha em média um professor primário na Suécia após os descontos fiscais.

O valor bruto do salário de um deputado do Parlamento sueco é comparável ao de um médico do sistema público de saúde, que recebe em média 54,9 mil coroas suecas ao mês (cerca de 8,8 mil dólares). Segundo os números da Agência Central de Estatísticas da Suécia (*Statistiska Centralbyrån*), o salário médio de um cidadão sueco é de 35,8 mil coroas (cerca de 5,4 mil dólares). Um professor primário ganha em média 26,5 mil (cerca de 4 mil dólares). Uma enfermeira, 32,2 mil (cerca de cinco mil dólares). Um policial recebe em média 30,5 mil (4,6 mil dólares), e um juiz, 45,1 mil coroas (cerca de 7 mil dólares).

Um deputado ganha quase o dobro do que recebe um professor primário — mas no sistema escalonado de impostos que vigora na Suécia, ele paga impostos mais altos sobre o salário. Em coroas suecas, o contracheque de um deputado é de 58,3 mil por mês (cerca de 9 mil dólares). Uma vez descontados os impostos, o salário líquido do deputado fica em cerca de 35,2 mil coroas (aproximadamente 5,3 mil dólares). Já um professor primário, que paga uma carga tributária menor, recebe em média um salário líquido de cerca de 18,3 mil coroas suecas (cerca de 2,8 mil dólares). Ou seja, aproximadamente a metade do que recebe um parlamentar.

Com suas 35 mil coroas no bolso, um deputado sueco pode se considerar razoavelmente próspero, e é conveniente que se sinta plenamente realizado. Pois benefícios extras como os defuntos auxílio paletó do Brasil, ou gratificações, abonos de permanência, adicionais de insalubridade, prêmios, verbas de representação e penduricalhos do gênero não estarão aumentando os zeros em sua conta bancária.

Se um deputado tem sua base eleitoral fora da capital, o que ele pode solicitar é o chamado *traktament*, uma ajuda de custo para os dias da semana em que trabalha em Estocolmo. O valor desta diária, paga estritamente aos parlamentares que não têm residência permanente na capital, é de 110 coroas suecas (cerca de 16,8 dólares, ou 38 reais).

Uma rápida checagem nas tabelas de preço de Estocolmo dá uma noção do que se compra na capital com 110 coroas suecas na carteira: um café com três ou quatro *bullar* (os tradicionais pães doces suecos que acompanham o café), ou uma *pizza* com refrigerante, ou dois maços de cigarro, ou um tradicional prato de *köttbullar*, as almôndegas suecas servidas com geleia de arandos vermelhos e purê de batata. Nos pequenos restaurantes populares que servem almoço na cidade, um prato executivo sai em média por 90 coroas suecas (cerca de 14 dólares).

Mas para parte considerável dos cidadãos que pagam o salário dos deputados, por meio do dinheiro de seus impostos, o contracheque dos parlamentares ainda é alto demais.

— Por que um deputado tem que ganhar muito mais que um professor? — pergunta Monika Karlsson, funcionária da creche que funciona dentro do Parlamento.

Ou, como diria o motorista de táxi do aeroporto de Arlanda — está bom, mas pode ficar melhor.

No momento iluminado, os deputados do Partido da Esquerda (*Vänsterpartiet*, ex-comunista) fizeram o mesmo raciocínio de Monika: chegaram à conclusão de que o salário dos deputados na Suécia desafiava o limite do bom senso e do insuportável. Resolveram tomar uma atitude.

No congresso partidário de janeiro de 2012, decidiram que todos os deputados do Vänsterpartiet deveriam obrigatoriamente destinar parte dos seus salários ao partido, a fim de financiar atividades partidárias. Desde então, quando chega o contracheque salarial de 58,3 mil coroas suecas, seus deputados ficam com apenas 27,5 mil (cerca de 4,2 mil dólares).

— Para o Vänsterpartiet, é importante o princípio de que ninguém deve enriquecer no exercício da função política. Um político não deve ganhar salários muito maiores do que o de um trabalhador comum — refletiu a liderança do partido na cidade de Norrköping (leste da Suécia), na página de opinião do jornal *Norrköpings Tidningar*.

— Estamos na política para promover mudanças na sociedade, e não para enriquecer e fazer carreiras (...). Esperamos que outros partidos políticos tenham coragem suficiente para seguir nosso exemplo — completaram Niclas Lundström, Linda Snecker e Per Gawelund, no texto publicado no jornal *Norrköpings Tidningar*, em 14/1/2012.

Se o corte salarial provocar o surgimento de pedras nos rins de alguns parlamentarares do Vänsterpartiet, basta lembrar que, até 1957, os deputados do Parlamento sueco não recebiam sequer salário. A decisão de introduzir o pagamento de salário aos parlamentares foi tomada, segundo os arquivos do Parlamento, após chegar-se à conclusão de que nenhum cidadão deveria ser "impedido de tornar-se um deputado por razões econômicas". Mas o valor do salário não deveria "ser alto a ponto de se tornar economicamente atraente".

— Até pouco tempo atrás, os deputados da Suécia eram sustentados apenas pelos membros de seu partido, e não pelo estado. Um salário oficial foi então introduzido, mas apenas para os meses do ano em que o Parlamento realizava sessões — diz Daniel Tarschys, ex-deputado e atual professor de Ciências Políticas da Universidade de Estocolmo.

— Era um salário baixo — lembra Tarschys. — Quando fui eleito para o Parlamento, em 1976, os dois meses de recesso parlamentar não eram pagos, pois presumia-se que neste período os deputados voltariam a trabalhar em tempo integral em seus empregos normais. Como o salário parlamentar era muito baixo, funcionários públicos e também de empresas privadas, que exerciam em paralelo a função de deputados no Parlamento, chegavam a receber uma pequena verba suplementar dos empregadores — conta Tarschys.

Só a partir de 1984, segundo os documentos do Parlamento, os deputados passaram a receber salário mensal para desempenhar a função política em tempo integral.

— Na época, o valor da remuneração de um deputado correspondia ao salário médio de um funcionário público. Este valor aumentou gradualmente, e hoje equivale ao salário de um funcionário público de nível sênior, mas não do nível máximo na hierarquia — observa o cientista político.

Deputados suecos ganham mais que a média dos cidadãos, mas menos do que recebe a maior parte dos parlamentares de países da União Europeia. Ministros recebem 118 mil coroas mensais (cerca de 18 mil dólares). O Presidente do Parlamento recebe por sua função o mesmo valor do salário do Primeiro-Ministro, de 148 mil coroas por mês (aproximadamente 22,6 mil dólares) — o que equivale a cerca de 70% do que ganha o *premier* da Grã-Bretanha, e aproximadamente a metade do salário do presidente dos Estados Unidos.

Há quem pondere que baixos salários não atraem as mentes mais brilhantes para a política. Para alguns, um salário baixo também traz o risco de que a função política se torne um *playground* para os mais ricos. O diplomata sueco Hans Blix prega o caminho do meio: um salário "razoavelmente bom" para os representantes políticos.

— O equilíbrio é necessário. É não pagar demais, nem de menos. Se você paga salários altos e ainda por cima garante imunidade parlamentar, a carreira política passa a atrair o tipo errado de pessoa. Se paga pouco, pode desestimular pessoas capazes a entrar na política. O importante é que os políticos compreendam que são servidores públicos, e que é o dinheiro público que os alimenta — diz Blix.

Já outros discordam integralmente da tese de que melhores salários atraem seres vertebrados para a política, e, portanto, políticos mais aptos: — Eu diria que nunca vi, em nenhum lugar do mundo, um sistema que atraia mentes brilhantes para a política — me diz o cientista político Rune Premfors, da Universidade de Estocolmo.

SEM PENSÕES VITALÍCIAS

Qualquer cidadão de inteligência mediana na Suécia entende a razão pela qual os parlamentares suecos não têm o direito exótico de receber pensão vitalícia após cumprir dois ou mais mandatos. Aos deputados suecos não se oferece pensão, e sim o que se chama aqui de "garantia de renda" (*inkomstgaranti*) por tempo limitado. Diz a lei sueca: "A finalidade do benefício (*pensão*) é proporcionar segurança financeira ao parlamentar no momento de transição após o término de suas atividades no Parlamento. O benefício não tem como propósito garantir o sustento permanente do ex-parlamentar".

O ex-deputado social-democrata Joe Frans, que cumpriu quatro anos de mandato entre 2002 e 2006, teria direito a um ano de pensão parlamentar quando deixou o Parlamento.

— Mas comecei a trabalhar em outro emprego logo depois de deixar o Parlamento — conta Joe. — Por isso, tive que informar sobre meu novo trabalho às autoridades responsáveis, e o pagamento da minha pensão como ex-deputado foi suspenso.

Na época de Joe Frans, um deputado que cumprisse a função por tempo inferior a seis anos tinha direito a receber pensão parlamentar durante no máximo um ano. Para os parlamentares com mais de seis anos de casa, a pensão era paga por até dois anos (para deputados com menos de quarenta anos de idade), cinco anos (para aqueles com menos de cinquenta anos), ou até o deputado completar sessenta e cinco anos de idade (para aqueles com cinquenta anos de idade ou mais).

Estava bom, mas poderia ficar melhor. Em 2011, a TV pública sueca decidiu investigar as pensões parlamentares, e revelou: milhões de coroas suecas estavam sendo pagas a ex-políticos que ainda eram jovens o suficiente para arranjar um novo emprego.

Dois anos depois, decididos a raspar os resquícios de generosidade cristã que o sistema ainda comportava, os suecos resolveram endurecer as regras.

Pelas novas normas, o princípio geral é que todo deputado eleito a partir de 2014 precisará trabalhar pelo menos oito anos no Parlamento (duas legislaturas) para ter direito a uma pensão equivalente a 85% do valor do salário (49.555 coroas suecas, o equivalente a cerca de 7,5 mil dólares), durante um período máximo de dois anos. E para receber pensão durante mais de um ano, o ex-deputado precisa comprovar que está ativamente procurando uma nova forma de ganhar o pão de cada dia.

— É importante entender que o sistema tem mecanismos fortes. Eles (os deputados) têm que provar que estão procurando um novo emprego, que não estão passivos. Do contrário, o benefício é cortado — diz Johan Hirschfeldt, presidente do comitê que regulamenta salários e pensões parlamentares (*Riksdagens Arvodesnämd*).

Se o parlamentar passa a exercer um outro mandato ou cargo político, o benefício também é suspenso.

Não foram poucos, no entanto, os ovos que se jogaram contra as novas regras da pensão parlamentar. Para uma parcela considerável dos suecos, o sistema continua perverso:

"É um deboche", escreveu a jornalista Lena Mehlin em sua coluna política no jornal *Aftonbladet*, em 3/2/2013. "As diferenças repulsivas entre as condições dos parlamentares e dos cidadãos comuns permanecem. Se você e eu perdermos o emprego, teremos direito a um benefício social de no máximo 14.960 coroas por mês (cerca de 2,3 mil dólares). Já um deputado desempregado pode ganhar quase 50 mil coroas mensais (7,6 mil dólares). Além do mais, pode receber o benefício por dois anos, quando, para o cidadão comum sem filhos menores de idade, a lei prevê apenas um ano", atacou Lena.

Para aumentar a revolta de Lena, há possíveis exceções à regra para os deputados que tenham completado cinquenta e sete anos de idade ao deixar o Parlamento. No caso deles, uma pensão mais reduzida (45% do valor do salário) pode ser paga por um período de até oito anos — ou seja, até atingirem a idade mínima para receber a aposentadoria do sistema de previdência social sueco por tempo de contribuição.

— É claro que um deputado de cinquenta e sete anos deve procurar outro emprego quando deixa o Parlamento, e para isso ele pode ter acesso inclusive a cursos de reciclagem. Se não conseguir, ele pode solicitar a cada ano um pedido de extensão do benefício, que, se aceito, reduz a pensão de imediato para 45% do salário que ele recebia como parlamentar — diz Hirschfeldt.

Na TV pública sueca *SVT*, o noticiário exibiu o comentário da Agência Pública de Empregos (*Arbetsförmedlingen*): "Em vez de receber pensão, os políticos deveriam ir a uma de nossas agências para tentar arranjar emprego, como faz o restante dos cidadãos".

Para os deputados eleitos a partir de 2014 e que trabalhem menos de oito anos no Parlamento, o benefício será concedido apenas por um período que varia de três meses a um ano.

Pensões para viúvas ou viúvos de parlamentares também têm os dias contados.

— Em nosso país, o sistema de concessão de aposentadorias é baseado na premissa de que tanto o marido como a mulher trabalham, e que, portanto, cada um tem direito apenas à própria aposentadoria por tempo de serviço. Ou seja, mulheres não têm direito à pensão do marido quando ele falece. Mas ainda restam alguns benefícios no sistema. Se um deputado falece, seu cônjuge ainda tem direito a receber a pensão parlamentar durante dois anos, desde que o deputado tenha trabalhado pelo menos oito anos no Parlamento — diz o presidente do comitê para salários e pensões parlamentares.

Pelas regras válidas a partir de 2014, a pensão do Presidente do Parlamento segue os mesmos critérios para os demais parlamentares, sem acréscimo de adicionais ou benesses extras.

No Governo, ministros têm direito a receber pensão integral durante um período máximo de um ano. Se, no entanto, um ministro tiver cinquenta anos de idade ou mais ao deixar o cargo, e tiver trabalhado na função por pelo menos seis anos, ele passa a ter mais direitos: após o primeiro ano de recebimento do benefício integral, ele pode receber uma pensão mais reduzida, até atingir a idade de sessenta e cinco anos. A partir dessa idade, o ministro passa a ter direito apenas à aposentadoria pública por tempo de serviço — no valor de 14.687 coroas mensais, ou cerca de 2,2 mil dólares.

Os ministros com cinquenta anos de idade ou mais, e que trabalharam pelo menos seis anos no cargo, têm direito a receber cerca de 45% do valor do salário (de 118 mil coroas mensais, ou 18 mil dólares), até completar sessenta e cinco anos. Para os que permaneceram doze anos na função, o percentual é maior: aproximadamente 60% do salário.

— Porém, espera-se que haja uma mudança destas regras, uma vez que a possibilidade de um ministro ou o primeiro-ministro obter pensão até os sessenta e cinco anos de idade é assunto de grande debate na Suécia — diz Elisabet Reimers, representante do *Statsrådsarvodesnämden* — órgão responsável pela remuneração dos políticos em nível governamental.

— É preciso dizer também que, atualmente, a pensão é cancelada automaticamente se o ex-ministro voltar a ocupar outro cargo político. E se o ex-ministro passar a trabalhar em outro emprego, o valor da pensão é reduzido, dependendo do valor de seu novo salário, ou também cancelado — acrescenta Reimers.

As mesmas regras são válidas para o cargo de primeiro-ministro. Se o atual primeiro-ministro, Fredrik Reinfeldt, perder as eleições de 2014 — quando completará quarenta e nove anos de idade —, terá direito apenas a receber pensão durante um ano.

Mas se o primeiro-ministro vencer as eleições e tiver completado cinquenta anos de idade ao deixar o cargo, terá direito a receber no mínimo uma pensão de cerca de 46% do valor do salário (de 148 mil coroas, ou 22,6 mil dólares), até completar sessenta e cinco anos de idade.

— Caso Reinfeldt cumpra doze anos no mandato de primeiro-ministro, terá direito a uma pensão de cerca de 54% do valor do salário — diz Rose-Marie Hallen, do *Statens tjänstepensionsverk*.

Trata-se de um privilégio que irrita os suecos, e incendeia o debate nacional. Principalmente depois que o primeiro-ministro foi a público dizer que os suecos deveriam estar preparados para mudar sua "atitude mental" e pensar em se aposentar mais tarde — por volta dos setenta e cinco anos de idade. Com a manchete "Fredrik Reinfeldt pode parar de trabalhar aos 50", o jornal *Aftonbladet* cobrou coerência do *premier*, em 2/2/2012:

> Repórter: *Você pode se aposentar aos cinquenta anos de idade. Não acha que está na hora de rever o sistema de pensão dos integrantes do governo?*
>
> Primeiro-Ministro Fredrik Reinfelfdt: *Sim, talvez seja a hora. Mas devo dizer que não penso em me aposentar tão cedo, e não conheço nenhum político que pense nisso. Espero poder trabalhar o máximo de tempo possível.*

Caso mude de ideia, Reinfeldt deixará o poder sem regalias pagas até a hora da sua morte, e pela hora da morte, com o dinheiro dos contribuintes: segundo um porta-voz do Governo, as regras da concessão de pensão a ex-primeiros-ministros não incluem benefícios gratuitos como carros com motorista, secretárias, assistentes ou seguranças.

SEM MOTORISTAS PARTICULARES

Nenhum parlamentar sueco tem direito a carro com motorista. Os que moram nos subúrbios da capital cumprem a rotina típica dos trabalhadores ditos normais, balançando em vagões de trem ou metrô a caminho do escritório. Deputados mais dispostos vão de bicicleta, se o frio ainda não é inclemente. Mas a maioria dos que vivem nos apartamentos funcionais próximos ao Parlamento chega mesmo

Salários: quando os parlamentares não se autoaumentam

O privilégio singular de poder aumentar o próprio salário é para os parlamentares suecos, assim como para a massa global de assalariados, um devaneio geralmente confinado ao mundo etéreo da fantasia.

Na Suécia, os salários dos deputados são determinados por um comitê independente, chamado *Riksdagens Arvodesnämd.* Três pessoas compõem este comitê: um presidente, que via de regra é um juiz aposentado, e dois representantes públicos, em geral ex-servidores públicos ou jornalistas.

Entre os representantes públicos recentes, estão a ex-assessora de imprensa do ex-primeiro-ministro social-democrata, Olof Palme, e o ex-editor-chefe do jornal *Svenska Dagbladet* (de tendência conservadora), assim como ex-servidores públicos de diferentes regiões do país.

— Não há nenhum parlamentar entre nós. Somos um comitê independente, com independência garantida pela Constituição. A Mesa Diretora do Parlamento não pode nos dar nenhuma diretriz — me diz o atual presidente do comitê, Johan Hirschfeldt.

Ex-Presidente da Corte de Apelação de Estocolmo, Hirschfeldt conta que o comitê se reúne uma vez por ano, no mês de setembro, após o recesso parlamentar do verão europeu.

— Isso não significa que os deputados ganham aumento de salário todos os anos — ele observa.

Para avaliar se os deputados terão ou não aumento de salário, Hirschfeldt diz que o comitê faz uma análise das circunstâncias econômicas da sociedade como um todo, incluindo índices de inflação e de variação salarial tanto no setor público como no privado:

— Quando nos reunirmos da próxima vez, vamos avaliar as circunstâncias gerais, e talvez decidir dar um aumento entre 1, ou 1,5%, aos parlamentares. Ou talvez não daremos aumento nenhum.

O comitê é nomeado pela Mesa Diretora do Parlamento. A repórter e comentarista política Lena Hennel, do jornal *Svenska Dagbladet*, indica que a independência dos integrantes do *Riksdagens Arvodesnämd* é real:

— O comitê, que é presidido por um juiz, é de fato independente. No contexto sueco, em que juízes têm uma forte posição de independência, o Riksdagens Arvodesnämd é uma estrutura bastante boa para lidar com o questão da remuneração parlamentar — diz Lena, coautora de uma biografia lançada em 2013 sobre o líder do Partido Social-Democrata, Stefan Löfven. — Nunca tivemos escândalos nesta área — ela acrescenta.

A decisão do comitê é soberana: não pode ser contestada, e não necessita ser submetida a votação no Parlamento.

— Os parlamentares não têm nenhum poder de decisão no processo. E não sei se ficam satisfeitos ou não com o salário, porque nenhum parlamentar nunca telefonou para pedir mais nem reclamar — diz o presidente do comitê, Hirschfeldt.

Aumentos de salário dos ministros e do primeiro-ministro são também decididos por um comitê independente, o *Statsrådsarvodesnämden.* Os nomes dos três integrantes do comitê — que também inclui um juiz aposentado — são propostos pela Comissão de Constituição do Parlamento, e submetidos a votação no Parlamento.

a pé, sujeita aos inevitáveis escorregões no solo congelado pelos longos invernos de Estocolmo.

A tentação do conforto de dirigir o próprio carro para o trabalho é geralmente domada por três bons argumentos: o culto sueco à preservação do meio ambiente, o preço alto dos estacionamentos e ele, o *trängselskatt*, o proibitivo imposto sobre congestionamento cobrado a todos que ainda insistem em levar o carro para o centro de Estocolmo.

— O Presidente do Parlamento também vem de metrô para o trabalho — diz Maria Skuldt, da Secretaria de Imprensa do Parlamento.

Assim como o presidente da Casa, todos os parlamentares têm direito a receber um cartão anual para viajar gratuitamente nos transportes públicos. Por razões que muitos eleitores suecos desconhecem, nas viagens de maior distância os deputados têm ainda a opção de viajar nos silenciosos vagões de trem da primeira classe.

Carros oficiais são poucos, e para uso limitado. O Parlamento possui apenas três veículos, modelo Volvo S80. Esta frota de três está à disposição somente do Presidente do Parlamento e seus três vice-presidentes, para eventos oficiais.

— Não é um serviço de táxi — me diz René Poedtke, do setor administrativo do Parlamento. — Os carros não estão disponíveis para levá-los para casa ou para o trabalho. Isto é também uma questão de conservar o meio ambiente. Precisamos usar menos o carro.

Na Suécia, o único político que tem direito a carro em caráter permanente é o primeiro-ministro. O carro pertence à frota da polícia secreta sueca, a Säpo (*Säkerhetspolisen*). Ministros podem requisitar veículos "quando têm fortes razões para precisar de um", segundo diz um assessor do governo:

— Por exemplo, quando vão fazer um discurso em um subúrbio distante.

Na sede da Säpo, o porta-voz dos serviços de segurança diz que carros podem ser eventualmente oferecidos a ministros, dependendo de análises de grau de risco para sua segurança.

— Mas não são os ministros que decidem. Todos os carros pertencem aos serviços de segurança, e, portanto, é a Säpo que avalia qual ministro pode ter direito a transporte, e em que ocasiões — informa o porta-voz.

É comum ver políticos no metrô, ou caminhando pelas ruas, sem escolta. Mas desde o assassinato do primeiro-ministro Olof Palme, em 1986, e da tragédia que vitimou a ex-ministra do Exterior Ana Lindh — morta a facadas por um doente mental em uma loja de departamentos na capital sueca, em 2003 —, alguns ministros passaram a contar com a proteção de seguranças da Säpo.

SEM FARRAS AÉREAS

Farras aéreas não costumam fazer parte do noticiário político na Suécia: deputados suecos nunca tiveram acesso a cotas de passagens de avião.

Para evitar turbulências provocadas por agências de turismo falidas ou de endereços ocultos, os parlamentares marcam seus bilhetes aéreos na agência de viagens situada dentro do Parlamento. A agência é paga diretamente pelo setor de Serviços Parlamentares (*Ledamotsservice*), que controla os gastos dos deputados.

A agência de viagens que atende aos parlamentares tem contrato de dois anos com o Parlamento, renovável por um período máximo de dois anos. Depois disso é aberta concorrência oficial para escolher a nova agência de viagens da Casa.

Para viagens internacionais, o céu não é o limite.

— Nenhum parlamentar é livre para voar quantas vezes quiser — diz Anna Aspegren, a chefe do setor de Serviços Parlamentares.

Um deputado sueco pode gastar 50 mil coroas suecas (cerca de 7,6 mil dólares) em viagens ao exterior por legislatura, ou seja, a cada quatro anos. — Para voar — diz Anna — o parlamentar deve apresentar um programa detalhado da viagem de trabalho, que deve obrigatoriamente, como é de praxe em vários países, ser submetido à aprovação da presidência do Parlamento.

No exterior, um deputado recebe ajuda de custo limitada por uma rígida tabela: as diárias variam em geral entre 220 coroas (cerca de 33 dólares) e 700 coroas (aproximadamente 107 dólares), dependendo do país visitado. No Brasil, o valor total da diária para um deputado sueco é de 407 coroas suecas (cerca de 140 reais). Na Argentina, o máximo que um deputado sueco pode gastar por dia são 52 dólares; na Bolívia e no Paraguai, 33 dólares; nos Estados Unidos, 70 dólares (463 coroas suecas); na Alemanha, 75 dólares (497 coroas); na Itália, 71 dólares (471 coroas); na Espanha, 66 dólares (437 coroas); em Portugal, 51 dólares (340 coroas); na África do Sul, 39 dólares (262 coroas); na China, 74 dólares (491 coroas).

O valor destas diárias é parcialmente sujeito à cobrança de imposto. E se um deputado recebe refeições gratuitas

Sem farras aéreas e com agência de viagens dentro do Parlamento.

durante uma conferência no exterior, por exemplo, o valor correspondente é deduzido da diária.

— Se almoçarem de graça, não pago a diária completa — diz Anna Aspegren.

Ditam as normas do Parlamento: "Se o deputado receber refeição gratuita durante viagem de trabalho, o valor da refeição deve ser deduzido do montante da diária, obedecendo aos seguintes critérios: café da manhã — 20% da diária, almoço — 35%, jantar — 35%".

Outra regra enfatiza que o Parlamento só paga hotel para o deputado quando ele divide um quarto de hotel com uma pessoa que não tem direito a ter suas despesas pagas pelo Parlamento, o Parlamento paga apenas 75% do valor da diária.

— E não são hotéis de luxo — observa Anna.

No Governo, ministros costumam voar em aviões de carreira.

— Os ministros voam regularmente em aviões comerciais, e de acordo com as normas governamentais as viagens devem ser marcadas com o preço mais baixo possível. A não ser que haja razões especiais para reservar outro tipo de voo — diz Josef Salih, do departamento de informações do Governo (*Information Rosenbad*).

Apenas três pequenos aviões Gulfstream são disponibilizados para viagens oficiais do primeiro-ministro, do ministro das Relações Exteriores e também da Família Real. Ocasionalmente, em caso de disponibilidade, ministros de outras pastas também podem fazer uso desses aviões, que são administrados pela Força Aérea sueca.

— As Forças Armadas cobram dos ministérios pelo uso dos aviões — diz Salih.

A frota consiste de dois aviões Gulfstream modelo G4, com capacidade para doze passageiros, e um Gulfstream G550, com dezesseis assentos.

— Em caso de necessidade, o Esquadrão Executivo também pode solicitar o apoio de mais uma aeronave, um SAAB 240 para trinta e um passageiros — diz o porta-voz do Esquadrão Executivo da Força Aérea sueca, tenente Johan Abrahamsson.

Deputados só voam em aviões de carrreira. Os jatos da Força Aérea não estão a serviço de parlamentares, governadores ou prefeitos.

Quem foge às regras, sofre a fúria vulcânica da mídia e do eleitorado. Na manchete do jornal sueco *Expressen*, estampou-se a ousadia de uma deputada: "Mikaela Valtersson (Partido Verde, Miljöpartiet) pegou táxi em vez de tomar o trem".

Ao cruzar a fronteira da imprudência, a deputada Mikaela Valtersson, Miljöpartiet,virou notícia em vários

O Manual de Viagens do Deputado

Cada parlamentar recebe, ao ser eleito, um livreto de trinta e cinco páginas intitulado "Regras de Viagem" *(Reseregler)*. Algumas recomendações ao deputado:

- Deve ser escolhido o meio mais econômico possível para atingir o destino — trem, carro ou avião.
- Carros para viagem devem ser alugados na agência de viagens do Parlamento, utilizando as locadoras com as quais o Parlamento possui contratos, a fim de obter preços mais favoráveis. Como regra geral, deve ser alugado um carro de porte médio. Em caso de necessidade especial, como o transporte de várias pessoas, pode ser alugado um carro maior. Em consideração aos aspectos de custo e de proteção ao meio ambiente, não é permitido alugar carros especiais ou de luxo.
- Se o deputado viajar com o próprio veículo, deve ser escolhido o caminho mais curto possível, a menos que haja razões especiais para se tomar um caminho mais longo.
- O Parlamento paga 2,65 coroas suecas (cerca de 0,40 dólar) por quilômetro rodado pelo deputado no próprio carro — mas deste total, o deputado deve pagar imposto sobre 0,80 centavos de coroa. Se o deputado viaja de motocicleta, o reembolso é de 0,40 por quilômetro rodado.
- Deputados devem usar táxis quando não houver alternativa de transporte público disponível, ou se houver razões especiais para tal.

jornais, em maio de 2011. Mikaela cometeu o desatino de gastar o dinheiro do contribuinte pegando táxi, em vez de tomar o trem. Segundo o jornal *Expressen*, a investigação das despesas da deputada mostrou que ela pegou táxi quarenta e três vezes durante um período de seis meses, "a um custo de 17 mil coroas (cerca de 2,6 mil dólares) do dinheiro do contribuinte, apesar de morar perto de uma estação de trem". O jornal indica que muitas corridas de táxi foram feitas tarde da noite, do Parlamento ou da estação central de trem de Estocolmo até a casa da deputada. Outras corridas foram feitas pela manhã. A deputada alegou que foi um período de trabalho excepcionalmente intenso, durante o qual trabalhou dia e noite com a questão

© CHRISTIAN ÖRNBERG

A verde Mikaela usou táxi em vez de trem e foi parar nas manchetes.

do orçamento. — Tive que trabalhar muitas vezes até tarde da noite, em horários em que havia pouco ou nenhum serviço de trem. Foi um período tão extenuante, que me senti obrigada a pegar táxi para poder dar conta de trabalhar — disse Mikaela, logo ela, representante do partido mais contundente, na defesa do transporte coletivo. — Jamais tomaria um táxi em vez de trem, em circunstâncias normais — defendeu-se Mikaela, que acabou perdendo a eleição interna para a liderança do Partido Verde sueco (o partido não tem um presidente, e sim dois porta-vozes, sempre um homem e uma mulher).

SEM GABINETES NAS BASES ELEITORAIS

Deputados suecos não recebem verba indenizatória para aluguel e manutenção de escritórios políticos em suas bases eleitorais — nem para alimentação, locação de móveis e equipamentos, material de expediente, assinatura de TV a cabo ou assinatura de publicações nas suas regiões de origem.

Quando estão em suas regiões, os parlamentares usam a sede local do partido, ou a biblioteca pública, para trabalhar e fazer reuniões.

— Ou a própria casa deles — diz Anna Aspegren, a chefe do departamento que controla as despesas dos deputados.

Em certos casos, um deputado pode solicitar dedução no imposto de renda por gastos diretamente relacionados ao exercício do mandato parlamentar, o que não significa que vá receber:

— Há pouco tempo, uma deputada comprou uma câmera digital e pediu abatimento no imposto de renda, argumentando que precisou comprar a câmera a fim de postar na internet fotografias relacionadas ao seu trabalho como parlamentar. Mas o *Skatteverket* (a Autoridade Fiscal sueca) negou — conta Ömer Oguz, da assessoria de imprensa do partido Social-Democrata.

Pergunto a Anna Aspegren se os parlamentares têm algum tipo de benefício extra quando estão em suas regiões:

— De jeito nenhum.

Como fazem esses intrépidos parlamentares suecos para desempenhar suas funções nas bases eleitorais? Telefono para o Parlamento à procura de Rossana Dinamarca, uma combativa deputada do Partido da Esquerda (*Vänsterpartiet*). Rossana é presença constante nos debates promovidos regularmente pela TV sueca, com a participação de políticos e cidadãos, a respeito de temas diversos da vida no país.

A telefonista informa que a deputada está fora do gabinete, e segue o protocolo usual: sem perguntar minha identidade, ela se oferece para conectar a ligação diretamente para o telefone celular de Rossana. É a própria deputada que atende o telefone.

Nascida em 1974, no Chile, Rossana tinha oito meses de idade quando chegou à Suécia, onde os pais se refugiaram após o golpe militar de 1973 contra o governo do presidente Salvador Allende. Desde 2002 ela é eleita deputada pela região de Västra Götaland, no sudoeste do país.

Onde a senhora trabalha quando está em sua base eleitoral?

Trabalho de casa. Tenho o *laptop* e o celular, que o Parlamento fornece a todos os deputados. Para me reunir com membros do meu partido, uso a sede local do partido e a biblioteca pública. Nenhum deputado tem gabinete próprio na sede do partido, mas todos podem usar as instalações para fazer reuniões. Também costumamos nos encontrar em cafés locais.

Há alguma verba para refeição quando está a trabalho em sua região?

Não, uso o meu próprio salário. Ganho um bom salário, e posso perfeitamente pagar pela minha comida ou por um café com *bullar* (os pães doces suecos).

Há verba para material de escritório na sua região?

Não, não é tão caro assim comprar papel e outras coisas. Posso comprar meu próprio papel com meu salário. Mas quando preciso imprimir grandes quantidades ou preparar

© ADAM KALIN

Sem gabinete, Rossana divide o mesmo assessor com outros deputados.

material mais específico, tenho acesso a isso no Parlamento, onde trabalho durante a maior parte da semana.

Há algum assistente à sua disposição?

Tenho um assistente parlamentar na capital, que divido com outros colegas. Os assistentes não têm transporte nem acomodação paga para se deslocar para outras regiões do país, mas não vejo problema nenhum nisso. Se preciso de alguma coisa quando estou na minha região, telefono para nosso assistente na capital.

Como encontra os eleitores e cidadãos em geral?

Organizamos encontros e eventos em diversas cidades da região. Mas, principalmente, conversamos com eleitores visitando escolas, centros de saúde, fábricas e outros locais de trabalho, para discutir seus problemas, conhecer suas condições, buscar melhorias e informá-los sobre as atividades que eu e meus colegas de partido desenvolvemos no Parlamento. É a forma mais eficiente.

A senhora tem transporte à sua disposição para percorrer esses locais?

Não. Uso o meu próprio carro, informo às autoridades parlamentares quantos quilômetros percorri, e sou reembolsada pelos gastos com combustível. Tenho também o cartão anual para usar gratuitamente os transportes públicos, como trem, ônibus e metrô. O Parlamento também paga acomodação em hotel, quando eu necessito.

A senhora tem acesso a verba para TV a cabo ou outro benefício para trabalhar de casa em sua região?

Não, pago pela minha própria TV a cabo. Moro num apartamento que alugo com meu salário, e conheço todos os vizinhos, cidadãos comuns com seus problemas. Historicamente, os políticos sempre estiveram próximos dos eleitores na Suécia. Vivemos como qualquer pessoa. Cozinho a minha própria comida, é claro, e cuido da casa e das crianças. Tenho dois filhos, de quatro e oito anos de idade. As pessoas na Suécia nunca aceitariam privilégios para políticos. E é importante saber que a política depende em grande parte do grau de confiança que as pessoas têm no sistema, diz Rossana.

SEM COTA PARLAMENTAR PARA PAGAR CONSULTORIAS OU DIVULGAÇÃO DE MANDATO

Deputados suecos não têm direito à cota parlamentar para contratação de consultorias, serviços de pesquisas ou

O primeiro-ministro Olof Palme e a família na sua casa suburbana nos anos 1970.

trabalhos técnicos, e nem para a divulgação da sua atividade parlamentar.

Quando precisam de estudos e análises para melhor embasar suas decisões políticas, os deputados suecos não costumam despejar verbas públicas sobre consultores particulares ou assessorias duvidosas. Em vez disso, recorrem ao Serviço de Pesquisas do Parlamento (RUT — *Riksdagens utredningstjänst*).

O RUT é um departamento do Parlamento que reúne economistas, cientistas políticos, juristas e especialistas em diversas áreas — todos a serviço dos parlamentares de todos os partidos.

— O mais importante é que o RUT é apartidário. Ou seja, nossa equipe é composta de técnicos e profissionais sem filiação política, o que confere maior legitimidade ao

À frente, Palme pilotando seu velho Fiat no caminho do trabalho.

trabalho realizado aqui — diz Robin Travis, chefe da seção de Política e Direito do RUT.

Todos na equipe do RUT são servidores públicos que trabalham em caráter permanente no Parlamento. Sua permanência nos cargos independe, portanto, do resultado das eleições parlamentares.

— Eu também sou um funcionário público, e meu chefe é o diretor de Administração do Parlamento. O Presidente do Parlamento não tem nenhum direito de me dizer como devo fazer o meu trabalho — ressalta Travis.

Esses consultores especializados estão à disposição dos deputados para tarefas como pesquisas customizadas, assessoria financeira e jurídica, cálculos de estatísticas regionais e internacionais, e análises de consequências da aplicação de reformas e mudanças.

UMA CONVERSA COM O DEPUTADO KENT HÄRSTEDT

"Não temos luxos supérfluos. Para ter o respeito dos cidadãos que representamos, é preciso usar o dinheiro dos contribuintes de forma sensata. Há pessoas desempregadas e outros problemas em nosso país, e o dinheiro público deve ser usado de forma mais inteligente". Kent Häsrtedt

O deputado social-democrata Kent Härstedt é um sobrevivente, no sentido mais trágico da palavra. Ele sentia medo, e a noite era fria naquele 28 de setembro de 1994, quando o navio Estonia começava a afundar num furioso Mar Báltico com 989 pessoas a bordo. Ondas gigantescas haviam arrebentado as travas da rampa de embarque de veículos do *ferry*. Em poucos minutos, a madrugada se transformaria num inferno.

No bar do imenso navio, garrafas voavam como projéteis, e passageiros eram lançados contra o chão e as paredes. Quebravam pernas e braços, sangravam. Morriam. Em pânico, muitos se jogavam do convés e caíam sobre o casco inclinado do navio. Outros tentavam desesperadamente se agarrar a botes salva-vidas, que explodiam. O convés estava repleto de coletes salva-vidas. Mas na luta cega pela sobrevivência, alguns arrancavam os coletes de outros passageiros da agonia do Estonia, que faria a travessia entre Tallin e Estocolmo.

Kent Härstedt sabia que era hora de pular no mar revolto e gelado. As ondas chegavam a sete metros de altura e muitos morreriam por hipotermia, com a temperatura da água a dez graus na superfície do mar. Ele saltou e se debateu, até conseguir subir num bote salva-vidas que havia virado. Antes de o socorro chegar, várias pessoas que estavam no bote com Kent estavam mortas, e somente seis estavam vivas.

Dezenove anos depois da tragédia, encontro Kent em seu gabinete de cerca de dez metros quadrados no Parlamento sueco. Pergunto como ele conseguiu ser um dos 137 sobreviventes de um dos piores desastres marítimos do pós-guerra na Europa, e sua fisionomia se contrai.

— Quando as pessoas morreram, começamos a juntar seus corpos e os colocamos sobre nós. Fiquei deitado sob os cadáveres, para que os corpos pudessem me proteger do frio e manter-me aquecido. Não sei quantos mortos havia sobre mim. As ondas eram muito altas e o mar se

© BERTIL ERICSSON/ AGÊNCIA SCANPIX

O deputado Härstedt: lavando e passando as próprias camisas toda semana.

chocava contra o bote — conta Kent, que tinha vinte e nove anos de idade na época.

Representante parlamentar da região de Skåne desde 1998, Kent sobrevive hoje, sem traumas, à rotina típica de um deputado sueco.

O senhor sobreviveu a um naufrágio que matou 852 pessoas. Também se considera um privilegiado por ter se tornado um político?

KENT HÄRSTEDT: Depende do que você define como privilégio. Tenho direito a um celular, a um gabinete parlamentar com TV a cabo, a um apartamento funcional na capital e ao acesso a consultores especializados que trabalham para os deputados no Serviço de Pesquisas do Parlamento. De resto, faço de tudo, desde escrever discursos, artigos e moções parlamentares até marcar passagens de avião. Não tenho secretária, assistente nem assessor particular. Tenho, na verdade, o correspondente a um quarto de um assistente, que se divide entre trabalhos para mim e outros três deputados.

Muitos suecos consideram um privilégio o fato de um parlamentar receber um salário bem mais alto do que o de um professor, por exemplo.

KENT HÄRSTEDT: Entendo o que eles sentem, pois o salário de um deputado está acima da média salarial de muitos trabalhadores. Mas o trabalho é bastante intenso, e temos também muitos gastos. Para os parlamentares de outras regiões, além disso, sempre custa mais caro viver em duas cidades, apesar de os apartamentos funcionais na capital serem subsidiados. Mas não temos luxos supérfluos, como se vê em outros países. Não consigo me imaginar tendo secretária particular, ou carro com motorista.

Por quê?

KENT HÄRSTEDT: Para ter o respeito dos cidadãos que representamos, é preciso usar o dinheiro dos contribuintes de forma sensata. Há pessoas desempregadas e outros problemas em nosso país, e penso que o dinheiro público deve ser usado de forma mais inteligente. Nós vivemos como pessoas normais. Ingvar Carlsson (ex-primeiro-ministro sueco) estava sempre no ponto de ônibus quando saía do trabalho. Na semana passada, eu o vi na mesma parada de ônibus. Você caminha pelas ruas e vê ministros andando. Todos vivem vidas normais.

Os políticos suecos têm o respeito dos cidadãos?

KENT HÄRSTEDT: Em geral, as pessoas creem que somos indivíduos confiáveis e honestos. Talvez não aprovem tudo que nós fazemos ou decidimos, mas de modo geral os eleitores acreditam que somos pessoas íntegras. Para isso é importante que nós, deputados, não tenhamos um padrão de vida tão diferente daquele dos cidadãos que representamos. Queremos estar o mais próximo possível das condições em que vivem as pessoas que representamos, embora tenhamos uma vida diferente — nós viajamos, redigimos leis, temos certos privilégios.

Quais privilégios?

KENT HÄRSTEDT: Como deputado, você tem a oportunidade de encontrar pessoas importantes e de influenciar o futuro do país, e considero isso um privilégio. Mas penso que alguns aspectos poderiam ser melhorados na Suécia. Não acho necessário ter muitos assistentes, o que eu considero um luxo exagerado. Mas ter um assessor político trabalhando comigo em tempo integral seria desejável, em termos de auxiliar na elaboração de projetos de lei, moções, discursos e artigos. Gostaria de ter esse privilégio no aspecto profissional, em vez de regalias na minha vida particular, como um apartamento funcional maior ou um motorista particular. No meu mundo, ter um assistente seria um sonho. Mas um assessor seria suficiente.

Deputados podem indicar parentes para serem empregados como assistentes ou assessores partidários em seu gabinete?

KENT HÄRSTEDT: Não há uma lei específica que proíba essa prática, mas nunca vi isso acontecer aqui.

Como deputado, o senhor tem direito a plano de saúde?

KENT HÄRSTEDT: Não temos nenhum plano de saúde especial. Apenas o sistema público de saúde, a que têm direito todos os cidadãos.

Poderia descrever como é a sua rotina de vida como deputado?

KENT HÄRSTEDT: Vivo no sul da Suécia. Toda terça-feira dirijo meu carro até o aeroporto, voo para Estocolmo e pego um trem até o Parlamento. Trabalho na capital até a noite de quinta-feira ou a tarde de sexta, e o restante do tempo dedico ao trabalho na minha base eleitoral. Uma vez por semana, passo minhas camisas e as penduro no armário, para ter roupa passada para toda a semana. Lavo minhas roupas no apartamento funcional, ou na lavanderia comunitária do Parlamento. Como não tenho faxineira, também limpo o apartamento. À noite, cozinho ou compro algo para comer em casa.

No Parlamento, há restaurante a preços subsidiados para os deputados?

KENT HÄRSTEDT: Não, não. E a ajuda de custo diária que os deputados de outras regiões têm para viver na capital, no valor de 110 coroas suecas (cerca de 17 dólares), não cobre na verdade os gastos do dia. Acabei de pagar 90 coroas pelo meu almoço, que é o preço normal por um prato simples. Para cobrir os custos do jantar e do café da manhã, é preciso tirar do meu salário como deputado.

Como os demais deputados, o senhor trabalha de casa quando está em sua base eleitoral. Que tipo de assistência tem para isto?

KENT HÄRSTEDT: O Parlamento fornece a cada deputado um computador para o gabinete na capital, e também um *laptop* que pode ser usado quando traballhamos em nossas regiões de origem.

Como cobre os custos com material de escritório quando está em sua cidade?

KENT HÄRSTEDT: Eu mesmo compro. Papel, caneta, pastas e outras pequenas coisas. Materiais mais complexos podem, é claro, ser providenciados pelo gabinete da capital, onde trabalho a maior parte da semana. Também temos, é claro, envelopes timbrados e serviços postais no próprio Parlamento. Mas se eu estiver na minha região e precisar postar algo, compro o selo. Não é caro.

Onde o senhor mantém reuniões?

KENT HÄRSTEDT: Normalmente, uso a sede local do partido ou a biblioteca pública. Nas bibliotecas públicas de três cidades, que são Estocolmo, Gotemburgo e Malmo, há uma sala especial reservada ao Parlamento, para que deputados possam manter reuniões. Nas demais cidades, usamos o café da biblioteca. Nenhum parlamentar tem gabinete próprio na sede local do partido, mas podemos usar as instalações e salas de reunião. Também é comum nos reunirmos ou encontrar eleitores em algum café local.

Tem algum tipo de auxílio alimentação, ou verba de representação para este tipo de gasto?

KENT HÄRSTEDT: Não, não.

Deputados suecos não dispõem de verba para divulgação das atividades parlamentares. Como o senhor informa os seus eleitores sobre as suas atividades?

KENT HÄRSTEDT: Em todas as sociedades modernas, atualmente, as mídias sociais são um instrumento extremamente eficaz de comunicação. Eu uso o Facebook, por exemplo, para informar meus eleitores sobre minhas atividades desde o momento em que acordo até a hora de ir dormir. Eles sabem exatamente como gasto o meu tempo, o que estou fazendo, com quem estou me reunindo. Sabem, por exemplo, que estou neste momento dando esta entrevista a você. Está no meu Facebook.

O senhor foi um dos últimos parlamentares a se mudar para um apartamento funcional, e dormiu num sofá-cama dentro do próprio gabinete de 1998 a 2002. Como foi esse período?

KENT HÄRSTEDT: Era evidentemente chato, porque eu acordava e a primeira coisa que via era a mesa de trabalho com o computador. Mas não era também nada demais. À noite, no corredor, desejávamos boa-noite uns aos outros e trancávamos a porta do gabinete para dormir. O gabinete tinha cerca de dez, doze metros quadrados. Havia um pequeno banheiro com chuveiro, onde eu também lavava roupas. Era normal, todos faziam isso. Hoje em dia, nenhum gabinete tem banheiros privativos.

Como é o seu apartamento funcional hoje?

KENT HÄRSTEDT: O apartamento tem trinta e cinco metros quadrados, com um cômodo que funciona como sala e quarto para dormir. Tenho uma pequena cozinha, que fica também dentro da sala, e um banheiro. Há uma lavanderia comunitária no prédio, mas resolvi comprar minha própria máquina de lavar, que instalei na cozinha. Também costumo lavar roupa na lavanderia coletiva do Parlamento, pois é prático.

O que o senhor diria a um parlamentar que tem acesso aos privilégios que não existem na Suécia?

KENT HÄRSTEDT: Pense naqueles que pagam as suas contas e despesas, e tente usar o dinheiro dos contribuintes de forma sensata e eficiente. É o que fazemos aqui.

© ANDERS SELNES

Eleito melhor ministro de finanças da Europa, Borg vive num apartamento de 25 m^2.

A BOLSA DE MONA SAHLIN

© YVONNE ÅSELL

Mona Sahlin e sua Vuitton de 900 dólares: críticas à ostentação nos jornais e arrependimento.

Em 2010, a então líder do Partido Social-Democrata, Mona Sahlin, foi alvo da artilharia da imprensa ao aparecer em uma foto oficial usando uma bolsa Louis Vuitton no valor delirante de 6.000 coroas suecas (cerca de 900 dólares): Mona violara o credo sueco da igualdade, que execra a distância entre eleitos e eleitores. A líder social-democrata não deveria usar uma bolsa que custa a metade do salário de tantos trabalhadores, gritou-se nos jornais. Acuada pelas críticas, Mona afirmou ter ganhado a bolsa de presente de uma amiga, em seu aniversário de cinquenta anos. Mas a pressão foi tamanha que ela levou a bolsa a leilão, e doou a renda a uma instituição.

UMA CONVERSA COM HANS BLIX

EX-CHEFE DOS INSPETORES DE ARMAS DA ONU NO IRAQUE E EX-MINISTRO DO EXTERIOR SUECO

"Nunca me chamaram de Excelência."

No bairro de Östermalm, a três quarteirões da sede do Partido Social-Democrata em Estocolmo, o nome do lugar é *Man in the Moon* (Homem na Lua). Pelo salão do bar gastronômico, ao lado da clientela de ilustres anônimos e lunáticos eventuais, circulam ministros e políticos em geral. Certa vez estava lá o primeiro-ministro, Fredrik Reinfeldt. Mas o que sempre prende o meu olhar é a imagem essencialmente digna de Hans Blix, jantando discretamente ao lado da mulher. Às sextas-feiras, percorro quase instintivamente o salão em busca da presença nem sempre assídua de Blix, também ele um vizinho do *Man in the Moon*.

Ex-ministro das Relações Exteriores da Suécia e ex-diretor geral da Agência Internacional de Energia Atômica (AIEA), Hans Blix é mais conhecido pelo choque de lucidez que tentou aplicar no mundo ao atuar como chefe dos inspetores de armas das Nações Unidas (ONU) no Iraque.

Às vésperas do ataque dos Estados Unidos ao regime de Saddam Hussein, em 2003, dia após dia a TV mostrava a imagem improvável desse diplomata sueco, que confrontava o país mais poderoso do planeta ao negar a existência de indícios sobre armas de destruição em massa no Iraque. Os supostos arsenais jamais foram encontrados pelas forças de ocupação do Iraque.

São10 horas da manhã em ponto quando toco a campainha do apartamento de Blix, em Estocolmo, esta cidade onde a impontualidade ataca o fígado dos habitantes e destrói relações e amizades. É o próprio Blix quem me recebe na porta, faz o café e ajeita os *croissants* frescos na bandeja. Como se fosse uma pessoa qualquer, diriam alguns.

Hans Blix nasceu em 1928 na cidade de Uppsala, cenário da trama de de "*Fanny e Alexander*", do diretor sueco Ingmar Bergman. A ampla sala do apartamento de 170 metros quadrados é coberta de tapetes persas. — Sou viciado em tapetes — confessa Blix. Quando já não havia espaço no chão, começou a pendurá-los pelas paredes. Pelo apartamento também se veem jogos de cerâmica colorida e uma árvore em miniatura decorada com pedras semipreciosas — memórias de suas quatro viagens ao Brasil.

Na Suécia, deputados, ministros, prefeitos, governadores, o primeiro-ministro e autoridades em geral são tratados pelo pronome "você", e nem sequer em plenário o termo "Vossa Excelência" é usado. Como devo me dirigir ao senhor?

HANS BLIX: Não me chamam de Excelência, e nunca me chamaram. Desde os anos 1960,

Blix (entre Tony Blair e George W. Bush): trocando pneus e passando o aspirador.

abolimos os pronomes de tratamento formais e todos se tratam por *Du* (Você). Na Suécia, as pessoas não querem que os políticos sejam uma espécie de elite, que vive em outra estratosfera, distante dos problemas do cidadão comum.

Qual a sua opinião sobre o sistema de países como o Brasil, em que uma classe política dotada de privilégios pode ser considerada uma espécie de elite?

HANS BLIX: Se eu vivesse no Brasil, votaria em partidos comprometidos em reduzir o nível de privilégio da classe política. Porque políticos que usufruem de certos privilégios acabam por se distanciar dos cidadãos que estão ali para representar. Penso que os eleitores deveriam escrever ou dizer aos seus políticos o seguinte: "Se Vossa Excelência não fizer um bom trabalho por nós como representante do povo, não iremos votar em Vossa Excelência nas próximas eleições".

O senhor não teve nenhum tipo de privilégio na época em que foi ministro, com o auxílio alimentação, ou apartamento funcional?

HANS BLIX: Não, sempre morei neste apartamento, onde vivo de aluguel desde 1968. E, na verdade, meu aluguel tem um custo muito acima da minha pensão de aposentadoria como funcionário do governo sueco. O aluguel custa quase 17.000 coroas suecas (cerca de 2,6 mil dólares), e meu salário como aposentado, depois de quase vinte anos como funcionário do governo, é de 13.000 coroas suecas (cerca de 2 mil dólares). Se não fosse a pensão que recebo como ex-funcionário da ONU, eu não poderia pagar o aluguel nem viver neste bairro.

É uma aposentadoria relativamente baixa, a que recebe do Governo.

HANS BLIX: É, porque deixei o serviço público na Suécia em 1991, e minha aposentadoria foi calculada com base no salário que eu recebia na época. Mas não estou reclamando, tenho tudo o que preciso. Tenho também um carro, e depois de aguardar na fila por quase vinte anos, finalmente consegui uma vaga na garagem do edifício, que tenho que pagar à parte.

Como ministro, o senhor também não tinha direito a carro com motorista?

HANS BLIX: Nunca tive carro oficial nem motorista para me levar ao trabalho como ministro das Relações Exteriores. Lembro-me de que certa vez eu estava aqui na calçada em frente ao edifício onde moro, trocando os pneus do meu carro. Você sabe, aqui na Suécia temos que trocar os pneus todo ano, temos os pneus para o verão e os de inverno, para dirigir na neve e no gelo. Eu estava então empurrando os pneus de inverno da garagem para a calçada, a fim de trocá-los, e alguém na rua me disse, "é você próprio que vai fazer isso?". Eu disse, "e quem mais deveria estar fazendo isso?". Ministros nunca tiveram direito a carro oficial com motorista. O que há, até hoje, é um *pool* de carros dos serviços de segurança suecos. Se eu precisasse ir a uma reunião em alguma embaixada, eu poderia ter um carro com um motorista do serviço de segurança. Mas nunca para me levar ou trazer do trabalho.

O que mudou em sua vida quando o senhor se tornou ministro na Suécia?

HANS BLIX: Não mudou muito, a não ser pelo volume de trabalho que precisava trazer para casa. E em casa, na Suécia, dividimos as tarefas. Como tinha filhos pequenos na época e não havia tantas creches como hoje, tivemos que contratar uma *au pair*, já que minha mulher também trabalhava. Ainda cozinho com frequência, e minha mulher cuida mais da lavagem da roupa, que não é a minha tarefa preferida. Também passo o aspirador na casa, e ocasionalmente temos uma diarista para ajudar na limpeza.

Seus gastos eram controlados?

HANS BLIX: Ingressei muito cedo no movimento jovem do *Folkpartiet* (Partido Liberal), em 1948, e sei muito bem como é preciso ser cauteloso, tanto como representante público como com a coisa pública, o dinheiro do contribuinte. Como ministro, você sabe exatamente quanto pode gastar se tiver um jantar de representação com algum convidado, e em que restaurante pode ir. Não me recordo qual era o limite máximo, mas não era nada extravagante e nem regado a champanhe, absolutamente não. Ministros devem também ter o cuidado de se certificar de que sua equipe atua com total correção.

Quais são as falhas do sistema sueco?

HANS BLIX: Nem tudo é um mar de rosas. Em nível local, escândalos ocorrem, ainda que de pequena dimensão. E, às vezes, alguns deputados suecos cometem abusos. Outro dia, os jornais descobriram que um deputado (Peter Persson, do partido Social-Democrata), ao voar de Estocolmo de volta para seu estado de origem, pegou um táxi do aeroporto até a sua casa de verão, a setenta quilômetros dali. E cobrou do Parlamento a corrida de táxi, em vez de pegar um ônibus. Isto é inaceitável.

Que grau de corrupção o senhor diria que existe na política sueca?

HANS BLIX: No século XVIII, tínhamos ainda um certo grau de corrupção, que com o tempo tornou-se cada vez menor. A corrupção é uma deformidade. E é um roubo de fato. É roubar o dinheiro dos contribuintes. Na Suécia pagamos um dos impostos mais altos do mundo, e, portanto, não queremos ser roubados. Isso exige ampla transparência governamental, fortes instituições anticorrupção e uma imprensa ágil. Um fator de extrema importância tem sido a imprensa livre. Quando a imprensa é livre, ela pode revelar. O povo não gosta de ver poderosos roubando dinheiro. Toda vez que se denuncia, por exemplo, que autoridades estatais gastaram determinada quantia em jantares ou seminários para seus funcionários, as manchetes dos jornais dizem "o dinheiro do seu imposto está pagando jantares para funcionários públicos". Esses casos são denunciados, e assim se combate e previne o abuso. É por isso que a maioria das agências governamentais suecas é limpa.

Que futuro vê para o Brasil?

HANS BLIX: O Brasil é um país que está flexionando os músculos, que se desenvolve com rapidez e está a caminho de se tornar uma superpotência econômica. Na minha opinião, a missão primordial do país neste processo é erguer as massas da pobreza, por meio de melhores escolas, melhores oportunidades e melhores condições de vida em geral. Penso que, assim como aconteceu na Suécia, o acesso da população a uma educação de qualidade e a melhores codições de vida formará no Brasil um povo mais consciente, e consequentemente mais exigente em relação aos seus políticos.

— Todos os trabalhos são feitos em regime de confidencialidade, até que seu conteúdo seja tornado público pelos deputados ou comissões parlamentares que os encomendaram — completa Robin Travis.

A deputada Rossana Dinamarca (Partido da Esquerda) é usuária assídua dos serviços do RUT.

— Uso muito os consultores e especialistas do RUT. Precisamos com frequência de pesquisas e consultorias abrangentes, e o RUT é uma ferramenta indispensável. Principalmente para um partido pequeno como o nosso, que não dispõe de grande número de assessores políticos — diz Rossana.

Sem direito a verba para divulgação de suas atividades parlamentares, assim como os demais deputados, Rossana diz que este seria um recurso desnecessário:

— Divulgamos nossas atividades participando de debates, visitando locais de trabalho, escrevendo artigos e usando muito as mídias sociais, que são um meio excelente de ter um contato próximo com as pessoas. Também temos assessores de imprensa no grupo de assistentes que serve ao partido, no Parlamento — observa Rossana.

O eleitor sueco também pode acompanhar as atividades parlamentares na internet. Na página oficial do Parlamento sueco, as páginas individuais de cada um dos deputados têm como subtítulo a legenda *Sagt och gjort* (Dito e feito): ali estão cópias de todas as moções apresentadas pelo parlamentar em questão, assim como vídeos de discursos realizados pelo deputado, interpelações e outras atividades parlamentares.

NA SEDE DA PREFEITURA E DA CÂMARA MUNICIPAL DE ESTOCOLMO

Na Suécia, prefeitos não têm direito a residência oficial, vereadores não recebem salário e não têm direito sequer a gabinete: trabalham de casa.

© MATT DUNHAM / AGÊNCIA SCANPIX

O Salão Azul: fausto apenas no banquete anual do Prêmio Nobel.

O fausto é quase babilônico na magnífica sede da Prefeitura e da Câmara Municipal de Estocolmo, às margens da baía de Riddarfjärden. Mas só por um dia do ano. Todo 10 de dezembro, aniversário da morte do químico e industrial sueco Alfred Nobel, a realeza da Suécia preside ali, entre fanfarras e trompetes, o suntuoso banquete de gala em homenagem aos vencedores do Prêmio Nobel.

A festa é colossal como a crise de remorsos que se abateu sobre Nobel, anos depois de ele ter inventado a mortífera dinamite, em 1867. A história do inventor sueco é peculiar, pois, até onde a razão humana alcança, não é qualquer um que vive a experiência de ler o próprio obituário. Mas foi o que aconteceu com Nobel. Sob o título "O mercador da morte está morto", um jornal francês anunciara a morte do Nobel errado — era Ludwig Nobel, o irmão de Alfred, quem havia deixado a existência terrena naquele ano de 1888.

"O doutor Alfred Nobel, que fez fortuna descobrindo uma forma de matar o máximo de pessoas no tempo mais curto possível, morreu ontem", dizia o texto do equivocado obituário, escrito por um espírito errante.

— A história do erro do jornal ao anunciar a morte de Alfred Nobel é terrível, mas verídica — confirma Annika Pontikis, da Fundação Nobel.

As palavras do obituário atingiram Nobel como uma banana de dinamite. Vivíssimo, ele, que havia tempos planejava distribuir sua riqueza em nome da pesquisa científica, decidiu definitivamente não entrar para a história como o pai da dinamite.

Em seu testamento, para desespero de parentes e agregados, o inventor sueco doou quase toda a sua incalculável fortuna para a criação de um prêmio anual destinado àqueles que, por meio de pesquisas em diferentes campos do conhecimento, contribuíssem para o desenvolvimento da humanidade. A premiação foi instituída em 1901. A partir de 1930, a sede da Prefeitura e da Câmara Municipal de Estocolmo (*Stadshuset*) passou a abrigar o banquete do Prêmio Nobel com impecável pompa e circunstância.

O evento acontece no imponente Salão Azul (*Blå Hallen*), que não é azul: o arquiteto sueco Ragnar Östberg achou por bem, no último minuto, não pintar os tijolos vermelhos originais. O traje obrigatório é o fraque. Para receber os 1.300 convidados do banquete, serviçais de luvas brancas dispõem nas mesas 6.730 peças de porcelana, 5.384 taças e 9.422 talheres de prata. Mais de 20 mil flores enviadas anualmente por San Remo, a cidade da riviera italiana onde Alfred Nobel viveu seus últimos anos e veio a falecer em 1896, decoram o ambiente.

Com a entrada da procissão real no Salão Azul, tudo é perfeitamente sincronizado. Das altas escadarias que conduzem ao salão, mais de 200 garçons descem compassadamente em direção às mesas com suas enormes bandejas e copiosas quantidades de iguarias — que em uma ocasião incluíram 2.692 peitos de pombo, 475 caudas de lagosta e quarenta e cinco quilos de salmão delicadamente defumado. O banquete é encerrado com um baile de gala no esplêndido Salão Dourado da *Stadshuset*, onde a Família Real, políticos suecos, vencedores do Nobel e convidados rodopiam entre paredes revestidas por dezoito milhões de peças de mosaico em ouro e vidro.

Mas quando a festa acaba e os políticos voltam, a situação é bem diferente. Na Suécia, prefeitos não têm direito a residência oficial. Vereadores não recebem sequer salário, e também não têm direito a gabinete: trabalham de casa.

É uma manhã de sábado quando eu e o cinegrafista Casimir Reuterskiöld teclamos no GPS do carro o endereço da vereadora social-democrata Karin Hanqvist, a fim de gravar a reportagem para o *Jornal da Band*. O prédio fica nas cercanias do aeroporto de Bromma, valorizado bairro de Estocolmo.

O pequeno apartamento de dois quartos é modesto. Na mesa da cozinha, que é aberta para a sala, está o computador

© YANAN LI

Prefeitura e Câmara de Estocolmo: atrás destas paredes não há regalias para o prefeito ou para os vereadores.

que Karin recebeu emprestado da Câmara Municipal para trabalhar de casa como vereadora. Ela conta que recebe apenas uma gratificação de 1.533 coroas suecas (cerca de 235 dólares) por mês para exercer a função de vereadora. Salário de verdade ela ganha como funcionária de uma creche — um emprego normal, como tem qualquer vereador.

— Somos cidadãos comuns, eleitos para representar o cidadão comum. E cidadãos comuns trabalham em empregos normais — disse Karin diante da câmera.

São ao todo 101 vereadores na Câmara Municipal de Estocolmo, eleitos em eleições proporcionais que acontecem a cada quatro anos, paralelamente às eleições gerais para o Parlamento e para as assembleias regionais (*Landstingsfullmäktige*).

As sessões na Câmara acontecem esporadicamente, como é comum na maioria dos países. Numa engenhosa dedução, os suecos compreenderam que não faria sentido pagar salário aos vereadores, uma vez que a função não exige dedicação em tempo integral.

— Na Suécia, a função de vereador é considerada um trabalho voluntário — diz Hanna Brogren, Diretora de Comunicação da Prefeitura de Estocolmo.

Nas assembleias municipais de toda a Suécia, 97% dos políticos não recebem salário.

— Temos uma lei que permite a um vereador se ausentar por algumas horas do trabalho, quando necessário, para se dedicar à atividade política. Nestes casos, a Câmara ressarce o vereador pelas horas não trabalhadas que seu empregador desconta do salário — explica Hanna.

Como Karin Hanqvist, os vereadores suecos têm empregos regulares onde trabalham em tempo integral, paralelamente às atividades políticas na Câmara Municipal — as exceções são os aposentados ou estudantes que se elegem como vereadores. Pela função, suplentes de vereador recebem 867 coroas mensais. Vereadores ganham, além da gratificação mensal de 1.533 coroas suecas, um adicional de 980 coroas suecas (cerca de 150 dólares) por sessão realizada na Câmara.

— Se um vereador participa apenas de parte da sessão, pagamos apenas a metade do valor do adicional — diz Ida Strid, do Secretariado da Câmara Municipal de Estocolmo.

Estava bom, mas poderia ficar melhor. Os suecos ponderaram que ainda havia gorduras a cortar: atualmente, nenhum vereador tem mais direito a receber o computador emprestado, que ao final do mandato era diligentemente devolvido à Câmara.

— Hoje em dia, a maioria das pessoas têm seus próprios computadores e celulares, e vários vereadores usam um *iPad* durante as reuniões — diz Ida. — Por isso, nos pareceu ser uma solução mais moderna dar aos vereadores apenas uma contribuição de 200 coroas suecas por mês (cerca de 30 dólares) para contribuir com gastos de assistência técnica para seus próprios computadores — pondera Ida.

Vereadores também não recebem telefones celulares, nem têm suas contas telefônicas pagas pela Câmara.

— Os vereadores não têm direito a telefones celulares, nem são compensados por nenhum telefonema. Apenas o prefeito e os vice-prefeitos têm celulares pagos pela Prefeitura — observa Ida Strid.

Pergunto a ela se os vereadores têm algum tipo de benefício, como auxílio transporte.

— Não. Mas se a sessão na Câmara se estender além das dez da noite, eles podem pegar um táxi para casa. Além disso, eles têm direito a estacionamento gratuito nas noites em que há sessão na Câmara — responde ela.

— Algum outro benefício?

— Sim. Os vereadores têm o benefício de receber gratuitamente o jornal do Parlamento, o *Riksdag&Departement*, e a publicação da associação de empregadores dos condados e municipalidades, *Dagens samhälle* — diz Ida Strid.

Apenas um punhado de políticos recebe salário para trabalhar em tempo integral na Câmara Municipal e na Prefeitura. Na Câmara, o presidente da assembleia e seus dois vice-presidentes recebem, respectivamente, 69.030 coroas suecas e 34.515 coroas suecas mensais. A Câmara é presidida por uma mulher, Margareta Björk, e a maioria dos vereadores também é composta de mulheres.

Na Prefeitura, a lista de assalariados inclui o prefeito e os onze vice-prefeitos. O salário do prefeito de Estocolmo é de 116,8 mil coroas suecas mensais (cerca de 17,8 mil dólares). Vice-prefeitos recebem 94.400 coroas (cerca de 14,5 mil dólares), se ocupam o cargo há menos de quatro anos; ou 106.400 coroas (16,2 mil dólares), caso estejam na função há mais tempo. Os salários do prefeito e dos vice-prefeitos são atrelados a acréscimos nos vencimentos dos ministros de Governo.

Um pequeno grupo de pessoas de diferentes partidos políticos também recebe remuneração especial para desempenhar atividades em tempo parcial ou integral, como a participação no conselho de empresas municipais.

— Além dos vereadores, que recebem uma gratificação, apenas um total de vinte e três políticos recebe remuneração por atividades realizadas em regime parcial ou integral de trabalho na Prefeitura e na Câmara de Estocolmo — detalha Ida Strid.

Na Suécia, o prefeito é, na verdade, o político que detém o cargo de *finansborgarråd* (vice-prefeito encarregado das Finanças). No sistema sueco, os vereadores elegem o prefeito, os vice-prefeitos e o Conselho Municipal Executivo (*Kommunstyrelse*), que é o órgão decisório do poder municipal.

Como a maioria dos vereadores trabalha em tempo integral em empregos comuns, eles contam com auxílio para pesquisar todos os aspectos de uma decisão a ser tomada na Câmara: cabe ao Conselho Municipal Executivo entregar aos vereadores uma compilação de todos os fatos e propostas envolvidos em uma questão, a fim de que eles possam tomar uma decisão.

Entre os onze vice-prefeitos, sete pertencem aos partidos que detêm a maioria na Câmara, e quatro são da oposição. O prefeito e cada um dos sete vice-prefeitos dos partidos majoritários dirigem departamentos com responsabilidades específicas sobre cada área de atuação do poder municipal, como as secretarias de Educação, o Planejamento Urbano, o Meio Ambiente e a Cultura.

Juntos, o prefeito e os onze vice-prefeitos formam o Conselho de Prefeitos, e preparam questões a serem elaboradas pelo Conselho Municipal Executivo. O Conselho é também a autoridade responsável por garantir que todas as decisões políticas sejam implementadas, acompanhadas e avaliadas. Formado por treze membros de partidos do governo e da oposição, o Conselho é auxiliado em suas funções por dois órgãos administrativos. O prefeito preside tanto o Conselho de Prefeitos como o Conselho Municipal Executivo.

A transparência é a norma: atos, documentos, propostas e decisões da Câmara Municipal e do Conselho Executivo Municipal da Prefeitura são publicados periodicamente na internet. Os moradores de Estocolmo podem se registrar no *site* para receber automaticamente, via *e-mail*, minutas de reuniões e a pauta de atividades dos comitês.

O Conselho também emprega vinte auditores indicados pela Câmara, que fiscalizam as finanças e as operações de toda a municipalidade. Seus relatórios são publicados na internet.

Com cerca de 860 mil habitantes, Estocolmo é a maior das 290 municipalidades da Suécia. Na região de Estocolmo, a população é de cerca de 2 milhões de pessoas.

UMA CONVERSA COM A VEREADORA CHRISTINA ELFFORS-SJÖDIN

"Ser vereador é um trabalho voluntário, que pode ser perfeitamente realizado nas horas vagas". Christina Elffors-Sjödin

O impactante interior da Câmara Municipal de Estocolmo é uma curiosa explosão de contrastes. Três gigantescos candelabros dourados dominam o aristocrático salão do plenário, coberto por tapetes vermehos e emoldurado por cortinas no mesmo tom. As galerias em madeira maciça e o pódio da presidência da Câmara, coroado por um cortinado em tecido vermelho drapeado, completam o ar palaciano do ambiente. Mas quando se olha para cima, na altura quase vertiginosa do salão, o simbolismo da era *viking* rouba a cena.

O teto da Câmara representa um navio *viking* virado para baixo. Diz-se que, para evitar ataques inconvenientes ao atracar em terras desconhecidas, os antepassados dos suecos costumavam se reunir sob o teto de seus barcos virados, a fim de planejar em paz suas pilhagens. As intenções eram pouco nobres. Mas os *vikings* também entraram para a história como um povo que tomava suas decisões em conjunto, para o bem ou para o mal.

Através do casco do navio *viking* retratado na Câmara, vê-se a pintura de um céu azul: um símbolo para lembrar que todas as decisões tomadas na Casa são transparentes e devem "voar" em direção ao povo. Para simplificar a ideia delirante, todas as sessões da Câmara são abertas ao público.

Por uma porta situada no salão do plenário, a vereadora Christina Elffors-Sjödin me conduz à sala de reuniões da Câmara. Pede desculpas por não ter sala própria nem café para oferecer, e conta como é trabalhar ao mesmo tempo como diretora de uma creche e vereadora do Partido Moderado.

O que a senhora acha do fato de trabalhar como vereadora desde 2006 sem receber salário?

CHRISTINA ELFFÖRS-SJÖDIN: Acho bom, porque penso que não devemos ter vereadores pagos.

Por que não?

CHRISTINA ELFFÖRS-SJÖDIN: Porque estamos aqui exercendo a nossa cidadania, em uma atividade que não exige dedicação em tempo integral, e, portanto, não devemos ser pagos por isso. Se pagássemos salários a vereadores, muitos estariam aqui não por causa de um comprometimento para mudar as coisas para melhor, e sim para ganhar dinheiro e fazer carreira. Seria, então, um trabalho. E não acho que ser vereador seja um trabalho.

O que é ser vereador?

CHRISTINA ELFFÖRS-SJÖDIN: É um trabalho voluntário, que pode ser perfeitamente realizado nas horas vagas. Para isso, temos uma pequena gratificação, que na verdade é um valor extremamente baixo, mas é suficiente. Para receber salário, trabalho como diretora em uma creche em tempo integral.

Por que um vereador não deve trabalhar em tempo integral e receber salário, como os deputados do Parlamento sueco?

CHRISTINA ELFFÖRS-SJÖDIN: Porque eles (os deputados do Parlamento sueco) trabalham muito mais do que eu. Eles representam todo o país. Eu represento apenas Estocolmo, e não há uma carga de trabalho que justifique o trabalho remunerado em tempo integral.

A senhora não tem gabinete nem assistentes, e trabalha de casa. Conta com algum tipo de assistência para sua função como vereadora?

CHRISTINA ELFFÖRS-SJÖDIN: O apoio que tenho vem de dois funcionários do meu partido, que têm como função auxiliar todos os trinta e oito vereadores da sigla.

Que tipo de apoio dão esses dois funcionários?

CHRISTINA ELFFÖRS-SJÖDIN: Principalmente em termos de relações com a mídia e assessoria de imprensa. Se eu precisar de alguma informação específica, ou de uma consulta ao prefeito a respeito de alguma questão importante, estes dois funcionários me ajudam fornecendo assistência e material de *background*.

A senhora não recebe nenhum tipo de auxílio transporte. Como paga por seus deslocamentos na cidade como vereadora?

CHRISTINA ELFFÖRS-SJÖDIN: Bem, é também para esse tipo de gasto que ganhamos a pequena gratificação mensal da Prefeitura, de 1.533 coroas suecas (cerca de 235 dólares). Mas como preciso trabalhar na creche todos os dias, uso na verdade o cartão que dá direito a utilizar os transportes públicos, que compro com meu próprio salário.

Que tipo de transporte a senhora usa para vir à Câmara Municipal?

CHRISTINA ELFFÖRS-SJÖDIN: Trem. Moro no subúrbio, tomo o trem até a Estação Central de Estocolmo e de lá caminho cerca de dez minutos até a *Stadshuset* (sede da Prefeitura e da Câmara). Todos os vereadores têm também direito a pegar um táxi quando as sessões na Câmara acabam depois das 10 da noite. Mas se a sessão acaba dez minutos antes desse horário, não podemos tomar táxi.

Como também não tem direito a celular, a senhora precisa pagar do próprio bolso para fazer ligações relacionadas ao trabalho como vereadora?

CHRISTINA ELFFÖRS-SJÖDIN: Uso o meu próprio telefone celular. Todos na Suécia têm um celular. E

© YANAN LI

Os vereadores que se sentam nestas cadeiras da Câmara não recebem salário.

não custa tanto assim fazer ligações extras do próprio telefone.

Quanto tempo por semana a senhora dedica às atividades como vereadora?

CHRISTINA ELFFÖRS-SJÖDIN: São em média cinco horas por semana. A leitura de documentos e propostas é a tarefa que mais consome tempo. Também dedico tempo para responder aos muitos *e-mails* que recebo de eleitores, com perguntas e solicitações sobre questões diversas.

Pode descrever como é o seu trabalho como vereadora, e que tipo de tarefas executa?

CHRISTINA ELFFÖRS-SJÖDIN: As sessões na Câmara são realizadas a cada três semanas, entre 4 da tarde e 10 da noite. Escrevo meus próprios discursos, faço visitas a associações, encontro eleitores e leio uma quantidade considerável de documentos e propostas. Como meu partido detém a maioria na Casa, apenas os vereadores da oposição apresentam moções. As propostas do meu partido, que são apresentadas durante a campanha eleitoral após deliberações com diferentes segmentos da sociedade, são elaboradas diretamente pelo gabinete do prefeito. Por exemplo, durante a campanha apresentamos uma proposta para construir mil casas em Estocolmo por ano. Quando somos eleitos, o prefeito e os vice-prefeitos dialogam com setores da comunidade para determinar onde as habitações devem ser construídas. Os vereadores votam, então, aspectos específicos em torno desta e de outras questões.

Não há então a necessidade de trabalhar como vereadora de Estocolmo em tempo integral?
CHRISTINA ELFFÖRS-SJÖDIN: Absolutamente não. Cinco horas por semana são suficientes.

A senhora tem uma família, trabalha em tempo integral como diretora de uma creche e desempenha a função de vereadora. Como consegue equilibrar tudo isto?
CHRISTINA ELFFÖRS-SJÖDIN: Tenho um marido muito compreensivo, que não está envolvido em política (risos). Era mais complicado quando a minha filha era pequena, e eu desempenhava a função de conselheira distrital, que tomava entre 25% e 30% do meu tempo. Mas atualmente minha filha já está maior, e o trabalho de vereador não é tão intenso como o de conselheira distrital.

Tem algum tipo de ajuda com as tarefas domésticas?
CHRISTINA ELFFÖRS-SJÖDIN: Sim, uma faxineira. Uma vez por mês.

O que a levou a entrar na política?
CHRISTINA ELFFÖRS-SJÖDIN: Eu queria ter uma escola do método Montessori para minha filha, mas na época não havia nenhuma. Então decidi fundar eu mesma a escola, por meio de uma cooperativa de pais. Para conseguir subsídios do governo para criar a escola, entrei em contato com diversos vereadores. A partir daí, foi uma bola de neve.

Ao encerrarmos a conversa, saímos do edifício da Câmara Municipal e caminhamos juntas pela movimentada Vasagatan, em meio ao insistente frio de março. Na altura da Estação Central de Estocolmo, Christina se despede. Vai pegar o trem para o subúrbio onde vive.

Ao contrário da experiência de Christina, combinar trabalho, família e afazeres domésticos com a atividade política em nível municipal é, porém, um desafio para parte dos vereadores. Em fevereiro de 2013, reportagem da *Sveriges Radio* (Rádio Sueca) mostrou que mulheres e jovens eram os mais propensos a deixar a política em nível local. Uma das entrevistadas na reportagem era a enfermeira Louise Wiberg, que tinha vinte e sete anos de idade, um filho no colo e outro ainda na barriga quando se tornou vereadora da localidade de Vara (sudoeste da Suécia) pelo Partido do Centro.

— Eu trabalhava durante o dia num asilo de idosos, e participava de reuniões políticas nas noites de segunda-feira e também às terças-feiras. Para mim, é importante participar da vida política e das decisões que determinam como deve ser a sociedade em que vivo. Mas chegou um ponto em que não foi mais possível harmonizar emprego, casa e filhos com a política — contou Louise à rádio sueca.

ASSEMBLEIAS REGIONAIS: 94% DOS POLÍTICOS NÃO RECEBEM SALÁRIO

Em nível regional, a representação política na Suécia também é considerada uma atividade extra a ser exercida em paralelo a um emprego remunerado, de onde todo político deve tirar seu próprio sustento.

A Suécia, um estado unitário, é dividida em 290 municípios (*kommuner*) e vinte condados (*landsting*). Em todas as assembleias municipais e regionais do país, a regra não tem exceção: os vereadores e os deputados regionais não recebem salário e não têm gabinete, secretária, assistentes, nem carros oficiais com motorista particular.

Assim como ocorre na esfera das municipalidades, apenas os integrantes da presidência e dos comitês das Assembleias regionais (*Landstingsfullmäktige*) recebem remuneração para trabalhar como políticos em tempo integral ou parcial. Os deputados regionais ganham apenas uma pequena gratificação.

— Nas Assembleias regionais, 94% dos políticos não recebem salário — diz Bo Per Larsson, gerente da Associação Sueca de Autoridades Municipais e Regionais (*Sveriges Kommuner och Landsting*).

— O típico político, em nível local e regional, vai trabalhar todos os dias em um emprego normal, a não ser que seja aposentado ou estudante — completa Larsson.

Um cargo histórico e em grande parte cerimonial, no entanto, desafina o tom austero das normas suecas: os governadores dos condados, ou *landshövdingar*, vivem em residências oficiais, recebem salários e dispõem de carro com motorista, ainda que apenas quando participam de eventos oficiais. Mas não se trata, na verdade, de um cargo político: os governadores, em geral personalidades de diferentes setores da sociedade sueca, ou ex-políticos, são servidores públicos nomeados pelo governo central para representar o Executivo nos condados.

— É uma tradição de 400 anos — defende Björn Eriksson, ex-governador do condado de Östergötland (sudeste da Suécia) e ex-Comissário-Chefe da Polícia Nacional Sueca (*Rikspolisstyrelsen*).

— Até 1860, os *landshövdingar* eram os representantes do rei nos condados, e até hoje Sua Majestade (o rei Carl Gustaf XVI) se hospeda na residência dos governadores quando viaja pelo país — acrescenta Eriksson, que passou a ocupar o cargo de coordenador nacional de ações contra crimes relacionados ao esporte.

O posto de *landshövdingar* foi introduzido em 1634, quando a Suécia foi dividida em condados. Até 1958, os chamados governadores ainda detinham oficialmente o pomposo título de *Kunglig Majestäts befallningshavande*, representantes oficiais de Sua Majestade. E em alguns condados, como o de Östergötland, eles ainda vivem em verdadeiros castelos.

Uma das personalidades mais controvertidas da Suécia, o ex-governador Björn Eriksson viveu até 2009 no Castelo de Linköping, uma construção de 1,9 mil metros quadrados datada do século XII. Costumava organizar ali inúmeros eventos oficiais do condado de Östergötland, e também extraoficiais — como os espetáculos de teatro em que participava ora como ator, ora servindo café aos convidados.

— O castelo é mantido por funcionários que cuidam da manutenção e limpeza, e abriga ainda um museu da Idade Média, que é aberto ao público. Na minha época tínhamos também uma cozinheira, mas apenas para ocasiões oficiais. No dia a dia, sempre cozinhei minha própria comida — afirma Eriksson.

— Se acredito que o cargo vai um dia ser abolido? Creio que não. A tradição desempenha um papel importante aqui. Mas se algum *landshövding* usar os benefícios do cargo para proveito pessoal, como sair de carro com motorista fora de eventos oficiais, poderia ser o fim do sistema — avalia Eriksson.

O presidente da Associação Sueca de Autoridades Municipais e Regionais, Anders Knape, aposta na manutenção da tradição.

— A tradição é que os *landshövdingar* são um símbolo do país. E eles contam com forte apoio das populações locais, que também apreciam a tradição das residências oficiais e dos protocolos do cargo. Quando o governador de um condado diz que preferiria viver no próprio apartamento, as pessoas se opõem. Mas nem todos os condados possuem castelos para os governadores — diz Knape.

Os governadores dos condados presidem os conselhos administrativos regionals (*Länsstyrelssen*), que representam o Executivo sueco nas regiões. Sua tarefa é garantir que os cidadãos de um condado estão sendo beneficiados pelas decisões tomadas pelo governo central, e também informar o Executivo sobre as necessidades da região. Mas seu poder executivo é restrito: é a Assembleia regional o mais alto órgão decisório dos *landsting* (condados), que têm como principal atribuição cuidar dos serviços de saúde pública.

— Por razões históricas, os governadores de condados participam de eventos cerimoniais, em diferentes contextos. O cargo tem assim um aspecto simbólico, embora os governadores tenham alguns poderes administrativos em áreas como a proteção de animais e a distribuição de recursos da União Europeia a agricultores locais. Mas os governadores na Suécia, que não são governadores no sentido que se dá em outros países, são servidores públicos, e não políticos — esclarece o presidente da Associação.

Segundo a agência central de estatística da Suécia (*Statistiska Centralbyrån*), a média salarial dos governadores de condado é de 62.600 coroas suecas mensais (aproximadamente 9,5 mil dólares) — o que representa cerca de 5 mil coroas (cerca de 766 dólares) a mais do que ganha em média um médico na Suécia. Os governadores são geralmente nomeados para mandatos de seis anos, que podem ser prolongados caso o titular não tenha alcançado a idade de aposentadoria.

> "*Não, não, não!*"
>
> Jon Johnsson, subprefeito de um dos distritos de Estocolmo, sobre se o cargo lhe confere direito a salário, secretária, assistentes ou carro oficial.

Como faria um político sueco, decido pegar um trem para o subúrbio de Skärholmen, a fim de encontrar o subprefeito local. Para administrar seus condados e municípios, a Suécia adota, como os demais países nórdicos, um sistema altamente descentralizado. O município de Estocolmo é dividido em catorze distritos, responsáveis pelos serviços municipais em suas respectivas áreas geográficas. A maior parte da verba do município — 75% — é repassada diretamente a esses distritos. Cada distrito tem um Conselho Distrital (*Stadsdelsnämden*) formado por políticos de diferentes partidos, que são nomeados pela Câmara Municipal de Estocolmo.

O subprefeito Jon Johnsson, que na nomenclatura sueca ocupa o cargo de presidente do Conselho Distrital de Skärholmen, marcou a entrevista para o fim da tarde de uma quinta-feira. Teria que ser um fim de tarde, porque é quando ele encerra o expediente como diretor de uma escola primária. E teria que ser uma quinta-feira, pois é o único dia da semana em que ele pode usar uma sala no prédio da administração pública do distrito, normalmente ocupada por uma funcionária pública.

Ao entrar no trem, recebo uma mensagem de texto no celular: o subprefeito avisa que está dentro do ônibus, preso no engarrafamento da hora do *rush*, e pede desculpas antecipadas porque imagina que chegará dez minutos atrasado. Aproveito o tempo para circular pela vizinhança de Skärholmen, que concentra uma alta população de imigrantes. No ginásio público de esportes, vários moradores nadam, praticam esportes e se exercitam nas instalações limpas e bem conservadas.

Skärholmen tem 34 mil habitantes e um orçamento invejável: a cada ano, o distrito recebe da Prefeitura 986 milhões de coroas suecas, o equivalente a cerca de 99 milhões de euros. Mas nenhum luxo cerca o presidente do Conselho Distrital.

A sala emprestada que Jon Johnsson usa tem dez metros quadrados. Ao abrir a porta, Jon me oferece um copo com água da bica, que na Suécia é potável. E conta que achou fascinante viver no Brasil em 1981, quando o pai trabalhou para a empresa sueca Ericsson no Rio de Janeiro e em Campinas.

— Lembro que tínhamos uma faxineira lá uma vez por semana. Mas minha mãe sempre adiantava a limpeza da casa um dia antes de a diarista chegar, porque não achava certo que alguém tivesse que limpar nossa sujeira — diz Johnsson.

Com risos quase histéricos, ele responde à minha pergunta sobre se o cargo de presidente do Conselho Distrital lhe confere direito a salário, secretária, assistentes ou um improvável carro com motorista.

— Não, não, não! — exalta-se Johnsson, que desde 2006 ocupa o cargo. Ele diz que, como vai de ônibus todos os dias para o trabalho, usa o salário que recebe como diretor de escola para comprar o cartão anual que dá direito a usar os transportes públicos. Fala que também paga para comer com o próprio salário de diretor de escola. E acrescenta: — Não há nada que os eleitores suecos odeiem mais que políticos que tentam se beneficiar de suas posições de poder. Não quero ser descortês, mas penso que sistemas que concedem certos benefícios aos políticos são perigosos. Porque transformam políticos em uma espécie de classe superior, que não sabe como vivem os cidadãos comuns. E se um político não vivencia as mesmas condições de vida de seus eleitores, ele não pode saber o que precisa ser mudado — raciocina Johnsson.

— Se eu vivesse em algum palácio e circulasse num carro com motorista, eu definitivamente não saberia o que está certo ou o que precisa ser reformado na sociedade em que vivo. Também não tenho nenhum desejo de ser uma pessoa acima de outras pessoas — acrescenta ele.

Johnsson preside as atividades dos vinte e seis conselheiros do distrito de Skärholmen, que se reúnem duas vezes por mês — sempre no fim do dia, após o trabalho, das 6 da tarde às 8 da noite. Na primeira reunião do mês, o Conselho toma decisões sobre diferentes assuntos, como a distribuição de verbas para as escolas primárias. A reunião, aberta ao público, é realizada no auditório da sede da administração pública de Skärholmen.

— Todos os cidadãos interessados em participar das decisões são bem-vindos, e a primeira hora da reunião é sempre reservada ao público, que pode opinar e fazer perguntas — diz Jon Johnsson.

A segunda reunião do mês é feita com as autoridades da administração pública local, que implementam as determinações do Conselho.

— Além disso, é claro, sou convidado por diferentes grupos locais para encontros e discussões, que acontecem à noite. São, geralmente, dois ou três encontros por semana. Gasto também um bom tempo respondendo a *e-mails* e telefonemas de pessoas que desejam obter informações sobre diversos assuntos.

Assim como os vereadores, os conselheiros distritais recebem apenas uma gratificação pelo trabalho político. Dos vinte e seis conselheiros, onze participam do Conselho como suplentes e recebem o equivalente a 150 euros por mês, além de 45 euros por uma reunião mensal. Treze conselheiros, que concentram uma maior carga horária no desempenho das tarefas políticas, têm gratificação de 350 euros por mês e participam das reuniões mensais e de visitas a creches e outras instituições públicas.

Na direção do Conselho, o vice-presidente, que duas vezes por mês deve tirar licença não remunerada do trabalho para participar de atividades políticas, recebe para isto uma compensação equivalente a cerca de 864 dólares mensais. John Johnsson, como presidente, trabalha uma vez por semana em tempo integral no Conselho, além de participar de visitas e reuniões adicionais. Entre a gratificação da Prefeitura e o ressarcimento pelos dias não trabalhados que seu empregador desconta do salário, Johnsson recebe 10 mil coroas suecas (cerca de 1,5 mil dólares) mensais. Como reitor de escola, seu salário é de 37 mil coroas suecas (aproximadamente 5,6 mil dólares) mensais.

— É claro que há pessoas que entram na política para fazer carreira, e há vários cargos políticos de prestígio em nosso país. Ministros e deputados do parlamento ganham bons salários. Mas a maior parte dos políticos locais, cerca de 40 mil, não recebe salário. Penso que isso se deve à longa tradição que temos, na Suécia, de que os representantes políticos de cidadãos comuns devem ser cidadãos também comuns — ele diz.

A motivação para exercer a política local sem contracheque é, segundo ele, a oportunidade de participar das decisões que determinam os rumos da comunidade.

— Também tenho aprendido muito. Tenho encontrado diversos líderes religiosos e conhecido suas religiões, tenho aprendido sobre como construir casas e como diferentes problemas sociais podem ser solucionados. Mas não tenho interesse na carreira política. Meu trabalho como professor é gratificante, e estou satisfeito com o emprego onde trabalho para pagar minhas contas.

Johnsson vive em um apartamento alugado, e lava suas roupas na lavanderia comunitária do prédio.

— Meus vizinhos no prédio são pessoas de baixa renda, a maioria deles imigrantes, e muitos são desempregados. E há uma coisa que os imigrantes têm dificuldade de entender: na Suécia, os políticos são proibidos de exigir favores ou interferir no trabalho da administração pública. Alguns imigrantes que não têm direito a receber determinados benefícios pensam que eu posso dar uma ordem à administração pública e dizer, "conceda o benefício a essa pessoa". Mas se eu fizer isso, serei denunciado à Prefeitura por interferência no trabalho da agência governamental. Minha tarefa é determinar o montante de recursos que deve ser gasto na concessão de benefícios sociais, e as regras que devem ser aplicadas. Mas cabe à administração pública decidir como processar cada caso individual.

Johnsson se refere a um princípio fundamental do sistema sueco: os órgãos políticos definem orçamentos e diretrizes gerais para a implementação de políticas públicas, mas cabe às agências governamentais desempenhar um papel vigoroso e soberano na execução de tais políticas públicas.

A cada ano, a Prefeitura encaminha a verba destinada ao Conselho Distrital de Jon Johnsson e informa, conforme as decisões tomadas pela Câmara Municipal, em que setores os recursos devem ser empregados. Cabe ao Conselho, por sua vez, decidir como distribuir os recursos, por exemplo, entre escolas e instituições locais.

UMA CONVERSA COM O PREFEITO DE ESTOCOLMO

"Não tenho direito a residência oficial de luxo e não costumo circular em carro com motorista. Políticos não andam em limusines por aqui".

— Sten Nordin

Uma massa de ar gelado envolve todo o país, anuncia a rádio sueca na manhã de março em que a neve açoita as janelas. Como se fosse um acontecimento invernal digno de notícia, penso, ao sair para a entrevista com o prefeito Sten Nordin. As ruas ainda estão cobertas por capas de gelo endurecido, e chego a considerar calçar as proteções antiderrapantes para sapatos que os suecos, por vaidade ou constrangimento, preferem considerar como acessório de idosos. Mas o orgulho vence, mais uma vez, o bom senso.

O prefeito Sten Nordin estará certamente chegando no ponto do ônibus número 3, na Hantverkargatan, próximo à sede da Prefeitura. Já o vi antes ali, olhando aleatoriamente para o painel eletrônico que indica, com precisão sueca, em quantos minutos o ônibus estará chegando. O cinegrafista Casimir Reuterskiöld, que vive no bairro de Kungsholmen, costuma ver o prefeito na mesma fila de ônibus no fim do dia, geralmente carregando uma sacola de compras do supermercado Konsum.

No caminho para a sede da Prefeitura, algumas calçadas estão bloqueadas para o trabalho de operários que ainda jogam, de cima dos tetos dos edifícios da cidade, imensos blocos de gelo. Um trabalho que dura todo o inverno, para prevenir casos de ferimento ou morte de pedestres atingidos por grandes tijolos de gelo que se desprendem do alto dos prédios.

Ao me aproximar das águas do lago Mälaren, avisto a cúpula dourada da Prefeitura de Estocolmo com suas três coroas, tradicional símbolo da Suécia. Desvio o olhar por um momento para o trecho da baía onde, na semana anterior, um carro da polícia caiu através da superfície congelada das águas após uma manobra fatal, matando o policial.

O gigantesco prédio da Prefeitura, erguido no início do século XX com mais de 8 milhões de tijolos, tem o estilo de um palácio renascentista italiano. Sigo para o encontro com o prefeito por meio do chamado Corredor do Conselho. Ali, acima dos portais dos gabinetes políticos, vejo bustos de mármore representando operários que ajudaram a erguer a construção: Oscar Asker, um carpinteiro; E. Törnblad, um pedreiro; o madeireiro Johan Ludvig Malmström, e outros quatro companheiros.

© MAGNUS HALLGREN

Diariamente, o prefeito Sten Nordin vai de ônibus ou a pé para seu gabinete.

A meu lado, o porta-voz Aaron Korewa me conduz a uma sala de reuniões no fim do corredor, e se desculpa ao dizer que a entrevista não poderá ser feita no gabinete do prefeito. Pergunto por que e ele diz: — O gabinete é muito pequeno. Minutos depois, o prefeito Sten Nordin (Partido Moderado) surge no Corredor do Conselho, caminhando em nossa direção.

O que representam os bustos de mármore de trabalhadores comuns, que vemos aqui acima dos portais dos gabinetes políticos?

STEN NORDIN: Este é um símbolo importante para nós. Na época da construção da sede da Prefeitura, há oitenta anos, a ideia foi retratar cidadãos comuns, ao lado dos políticos que iriam trabalhar aqui. Isto reflete a forte crença, aqui da Suécia, de que políticos e cidadãos devem estar no mesmo patamar de igualdade. E de que não deve haver grandes diferenças entre as condições de vida de um político e um cidadão.

O senhor costuma ser visto na fila do ônibus, no fim do dia, carregando uma sacola de supermercado.

STEN NORDIN: Naturalmente.

Não tem direito a um carro oficial com motorista?

STEN NORDIN: Tenho um carro para uso em eventos oficiais, ou em ocasiões que existem algum tipo de risco de segurança. Mas venho trabalhar de ônibus e algumas vezes a pé, como faz a maioria dos moradores de Estocolmo.

Como prefeito, o senhor não tem direito a residência oficial. Tem algum tipo de benefício extra, como auxílio para transporte ou alimentação?
STEN NORDIN: Não. Tenho apenas meu salário, nada mais. Uma vez por semana, eu e os vice-prefeitos nos reunimos durante um almoço. Podemos encomendar refeição no restaurante situado aqui no prédio, e o valor que pagamos por este almoço semanal é reembolsado pela Prefeitura. Mas somos obrigados a informar o valor da refeição ao *Skatteverket* (Autoridade Fiscal sueca), e temos que pagar imposto sobre a quantia. Tenho, é claro, verba de representação para ocasiões especiais, como quando recebo visitas do exterior.

O senhor recebe uma remuneração bastante superior à média salarial do país. Também pode receber pensão vitalícia quando deixar o cargo de prefeito?
STEN NORDIN: Sim.

Não considera isso um privilégio?
STEN NORDIN: Sim, na verdade este é um privilégio que vem sendo muito debatido, e por isso as regras vão ser mudadas. E acho que devem ser mudadas. Atualmente, se um prefeito tem menos de cinquenta anos de idade ao deixar o cargo, ele recebe pensão por no máximo dois anos. Mas se ele tem cinquenta anos ou mais, passa a ter direito a pensão vitalícia. E achamos que cinquenta anos de idade é cedo demais para uma pessoa se aposentar.

Por que a maioria dos políticos locais não deve receber salário?
STEN NORDIN: É importante para nós não ter muitos políticos trabalhando em tempo integral em nível local, porque consideramos que as autoridades locais devem ser fortemente vinculadas aos cidadãos comuns, e ser dirigidas por cidadãos comuns. Esse é o conceito da nossa democracia local. Um político local deve ter o próprio emprego num trabalho normal, e dedicar várias horas por semana às atividades políticas. Achamos que isso é muito bom para a democracia, e por isso não queremos muitos políticos recebendo salário.

Como funciona o sistema na prática?
STEN NORDIN: A Câmara Municipal estabelece as metas para o trabalho a ser desenvolvido na municipalidade, e o Conselho Municipal Executivo, que é eleito pelos vereadores, elabora diferentes proposições. As proposições são então apresentadas aos vereadores, que votam e decidem quais serão

© DIVULGAÇÃO

Propaganda de Nordin. Para ele, receber pensão vitalícia é um privilégio que deve acabar.

aprovadas. Antes de serem votadas pelos vereadores, as questões são debatidas por diversos comitês. Algumas outras decisões são tomadas diretamente pelo Conselho. Ou seja, pode-se dizer que se a Câmara Municipal é o "parlamento" de Estocolmo, o Conselho Municipal Executivo, presidido pelo prefeito, é o governo da cidade. Quando uma decisão política é aprovada, as empresas e os órgãos administrativos da cidade, que são dirigidos por comitês nomeados pela Câmara, entram em cena a fim de realizar a implementação.

Quantos assistentes o senhor tem em seu escritório?

STEN NORDIN: Quinze pessoas. Tenho assessores políticos, dois assessores de imprensa e uma secretária. A maior parte da minha equipe é composta de assessores políticos, pois temos a responsabilidade de elaborar propostas políticas para o Conselho Municipal.

O que pensa sobre o sistema de países onde prefeitos têm direito a residência oficial e todos os políticos locais recebem salários para trabalhar em tempo integral, contam com vários assessores e têm secretária e motorista particular?

STEN NORDIN: Esta não seria a nossa maneira de conduzir a política local, uma vez que criaria uma enorme distância entre os políticos e os cidadãos comuns. Os cidadãos precisam acreditar, e ter razões concretas para crer, que eu compreendo a situação em que vivem as pessoas comuns, porque vivo em condições semelhantes às deles. É claro que recebo um salário acima da média, mas não tenho direito a residência oficial de luxo e não costumo circular em carro com motorista. Políticos não andam em limusines por aqui. E se tivessem tantos benefícios, iriam se distanciar dos cidadãos que representam. Eu sou um cidadão entre outros cidadãos.

— Mas não posso dizer a um diretor de escola, por exemplo, que ele deve aprovar este ou aquele aluno, ou como ele deve proceder. O Conselho tem o poder de decidir, por exemplo, que metas queremos que os nossos alunos alcancem, e se as escolas devem implementar aulas de língua chinesa. Não temos permissão, no entanto, para dizer que métodos as escolas devem usar para alcançar esses objetivos. Cada autoridade pública tem o direito de decidir, de forma independente, como deve realizar o seu trabalho — enfatiza o presidente do Conselho, e acrescenta: — Por isso, políticos suecos não podem dizer, "se você votar em mim, lhe darei uma prótese de perna, ou isto ou aquilo".

Tentativas de suborno, segundo Johnsson, são raras.

— Recebi recentemente da igreja ortodoxa romena um pedido de permissão para construir uma igreja em nossa área, e quiseram me dar uma garrafa de um excelente vinho. Aceitar teria sido um crime.

UM JUDICIÁRIO SEM MORDOMIAS

Todos os dias, Göran Lambertz põe seu paletó e gravata, monta na bicicleta e pedala quinze minutos até a estação ferroviária. Amarra a bicicleta no imenso bicicletário público da estação, pega um trem e viaja quarenta minutos para o trabalho — na instância maior do Poder Judiciário. Ele é um dos dezesseis magistrados do Supremo Tribunal da Suécia.

É uma manhã de abril quando encontro Lambertz em sua casa na bucólica Uppsala, cidade universitária a setenta quilômetros de Estocolmo. É uma casa surpreendentemente modesta. No pequeno jardim, estão duas bicicletas. A porta de entrada dá acesso a uma estreita sala de estar, decorada com mobiliário simples que remete aos anos 1970. Acima do sofá, uma pintura modernista de cores vibrantes quebra a sobriedade do ambiente. Ao lado, há uma grande prateleira de livros. Mais ao fundo, uma escada de madeira liga os dois andares da residência, cada um com sessenta metros quadrados de área. Junto à escada, um corredor de poucos palmos conduz a uma minúscula cozinha, onde o juiz prepara o café.

Como todos os juízes e desembargadores da Suécia, Göran Lambertz não tem direito a carro oficial com motorista, nem secretária particular. Sem auxílio moradia, todos pagam do próprio bolso por seus custos de moradia. Assim como os políticos do país, magistrados suecos também não têm o privilégio da imunidade ou do foro privilegiado — podem ser processados como qualquer cidadão. Seus salários variam entre cerca de 15 mil e 30,2 mil reais, mas não há benefícios extras: abonos, prêmios, verbas de representação, auxílio transporte, auxílio saúde e auxílio alimentação não existem para juízes.

— Não almoço à custa do dinheiro do contribuinte — diz Lambertz na cozinha, entre um gole de café com *bulle* (pão doce sueco).

Intrigado com o interesse em filmá-lo em seu trajeto para o trabalho na Suprema Corte, o juiz se prepara para a reportagem a ser gravada para a *TV Bandeirantes*. Dispõe a louça na lavadora de pratos, despede-se da mulher, e pega a bicicleta. O longo sobretudo de cor bege, que voa ao vento enquanto ele pedala, lhe cai como uma toga.

Lambertz, da Suprema Corte: juízes suecos não aceitam presentes, como passeios em cruzeiros ou estadas em resorts.

O caminho mais curto para a estação de trem atravessa um bosque nas cercanias da casa, situada em um bairro afastado do centro de Uppsala. Nem a chuva fina que começa a cair, e nem as ordens bradadas pelo cinegrafista, a distância, perturbam o juiz. — Suba e desça de novo — grita o cinegrafista para Lambertz, do alto de uma das colinas do bosque. A sequência da pedalagem do juiz pelo bosque, repetida quatro vezes, comprova a boa forma do magistrado. Sem ofegar, ele chega ao bicicletário público da estação, e segue com passos rápidos em direção à plataforma. — Não posso perder o trem que sai agora — avisa.

Ex-professor de Direito da Universidade de Uppsala e ex-Provedor de Justiça (*Ombudsman*) do Governo, Göran

Lambertz chefiou ainda uma das divisões do Ministério da Justiça antes de se tornar juiz da Suprema Corte sueca, cargo vitalício que ocupa desde 2009. Controverso e eloquente, ele é um dos magistrados mais conhecidos do país.

No antigo palacete que sedia o Supremo Tribunal, próximo ao Palácio Real de Estocolmo, Lambertz nos conduz pela majestosa escadaria central de mármore. Imensas pinturas a óleo retratam, pelas paredes do edifício, nobres representantes da Corte de tempos passados. Tempos há muito idos, em que havia lacaios e privilégios. No pequeno escritório do juiz Göran Lambertz, não há secretária na porta, nem assistentes particulares. Nem luxo.

— Luxo pago com o dinheiro do contribuinte é imoral e antiético — diz o magistrado, na entrevista concedida em seu gabinete.

Qual é o salário de um juiz na Suécia, incluindo eventuais benefícios extras?

GÖRAN LAMBERTZ: Juízes suecos recebem entre 5 mil euros (cerca de 6,6 mil dólares) e um máximo de 10 mil euros (13,3 mil dólares), que é o salário dos magistrados da Suprema Corte. Isto é o que se ganha, e é um bom salário. Pode-se viver bem com vencimentos deste porte, e é suficiente. Não há nenhum benefício extra.

Juízes suecos não têm direito a benefícios como abonos, gratificações, auxílio saúde, auxílio transporte ou auxílio alimentação?

GÖRAN LAMBERTZ: Não. Não almoço à custa do dinheiro do contribuinte. Todos os juízes pagam por suas próprias refeições. Nenhum de nós tem direito a carro com motorista ou planos de saúde especiais. Temos direito apenas aos serviços públicos de saúde, como qualquer cidadão.

Vejo que o senhor não tem secretária particular. Também não conta com assistentes pessoais?

GÖRAN LAMBERTZ: Não temos secretárias particulares, mas contamos com uma equipe de assistentes que trabalha em conjunto para os dezesseis magistrados da Suprema Corte. São mais de trinta jovens profissionais da área de Direito, que auxiliam os juízes em todos os aspectos relacionados a um caso jurídico. Temos ainda uma equipe de cerca de quinze assistentes administrativos, que auxiliam a todos nós. Portanto, nenhum juiz tem secretária ou assistente particular para prestar assistência exclusiva a ele, e sim profissionais que lidam com aspectos específicos dos casos julgados pela Corte.

O que pensa sobre sistemas de países como o Brasil, em que políticos e juízes têm privilégios como gratificações extras e aviões à sua disposição?

GÖRAN LAMBERTZ: Não consigo entender por que algum ser humano gostaria de ter tais privilégios. Só vivemos uma vez, e, portanto, penso que a vida deve ser vivida com bons padrões éticos. Não posso compreender um ser humano que tenta obter privilégios com o dinheiro público. Luxo pago com o dinheiro do contribuinte é imoral e antiético. Porque significa usar recursos públicos apenas para o próprio bem.

Juízes suecos podem aceitar presentes, como passeios de cruzeiros e viagens a resorts*?*

GÖRAN LAMBERTZ: Isto não acontece. Na verdade, ontem eu recebi um presente de um grupo de estudantes de Direito. Eu os recebi para uma visita à Suprema Corte, e ao se despedirem eles me deram um pacote de biscoitos e um pote de geleia. Este foi o único presente que recebi este ano. Mas ninguém ofereceria a um juiz coisas como dinheiro ou garrafas de bebida. Isto simplesmente não acontece. Na época do Natal, um banco, por exemplo, pode querer oferecer um presente a autoridades e órgãos públicos. Mas isso nunca acontece nos tribunais. Algumas vezes, talvez, pode acontecer que um banco ou um escritório de advocacia envie caixas de chocolate a algum tribunal como presente de Natal. Mas nunca um presente individual para um juiz em particular.

Não há registro de casos de juízes suecos envolvidos em suborno ou venda de sentenças?

GÖRAN LAMBERTZ: Entre juízes, nunca ouvi falar de um caso de corrupção em toda a minha vida. Um sistema judiciário limpo é essencial. Porque se o sistema não é limpo, não existe justiça. E também porque os juízes devem ser um exemplo de honestidade para os políticos, e para a sociedade como um todo. Se os juízes não são "limpos", toda a sociedade é rompida pela desordem. Quando os juízes são corruptos, então todos os membros da sociedade podem ser. Um Judiciário que perde o respeito da população pode provocar uma explosão de desordem na sociedade.

O que faz a Suécia para prevenir a corrupção no sistema judiciário?

GÖRAN LAMBERTZ: Na verdade, não muito. Isto porque existe na Suécia uma longa tradição de que as pessoas, em geral, não são corruptas. Se alguma pessoa oferecesse suborno a um juiz, ou se algum juiz pedisse algo, seria um grande escândalo no país. Mas isto simplesmente não acontece.

E qual é a explicação para isso?

GÖRAN LAMBERTZ: Talvez a explicação seja que a sociedade sueca promove a honestidade em primeiro lugar, e expõe a desonestidade sempre que ela é descoberta. Somos uma sociedade aberta, e a mídia sempre irá denunciar atos corruptos. Atos desonestos não são mantidos no escuro. Essa é a essência do sistema. Todos sabem que, se algum ato impróprio for cometido, ele será denunciado. A polícia saberá, a mídia saberá. E os juízes jamais ousariam. Acho que nenhum juiz sueco jamais aceitaria um suborno. É algo tão proibido, que chega a ser impensável. É distante demais das nossas tradições. E se algum ato irregular for cometido, ele será reportado à polícia. Por isso, mesmo se algum juiz pensar em cometer um ato impróprio, ele não o fará. Porque teria medo de ser reportado à polícia.

Qual é o grau de transparência do Judiciário sueco? Posso checar as despesas de juízes e ter acesso a documentos oficiais dos tribunais?

GÖRAN LAMBERTZ: Sim. Qualquer cidadão pode vir aqui e checar as contas dos tribunais e os ganhos dos juízes.

Autos judiciais e processos em andamento são abertos ao público. As despesas dos juízes também podem ser verificadas, embora neste aspecto não exista muita coisa para checar. Juízes usam bem pouco o dinheiro público, e não possuem benefícios como verba de representação. Os juízes suecos recebem seus salários, e isto é o que eles custam ao estado. As exceções são viagens raras para alguma conferência, quando seus gastos com viagem e hotel são custeados. Com relação às contas bancárias privadas de um juiz, elas só podem ser verificadas se o juiz for suspeito de um crime. Mas tudo o mais é aberto, a não ser os casos em que é preciso proteger a identidade de uma pessoa, como vítimas de casos de estupro.

Qualquer cidadão pode vir à Suprema Corte e checar a documentação oficial de um caso?

GÖRAN LAMBERTZ: Sim. Qualquer cidadão pode vir aqui e pedir para ver os documentos de um processo judicial. Um funcionário da Corte irá entregar os arquivos solicitados a ele, que poderá ler os documentos em uma sala equipada para atender esses pedidos. Cópias dos arquivos também podem ser solicitadas. Não há nada a esconder. A ideia básica é que tudo o que é decidido nos tribunais do país é aberto ao acesso público. O sistema judiciário sueco não é perfeito, mas não é impenetrável.

Quem fiscaliza os juízes e os tribunais?

GÖRAN LAMBERTZ: Não há um órgão específico para isso, mas entidades como o *Ombudsman* do Parlamento e o Provedor de Justiça têm poderes para fiscalizar de que maneira os tribunais lidam com diferentes casos, quanto dinheiro eles gastam, e se atuam de forma eficiente. Eles não podem interferir nos julgamentos em si, mas podem controlar os gastos e a eficiência das Cortes. Os jornalistas também checam os nossos salários e os rendimentos que recebemos de outras fontes. São rendimentos que recebemos, por exemplo, quando trabalhamos em comitês legislativos e disciplinares, e outros tipos de função que um juiz pode desempenhar. Muitas pessoas acham que os juízes ganham dinheiro demais, e isto gera críticas.

O que é preciso para que países como o Brasil se tornem sociedades menos corruptas?

GÖRAN LAMBERTZ: É necessário que os políticos assumam a sua responsabilidade diante da sociedade e o dever de dar bons exemplos, para que possam ter a confiança dos cidadãos e fazer a sua parte na criação de uma sociedade honesta. Se você é um juiz, certamente também tem o dever de ser honesto e promover a honestidade, além de estar preparado para ser fiscalizado todo o tempo. Portanto, penso que países como o Brasil e muitos outros necessitam de líderes que promovam constantemente a honestidade, e que deem bons exemplos. Líderes que mostrem que não estão em busca de luxo para si, líderes que nunca aceitem suborno, líderes que deplorem oficialmente atos indignos. É preciso criar um movimento sério contra a corrupção, e deve ser um movimento de tolerância zero. Todos precisam começar do zero, e ter tolerância zero contra a desonestidade. E todos os que detêm posições oficiais no poder devem dar o bom exemplo.

CAPÍTULO II

TRANSPARÊNCIA: "QUEM VIGIA OS VIGIAS?"

"Nas coisas do poder, o melhor detergente é a luz do sol."
Louis Brandeis

FISCALIZAR O PODER é uma ideia que surgiu já nos tempos em que os cidadãos andavam de toga pelas ruas de Roma. Achacadores e pilantras brotavam como cogumelos entre a elite governante da época, e os vícios e luxos dos senadores romanos sangravam os cofres públicos. Eram, enfim, tempos em que as raposas cuidavam das galinhas. O povo necessitado enganava o estômago e o desespero com a comida distribuída pelos governantes, durante espetáculos de palhaços e gladiadores promovidos nos maracanãs do império. Por toda a Roma antiga, a engenhosa política do pão e do circo (*panis et circensis*) domesticava, assim, a plebe descontente. A essa altura, o poeta satírico Juvenal já se perguntava: — *Quis custodiet ipsos custodes?* ("Quem vigia os vigias?")

A Suécia começou a vigiar os guardiões do poder há mais de 200 anos. Em 1766, o país criou a primeira lei da transparência do mundo: caberia à própria população, e a uma imprensa livre, patrulhar os desvios dos poderosos e seus acólitos. O acesso público aos documentos oficiais do governo era agora um direito constitucional de todos os cidadãos, assegurado em um capítulo especial da Lei de Liberdade de Imprensa sueca, que seria promulgada um quarto de século antes da proclamacão da liberdade de imprensa pelos revolucionários franceses.

Um dos ideólogos da lei sueca de transparência, Anders Nordencrantz, defendeu assim o fim do sigilo das coisas do poder:

— Não me ocupei aqui com o que um dignatário do estado possa ter feito ou queira fazer, mas somente com o mal que ele é capaz de fazer, com o apoio da lei, caso deseje fazê-lo. Porque não é absolutamente para tal fim que as leis de um povo livre devem ser constituídas.

Está escrito na Constituição sueca: "Todo cidadão tem acesso aos documentos oficiais do poder". A lei da transparência sueca varre todas as instâncias do poder, garantindo aos cidadãos amplo acesso às informações das instituições e dos indivíduos que tomam decisões em seu nome.

Conhecida na Suécia como o Princípio do Acesso Público (*Offentlighetsprincipen*), a lei reduz o fosso entre governantes e governados, e cerceia as oportunidades de corrupção. Ou seja, torna menos cômodo o ato de roubar.

Na sociedade sueca é possível rastrear os gastos de ministros, deputados, vereadores ou juízes; ler os *e-mails* e as correspondências oficiais do primeiro-ministro; verificar as despesas do comissário-chefe da Polícia Nacional ou do

Comandante Supremo das Forças Armadas; checar dados do imposto de renda de qualquer autoridade; saber como os diferentes órgãos públicos estão gastando o dinheiro dos impostos, e também acompanhar atos, moções e decisões oficiais de qualquer um dos poderes do reino.

A base fundamental da lei da transparência sueca, segundo a Constituição, é que a abertura é a regra, e o segredo, a exceção. A esmagadora maioria dos documentos oficiais deve ser aberta ao público. As exceções à regra estão discriminadas na chamada Lei do Sigilo, que permite classificar como secretos os documentos relacionados a questões como assuntos de segurança nacional ou relações internacionais, política fiscal, processamento de crimes ou a privacidade individual — como o registro médico de uma pessoa. Um documento pode ser mantido em segredo durante um período entre dois e setenta anos.

Qualquer recusa de uma autoridade em fornecer acesso a um documento oficial pode ser contestada nos tribunais — incluindo documentos arquivados como secretos. Em 2004, o governo classificou como sigilosa a lista dos suecos mortos e desaparecidos na tragédia do *tsunami* que abalou o sudeste asiático, matando mais de 230 mil pessoas. O motivo alegado era evitar o risco de que as casas dos desaparecidos fossem roubadas. Mas a decisão do governo foi derrubada pelo Tribunal Superior Administrativo. Os nomes foram divulgados.

Nos eventuais embates judiciais em torno da abertura de documentos, a lei é clara: não é a pessoa que solicita a informação que deve provar que tem direito a ter acesso a tal informação. Cabe especificamente à autoridade que negou a informação justificar, perante a lei, por que razão um documento não pode ser fornecido.

— O acesso a documentos oficiais é um direito crucial do cidadão, e o principal mecanismo do sistema para deter a corrupcão e o mau uso do dinheiro dos contribuintes — diz Göran Lambertz, um dos dezesseis magistrados da Suprema Corte da Suécia.

Certos limites são, porém, intransponíveis.

— Se, por exemplo, o Ministério da Defesa sueco enviar uma correspondência às autoridades do Brasil a respeito de uma possível venda dos caças suecos Gripen ao país, essa informação pode ser pública, mas dependendo da natureza de tal comunicação, existe a possibilidade de que possa ser considerada sigilosa — observa Lambertz.

Telefono para o *Skatteverket*, a Autoridade Fiscal sueca, a fim de verificar a extensão do sigilo em torno do líder da Suécia. A funcionária confirma que posso obter os dados gerais da declaração de renda do primeiro-ministro, Fredrik Reinfeldt. Cinco dias depois, uma cópia do espelho da declaração é postada na minha caixa de correio, com a seguinte mensagem: "Anexo a esta carta, encontra-se o documento que qualquer pessoa tem o direito de obter no *Skatteverket*, e que mostra o quadro público da declaração de renda do primeiro-ministro Fredrik Reinfeldt".

Para quem quer obter informações oficiais mas tem impedimentos, como dificuldades de fala ou memória, o Governo disponibiliza um serviço especial. É o sistema Teletal, em que funcionários treinados intermediam os contatos entre este grupo de cidadãos e as autoridades públicas. Um cidadão com problemas de fala, por exemplo, pode telefonar para o Teletal e pedir ajuda. O funcionário liga então para o órgão com o qual o cidadão precisa se comunicar, auxilia na conversa a três, e faz, inclusive, anotações das informações recebidas, caso a pessoa também tenha dificuldades para escrever.

As regras da transparência obrigam ainda ministros e deputados suecos a divulgar seus eventuais investimentos privados em empresas dos mercados de ações, a fim de evitar conflitos de interesse. A lista do portfólio de ações dos políticos é publicada e atualizada regularmente.

Na lógica da transparência sueca, os atos do poder devem ser abertos de forma a que os cidadãos possam escolher a informação que desejam obter, sem se tornarem reféns dos meios de comunicação. E para garantir a diversidade de opiniões na sociedade, desde a década de 1970 o governo sueco fornece generosos subsídios a todos os jornais do país — pequenos, médios e grandes.

Os cães de guarda do aparato da transparência são o *Ombudsman* (Ouvidor) do Parlamento e o do Governo. Também criadas há mais de dois séculos, essas duas instituições supervisionam o cumprimento da lei de acesso às informações pelos órgãos públicos e os tribunais do país, recebem queixas da população e processam ou passam descomposturas nas autoridades que violam as regras de abertura. O sistema de controle do poder inclui ainda auditorias independentes das contas de todas as empresas públicas financiadas com o dinheiro dos contribuintes, em relatórios que podem ser acessados via internet. Os relatórios financeiros anuais dos partidos políticos são auditados por empresas privadas, como a Price Waterhouse Coopers, um dos gigantes globais de auditoria, e — embora ainda sem identificar as fontes minoritárias de doações privadas, o que só está previsto a partir de 2014 — estão também disponíveis na página oficial das siglas na internet.

A ideia é garantir uma sociedade aberta para todos, com acesso a informações sobre o que acontece dentro dos muros do poder. O pioneiro modelo sueco de transparência tornou-se referência para as demais democracias, e é considerado por muitos como o sistema mais aberto do mundo. Mas não é, como nada parece ser na existência terrena, perfeito.

— A burocracia é sigilosa por natureza, como já dizia Max Weber — reflete o cientista político sueco Rune Premförs, enquanto sorve pausadamente seu café no pequeno escritório da Universidade de Estocolmo. — Não tenha dúvida: as autoridades sempre vão tentar evitar tornar públicos os seus atos.

Obstruções à lei da transparência também ocorrem na Suécia. Nesses tempos de longa e duradoura paz no país, certos setores do poder público sueco parecem admirar uma velha máxima do ex-*premier* britânico Winston Churchill: "Em tempos de guerra, a verdade é tão preciosa que deve sempre ser protegida por uma escolta de mentiras".

Alguém mentiu, em 2012, ao negar o conhecimento do governo sobre o envolvimento de uma agência militar sueca em um acordo para a construção de uma fábrica de armas na Arábia Saudita. O acordo secreto foi revelado pela rádio pública *Sveriges Radio*, que descobriu, em seguida, que o *e-mail* que atestava o conhecimento do governo sobre a transação teria sido omitido do registro oficial. O *e-mail* acabou sendo descoberto nos registros oficiais da agência militar sueca. Oficialmente, as exportações militares para a Arábia Saudita não são proibidas na Suécia. Mas o segredo em torno das negociações, sem o conhecimento da opinião pública, gerou uma onda de críticas que culminou com a renúncia do ministro da Defesa, Sten Tolgfors.

As derrapagens do poder na rota da transparência, como o desastre que vitimou Tolgfors, provocam revolta e dores torácicas agudas nos jornalistas suecos. O volume das críticas às autoridades públicas varia em diferentes níveis de decibéis. Entre os espasmos de indignação, porém, repórteres e cientistas políticos afirmam que a antiquíssima lei da transparência sueca, que inspirou tantas nações a levantar o véu do segredo sobre seus atos, ainda faz da Suécia um dos países mais abertos do mundo.

Mas vigiar o poder é preciso, dizem os suecos. E é uma guerra de todos os dias:

— Nenhuma lei de transparência tem valor sem uma população vigilante — avisa o cientista político Rune Premförs.

Para o cientista político Premförs, o poder sempre evitará tornar públicos os seus atos.

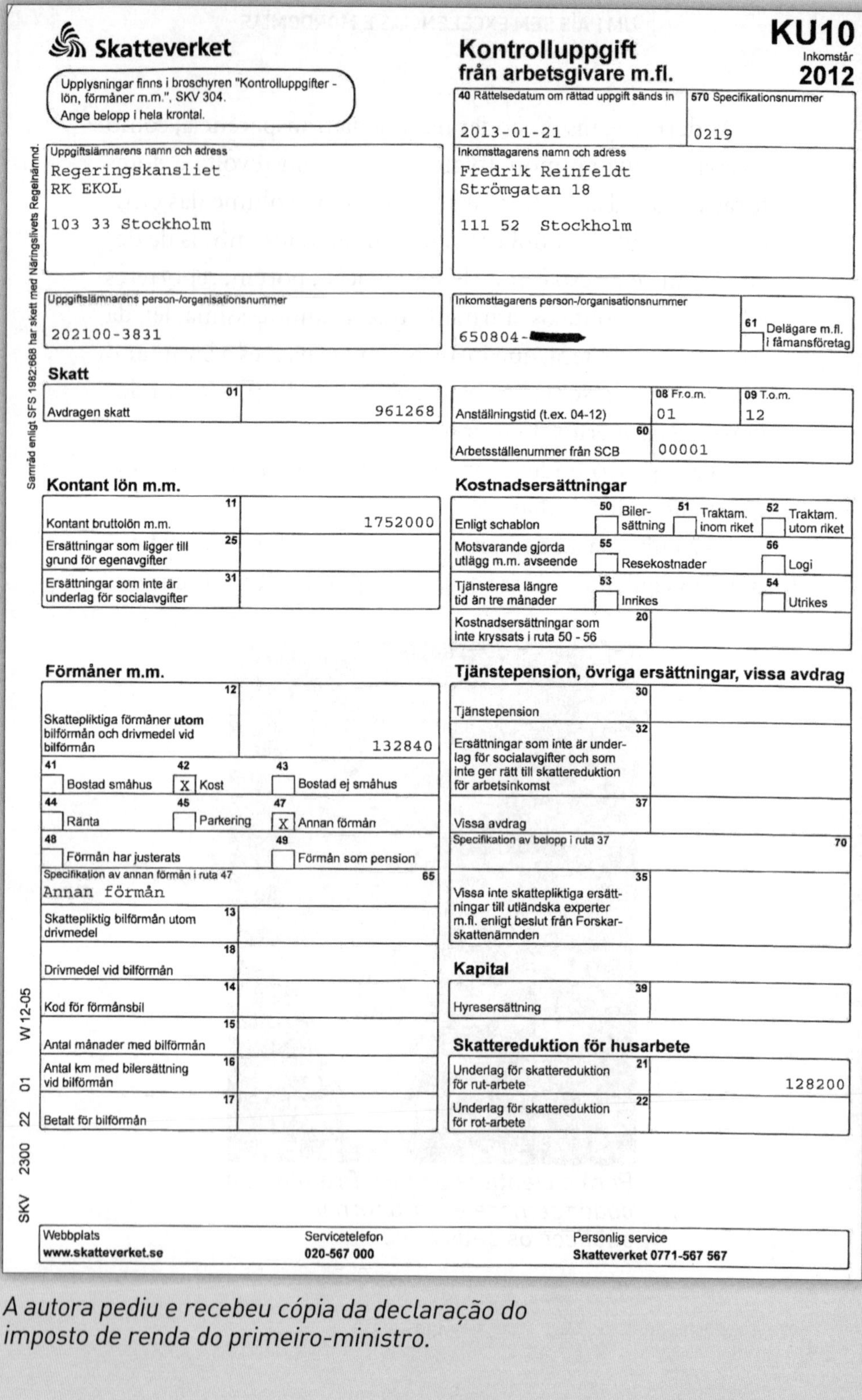

Skatteverket

Kontrolluppgift från arbetsgivare m.fl.

KU10 Inkomstår **2012**

Upplysningar finns i broschyren "Kontrolluppgifter - lön, förmåner m.m.", SKV 304.
Ange belopp i hela krontal.

Samråd enligt SFS 1982:668 har skett med Näringslivets Regelnämnd.

40 Rättelsedatum om rättad uppgift sänds in	570 Specifikationsnummer
2013-01-21	0219

Uppgiftslämnarens namn och adress	Inkomsttagarens namn och adress
Regeringskansliet RK EKOL 103 33 Stockholm	Fredrik Reinfeldt Strömgatan 18 111 52 Stockholm

Uppgiftslämnarens person-/organisationsnummer	Inkomsttagarens person-/organisationsnummer	61 Delägare m.fl. i fåmansföretag
202100-3831	650804-[illegible]	

Skatt

Avdragen skatt	01	961268

	08 Fr.o.m.	09 T.o.m.
Anställningstid (t.ex. 04-12)	01	12
Arbetsställenummer från SCB 60	00001	

Kontant lön m.m.

Kontant bruttolön m.m.	11	1752000
Ersättningar som ligger till grund för egenavgifter	25	
Ersättningar som inte är underlag för socialavgifter	31	

Kostnadsersättningar

Enligt schablon	50 Bilersättning / 51 Traktam. inom riket / 52 Traktam. utom riket	
Motsvarande gjorda utlägg m.m. avseende	55 Resekostnader / 56 Logi	
Tjänsteresa längre tid än tre månader	53 Inrikes / 54 Utrikes	
Kostnadsersättningar som inte kryssats i ruta 50 - 56	20	

Förmåner m.m.

Skattepliktiga förmåner **utom** bilförmån och drivmedel vid bilförmån	12	132840

41 Bostad småhus — 42 [X] Kost — 43 Bostad ej småhus
44 Ränta — 45 Parkering — 47 [X] Annan förmån
48 Förmån har justerats — 49 Förmån som pension

Specifikation av annan förmån i ruta 47 — 65
Annan förmån

Skattepliktig bilförmån utom drivmedel	13	
Drivmedel vid bilförmån	18	
Kod för förmånsbil	14	
Antal månader med bilförmån	15	
Antal km med bilersättning vid bilförmån	16	
Betalt för bilförmån	17	

Tjänstepension, övriga ersättningar, vissa avdrag

Tjänstepension	30	
Ersättningar som inte är underlag för socialavgifter och som inte ger rätt till skattereduktion för arbetsinkomst	32	
Vissa avdrag	37	
Specifikation av belopp i ruta 37	70	
Vissa inte skattepliktiga ersättningar till utländska experter m.fl. enligt beslut från Forskarskattenämnden	35	

Kapital

Hyresersättning	39	

Skattereduktion för husarbete

Underlag för skattereduktion för rut-arbete	21	128200
Underlag för skattereduktion för rot-arbete	22	

SKV 2300 22 01 W 12-05

Webbplats	Servicetelefon	Personlig service
www.skatteverket.se	**020-567 000**	**Skatteverket 0771-567 567**

A autora pediu e recebeu cópia da declaração do imposto de renda do primeiro-ministro.

A TRANSPARÊNCIA NO GOVERNO

Faz sentido, para um país europeu neutro que foi à guerra pela última vez em 1814, ter uma via chamada rua da Paz. A discreta Fredsgatan cruza o coração do poder na capital sueca, passando pelos escritórios do Ministério das Relações Exteriores e abre a visão, a meio caminho, para a grandiosa arcada do Parlamento. Na extremidade da rua que conduz à beleza solar do lago Mälaren, a bandeira sueca tremula sobre Rosenbad, a sede do Governo. Ali, na calçada oposta, o Registro Central dos atos do poder está aberto ao público.

No saguão principal, o funcionário mostra a lista da correspondência diária e dos *e-mails* oficiais do primeiro-ministro, que podem ser lidos por qualquer pessoa. Não é preciso se identificar, e nem revelar o motivo da busca de informações. Nem tudo é aberto. Mas a entrega da informação, assim diz a lei, deve ser rápida.

— Temos ordens para processar os pedidos o mais rapidamente possível — diz o funcionário Patrik Jakobsson.

O arquivo de documentos oficiais é gigantesco. Com o título pouco sucinto de *Regeringskansliets Arkivsupport och forskarsal*, o Registro Central do governo concentra informações sobre os ministros, o primeiro-ministro e as ações do poder Executivo. O arquivo é constantemente atualizado, para permitir o acesso a documentos e decisões governamentais tomadas pelos diferentes ministérios. Para obter um documento de forma mais rápida, no momento em que ele é finalizado, pode-se contatar de imediato o ministério em questão.

Na sala de computadores do Registro Central, é possível rastrear documentos como atos e propostas governamentais, a aplicação de recursos públicos, os custos do governo, relatórios ministeriais, balanços e demonstrativos contábeis, as diretrizes para o orçamento da União e toda espécie de documentação produzida pelo governo — à exceção das informações caracterizadas, segundo a lei do sigilo, como secretas.

Sala com as pastas individuais de prestações de contas de cada parlamentar, incluindo o presidente do parlamento.

— Documentos que possam ser considerados sigilosos, como certas comunicações entre o primeiro-ministro e chefes de estado estrangeiros, não podem, em princípio, ser acessados — avisa o funcionário.

Peço para verificar as prestações de contas mais recentes do primeiro-ministro, Fredrik Reinfeldt. Uma delas traz a nota fiscal de um almoço entre o primeiro-ministro e o presidente do Banco Central sueco. Como é obrigatório em todas as prestações de contas de políticos na Suécia, o documento mostra a lista com o nome dos participantes, o local e o motivo do evento, e a relação itemizada do que foi consumido: neste caso, dois pratos executivos no restaurante de Rosenbad, duas porções de *petit four*, e duas garrafas de água mineral da marca Ramlösa. A conta: 770 coroas suecas (cerca de 117 dólares).

Outra nota fiscal do restaurante da sede do Governo acompanha a prestação de contas pelo café com bolos oferecido por Reinfeldt durante reunião com embaixadores e encarregados de negócios da União Europeia. A lista detalhada com os nomes dos catorze participantes do governo sueco, assim como dos trinta e um convidados estrangeiros, é acompanhada pela conta no valor de 3.440 coroas suecas (aproximadamente 526 dólares) pelo serviço de café, água mineral e bolinhos.

Em um dos computadores da Central, busco a lista mais recente dos investimentos privados do primeiro-ministro e seus ministros, que é publicada duas vezes ao ano. Recebo mais tarde uma cópia da lista, de seis páginas. Entre as aplicações financeiras do primeiro-ministro, verifico que há papéis do *SEB Choice Latinamerikafond*, o fundo de investimentos do banco sueco *SEB* (*Skandinaviska Enskilda Banken*) na América Latina.

Folheio a lista da correspondência diária do primeiro-ministro, e vejo, entre outras cartas, um convite para uma recepção oferecida pelo presidente americano, Barack Obama. Entre os *e-mails* do dia, estão principalmente mensagens enviadas por instituições e cidadãos. Como a de um homem que, ao reclamar dos impostos aplicados sobre as aposentadorias na Suécia, avisa Reinfeldt: — Os aposentados vão derrubar o seu governo nas próximas eleições.

E-mails de trabalho, como as mensagens trocadas entre Reinfeldt e seus ministros, não podem ser lidos pelo público.

— Mas em sua maioria, as mensagens que contêm um ato oficial aprovado são consideradas documentos oficiais, e, portanto, públicos — diz o funcionário.

— E se o primeiro-ministro estiver em viagem, é possível ler a correspondência até mesmo antes dele — acrescenta Jakobsson.

O serviço é gratuito. Como em qualquer agência governamental, as informações podem ser solicitadas também via telefone, *e-mail*, fax ou carta. É possível ainda requisitar vídeos, CDs e gravações relacionadas a temas específicos. Cópias de documentos oficiais podem ser obtidas gratuitamente, até o limite de nove páginas. Acima deste limite, é cobrada uma taxa de duas coroas suecas (30 centavos de dólar) por página.

A Central abriga todos os documentos oficiais do Executivo datados a partir de 1997. A documentação mais antiga é mantida no Arquivo Nacional do país. Quem busca uma informação específica no poder Executivo, pode se dirigir diretamente a um ministério: cada pasta do Governo, assim como todos os órgãos governamentais, possui um setor de atendimento especificamente para lidar com pedidos de informações dos cidadãos sobre documentos oficiais.

Deixo a Central de Registros com as cópias dos *e-mails* do primeiro-ministro debaixo do braço, e sigo pela Fredsgatan em direção à agência que fiscaliza, a poucos blocos dali, as despesas dos parlamentares.

DE OLHO NOS GASTOS DOS PARLAMENTARES

— Os jornalistas estão sempre por aqui — diz a funcionária com um sorriso zelosamente cortês, ao me receber no pequeno *hall* de entrada vigiado por um segurança uniformizado. Caminhamos pelas instalações do *Ledamotsservice* (Serviços Parlamentares), o órgão parlamentar que controla as despesas e as prestações de contas de todos os membros do Parlamento.

No fim do corredor, uma sala dominada por longas prateleiras guarda os relatórios de comprovação de gastos e as notas fiscais orginais apresentadas pelos parlamentares. São grandes arquivos individuais, com os nomes de cada um dos 349 parlamentares. Há também uma pasta com o nome de Per Westerberg, o Presidente do Parlamento — e ocupante do cargo mais alto do país. Na hierarquia sueca, o presidente do Parlamento está acima do primeiro-ministro, e abaixo apenas do Rei, que detém uma função protocolar de chefe de estado. Ao contrário de outras democracias parlamentares, na Suécia é o presidente do Parlamento, e não o chefe de estado, quem nomeia ou exonera o primeiro-ministro.

Qualquer cidadão pode vir aqui e folhear as pastas, ou pedir informações via telefone, internet, fax ou correspondência.

— A razão principal do nosso trabalho é garantir que o dinheiro dos contribuintes não seja desperdiçado pelos parlamentares — diz Anna Aspegren, a chefe do setor. — Eles estão no Parlamento para fazer um uso eficiente do dinheiro de quem paga impostos, e queremos que essas regras sejam seguidas.

Transaction details

Transaction number: 29065232 **Invoice number:** 312 **AP/AR ID:** 11106 **Invoice date:** 18.09.2009

Sabis RESTAURANGER

Sidnr 1

FAKTURA

Fakturadatum	Kund/Fakturanr
09-09-18	42001 / 369764
Vårt Orderdatum	Ordernr
09-09-16	0001604801-2

Köpare	Leveransadress
REGERINGSKANSLIET FÖRVALTNINGSAVDELNINGEN RK EKONOMI 103 33 STOCKHOLM	REGERINGSKANSLIET FÖRVALTNINGSAVDELNINGEN RK EKONOMI 103 33 STOCKHOLM

REGERINGSKANSLIET
Förvaltningsavdelningen
Ink 2009 -09- 21
RK Ekonomi

Lev.dat: 09-09-16
Rekv/Best. av:
Res/Kst: 11040
Namn: Heidi Kumlin
Tjst:

Ert Orgnr	Ert reg.nr moms
Betalningsvillkor	Betalas senast
30 DAGAR NETTO	09-10-18

Reg. nr moms SE556165988801 Innehar F-skattebevis Efter förfallodagen debiteras dröjsmålsränta och lagstadgad påminnelseavgift

Specifikation	Antal	À-pris ink.moms	Belopp ink.moms	Moms %	Belopp exkl.moms
Rest.Rosenbad Tel 4054527 Ref:					
Enl bif nota (avd420) Rest. Rosenbad	1	770,00	770,00	25,00	616,00
		SUMMA INKÖP	770,00		616,00
		MOMS	25,00%		154,00
SUMMA ATT BETALA		SEK			770,00

Sabis AB	Telefon	Telefax	Org. nr	Styrelsens säte	Swift code	NDEASESS	PG 1119-6
Box 7039	08 587 050 00	08 587 050 60	5561659888	Stockholm	Bank account	3214-1707 765	
121 07 Stockholm Globen					Bank name	NORDEA	BG 169-7250
					City	Stockholm	

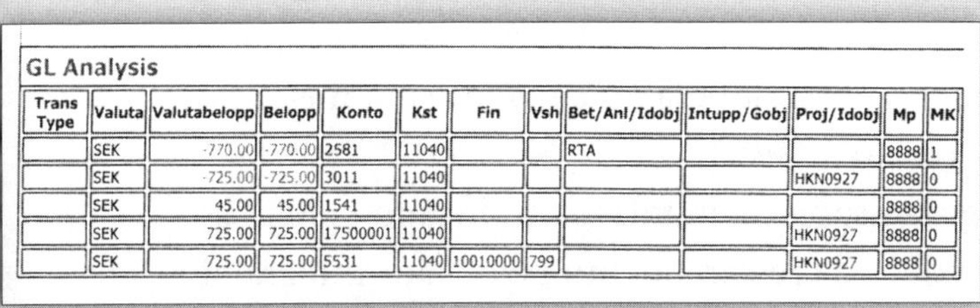

GL Analysis

Trans Type	Valuta	Valutabelopp	Belopp	Konto	Kst	Fin	Vsh	Bet/Anl/Idobj	Intupp/Gobj	Proj/Idobj	Mp	MK
	SEK	-770.00	-770.00	2581	11040			RTA			8888	1
	SEK	-725.00	-725.00	3011	11040					HKN0927	8888	0
	SEK	45.00	45.00	1541	11040						8888	0
	SEK	725.00	725.00	17500001	11040					HKN0927	8888	0
	SEK	725.00	725.00	5531	11040	10010000	799			HKN0927	8888	0

Regeringskansliet
Rosenbad
Sebis AB
08-405 45 27
Org.nr:556165-9888

Kassör: Kassör 2
Tid: 090916 14:55 Enhet/Kassanr: 1/2
Följesedel

5003 2RATTERS
2 * 350.00 700.00
8009 PETIT FOUR
2 * 25.00 50.00
13001 RAMLOSA
1 * 20.00 20.00

Summa 770.00

FAKTURA 770.00

MOMS	Ex MOMS	Bel MOMS	Summa
25.00 %	616.00	154.00	770.00
Summa	616.00	154.00	770.00

***
Tack för besöket välkommen åter
***

No setor de Serviços Parlamentares, é possível folhear as pastas com as despesas e notas fiscais dos deputados.

— Cada prestação de contas do Presidente do Parlamento e dos demais parlamentares — diz Anna — é minuciosamente verificada pelos dez funcionários do setor.

— Se os parlamentares dão informações incompletas ou imprecisas sobre uma determinada nota fiscal, ligamos e pedimos explicacões — fala uma das funcionárias.

Mas são raras as incorreções nas prestações de contas, diz a chefe do setor.

— A nossa percepção é de que os deputados não estão preocupados em trapacear, e sim em fazer a coisa certa. Por isso, é muito raro termos discussões com eles. Quando identificamos algum tipo de incongruência ou imprecisão e contactamos o parlamentar em questão, na maior parte dos casos eles nos agradecem por apontar o erro. Até porque os erros são geralmente descobertos pelos jornalistas que rondam por aqui — observa Anna Aspegren.

Bem que o *Ledamotsservice* tentou avisar o então líder do partido Social-Democrata, Håkan Juholt: se de fato ele estava dividindo o apartamento funcional com a companheira, Håkan não poderia solicitar ressarcimento pelo valor integral do aluguel — a namorada teria que pagar a metade da conta para morar no imóvel.

— Um dos assessores de Juholt foi notificado pelo nosso setor, mas o pedido de ressarcimento pelo valor integral do aluguel continuou a ser enviado. Os jornalistas vieram aqui e descobriram. E Juholt teve que enfrentar o escândalo — lembra Aspegren.

São aparentemente poucas, no entanto, as oportunidades de roubar. Deputados suecos não dispõem, por exemplo, de verbas de representação para promover confraternizações ou pagar a conta de restaurantes de luxo.

— Não, de jeito nenhum — inquieta-se Anna na cadeira. O presidente do Parlamento, por sua vez, tem à sua disposição uma verba de representação anual para gastos como recepções a visitantes estrangeiros e jantares com embaixadores. Em 2013, o orçamento para esta verba de representação foi de 1,12 milhão de coroas suecas (cerca de 171 mil dólares).

Nas viagens ao exterior, as faturas de bilhetes e hotéis são enviadas diretamente pela agência de viagens do Parlamento ao *Ledamotsservice.* Antes de efetuar o pagamento, os funcionários do órgão fazem uma checagem entre os dados recebidos pela agência e o relatório de viagem apresentado pelo deputado.

— Não há um excesso de faturas, porque não há muitas coisas que os deputados estão autorizados a gastar. No caso das viagens, não há possibilidade de falsificar notas fiscais, uma vez que os bilhetes e hotéis são marcados pela agência de viagens do Parlamento — diz Anna.

Quando um deputado viaja dentro da Suécia, ele sabe que deve escolher a forma mais econômica possível para atingir o destino. As diretrizes do manual de viagens dos deputados também mandam que o parlamentar considere, ao planejar o percurso e os meios de transporte, os prováveis impactos sobre o meio ambiente. Mas ninguém é sabatinado sobre a aplicação das regras.

— Em princípio, os parlamentares têm liberdade para decidir. Nós não cobramos. Mas eles têm que explicar aos eleitores por que preferiram pegar um avião, por exemplo. E os eleitores vão, com certeza, julgá-lo por isso — diz Anna.

— Recentemente, um deputado teve que explicar nos jornais por que tomou um avião, quando outros parlamentares foram de trem para o mesmo destino. Quando os deputados desperdiçam dinheiro e ignoram a preocupação em preservar o meio ambiente, as pessoas aqui na Suécia sentem muita raiva — ela acrescenta, dizendo que cidadãos também costumam frequentar o *Ledamotsservice* ou entrar em contato com o órgão em busca de informações sobre os gastos dos deputados.

A deputada Eva Flyborg, do Partido Liberal (*Folkpartiet*), reconhece a pressão da mídia.

— Certa vez, peguei um táxi para participar de uma reunião, porque estava carregando muitos documentos e estava um pouco atrasada. E os jornalistas me perguntaram, "Por que você veio de táxi, se todos os outros chegaram caminhando depois de pegar o ônibus?". A mídia investiga os políticos todo o tempo, e nos faz lembrar que nós não devemos gastar o dinheiro dos contribuintes desnecessariamente. E isso é bom — diz Eva.

Mas no geral, segundo Anna Aspegren, o trabalho no *Ledamotsservice* se desenvolve sem fricções ou brigas selvagens com os políticos.

— Serão as regras rígidas de controle que tornam o sistema mais limpo, ou será a existência, entre a maioria dos políticos suecos, de uma moral que rejeita a compulsão de roubar ou se aproveitar do dinheiro público? — pergunto.

— Suponho que são as duas coisas — diz Anna Aspergren. — Mas nós checamos tudo, sempre. E os deputados têm que comprovar todas as despesas, com notas fiscais de empresas que também são verificadas. Portanto, não sobra muito espaço para ser desonesto.

QUASE UM PARAÍSO

— O sistema é quase um paraíso — diz o diretor de informação do jornal *Svenska Dagbladet*, Björn Hygstedt. Björn já abateu várias autoridades em sua carreira, usando como arma a lei da transparência e o acesso público aos documentos oficiais. Entre suas vítimas está um alto comandante militar sueco que teve que ser demitido, nas palavras do jornalista, "por ter usado o dinheiro dos contribuintes para dar festas e alugar carros de luxo". Mas o acesso às informações não é sempre rápido, nem garantido.

— Obstruções acontecem — diz Björn. — A lei da transparência sueca é única em sua amplitude e abertura. Mas certas autoridades têm o vício do sigilo desnecessário.

Crítica igual vem do juiz da Suprema Corte sueca, Göran Lambertz, que entre 2001 e 2009 ocupou o cargo de Provedor de Justiça — um dos guardiões do cumprimento às normas da transparência.

— Às vezes, alguns servidores públicos acham que podem manter certas informações em segredo, e por isso nem sempre o sistema funciona de forma eficiente — diz Lambertz. — Mas o princípio da transparência é um sistema que, em grande medida, funciona como deve — afirma ele.

O premiado jornalista Nils Funcke, considerado um dos principais especialistas na lei da transparência sueca, concorda. — É um sistema extraordinário, que funciona há mais de 200 anos na Suécia e que dá aos cidadãos inúmeras possibilidades de fiscalizar as autoridades públicas. Mas queremos mais desse sistema. Queremos que ele seja perfeito — diz Funcke.

É fato, na avaliação de Nils Funcke, que na aplicação da lei da transparência sueca a regra é a abertura, e o segredo, a exceção.

— A maior parte das autoridades leva muito a sério o princípio de acesso público às informações oficiais. E muitas agem de forma quase perfeita, incluindo todos os tribunais de Justiça — afirma o jornalista.

Pergunto a Funcke se o Judiciário sueco é de fato limpo, e ouço mais uma vez, na Suécia, a mesma frase:

— Nunca ouvi falar de juiz corrupto na Suécia. Mas há brechas no sistema geral da transparência — aponta Nils.

— Um dos problemas é que muitos servidores públicos têm medo de fazer alguma coisa errada ao liberar uma informação. Portanto, acabam adotando uma posição de cautela exagerada. E algumas autoridades públicas não processam o pedido de informação com a rapidez que deveriam. Outras usam demais o carimbo do segredo. Há também chefes de autoridades públicas, como a polícia, que orientam os funcionários a não falar demais. E isso é contra a lei — observa.

Nils Funcke mantém o dedo no gatilho. Em 2006, ele provocou a renúncia da ministra das Relações Exteriores, Laila Freivalds, usando a lei da transparência.

A MINISTRA E O PROFETA

Politicamente falando, Laila Freivalds respirava por aparelhos desde aquela infeliz decisão de ir ao teatro na hora errada de um dia fatal. Era 26 de dezembro de 2004. Desde a manhã daquele dia, chegavam notícias aterradoras sobre a fúria do *tsunami* que se abatia sobre a costa do sudeste asiático. Suecos feridos agonizavam em hospitais da Tailândia. Milhares de pessoas estavam desaparecidas. Em pânico diante das informações da tragédia, muitos tentam buscar notícias de familiares perdidos por meio da central telefônica do Ministério das Relações Exteriores sueco, onde os poucos funcionários de plantão têm tanta informação para dar quanto os padeiros que trabalham neste dia de feriado nacional. Enquanto a ministra das Relações Exteriores assiste à peça teatral, um mundo em choque acompanha na TV, estarrecido, as imagens quase apocalípticas da tragédia.

Quando o mar recuou, mais de 230 mil pessoas estavam mortas. Entre elas, 543 suecos. Cartas e mais cartas chegaram à sede do Governo sueco, pedindo a renúncia

© JORNAL AFTONBLADET

A ex-ministra Freivalds: depois do tsunami, derrubada pela lei da transparência.

da ministra Laila Freivalds pela medíocre atuação diante de um dos mais mortais desastres naturais da história. Freivalds desculpou-se publicamente pela ida ao teatro. E, ao contrário das mais de 500 vítimas suecas, sobreviveu ao cataclismo. Mas pouco mais de um ano depois, seria o dia da caça. Se as gigantescas ondas do *tsunami* não derrubaram Laila, a tarefa caberia, emblematicamente, ao profeta Maomé.

Em setembro de 2005, o jornal dinamarquês *Jyllands-Posten* deflagrou uma onda de protestos no mundo árabe ao publicar doze caricaturas do profeta sagrado da religião islâmica. Desta vez, Laila Freivalds estava mais atenta ao noticiário. Embaixadas da Dinamarca eram incendiadas, milhões de pessoas saíam às ruas em países de maioria muçulmana, e a União Internacional de Ulemás muçulmanos incitava um boicote total contra produtos dinamarqueses.

Os protestos cresciam à medida que jornais ocidentais, em nome da liberdade de expressão, também publicavam desenhos do profeta Maomé. Bandeiras do Ocidente eram agora queimadas, e diferentes missões diplomáticas atacadas por multidões indignadas.

Na Suécia, Laila iria tomar outra decisão infeliz. Quando a edição eletrônica do jornal *SD Kuriren* publicou uma caricatura do profeta Maomé em fevereiro de 2006, o Ministério das Relações Exteriores resolveu censurar a publicação. O *SD Kuriren* é o jornal oficial do partido de extrema-direita sueco, sigla batizada singelamente como Democratas da Suécia (*Sverigesdemokraterna*), e que àquela altura iniciava a sua perturbadora ascensão política no país.

Logo em seguida à publicação da caricatura, um dos assessores da ministra, Stefan Amér, contacta a empresa Levonline, proprietária do servidor que hospedava a página do *SD Kuriren* na internet. A polícia secreta sueca, Säpo, também aborda a empresa. No dia seguinte, a Levonline retira do ar o *SD Kuriren*, fechando o *website* dos Democratas da Suécia. Era uma intrusão na constitucional liberdade de imprensa, e críticas choveram sobre o ministério. Laila Freivalds jurou que não sabia de nada: o assessor agira por conta própria, sem o seu consentimento.

— Não posso saber o que todos os funcionários fazem — disse Laila. Ela mentia.

— Desconfiei que a ministra não estava dizendo a verdade. A questão agora era como provar isso — conta Nils Funcke, o autor da reportagem que levou à queda de Freivalds.

Funcke entrou em contato com o Provedor de Justiça, e descobriu que a autoridade já havia emitido um pedido de explicações ao Ministério das Relações Exteriores e à polícia secreta sobre o fechamento do *website*.

— Pela lei da transparência, a comunicação oficial entre autoridades do estado é pública — observa Funcke.

— Contactei então diariamente o Provedor de Justiça, até que a resposta do Ministério das Relações Exteriores foi enviada a ele. Li o comunicado e constatei que, em quatro palavras, "após consulta com a ministra", o texto atestava que o assessor do ministério havia agido com a aprovação da ministra Laila Freivalds — relata Funcke.

A mentira de Laila, revelada pelo jornalista na publicação *Riksdag&Departement*, produziu ondas sísmicas no país.

Laila foi reportada à Comissão de Constituição do Parlamento (KU). Dias depois, a renúncia da ministra era anunciada. A página oficial dos Democratas da Suécia voltou ao ar, após permanecer seis dias interditada. E nas eleições de 2010, o partido da extrema-direita conquistaria pela primeira vez na história uma bancada no Parlamento, impedindo que a aliança de centro-direita alcançasse a maioria absoluta.

— Usei o princípio da transparência para ter acesso ao comunicado oficial do Ministério da Justiça, e não tive nenhum problema em obter a informação assim que ela foi emitida — diz Funcke, que naquele ano conquistou o prêmio máximo do jornalismo sueco.

Em certos casos, as informações precisam ser arrancadas com a foice da Justiça. Foi o que aconteceu em 2005, quando as autoridades acharam que os planos de construção da nova casa do então primeiro-ministro Göran Persson podiam ser ocultados como um segredo de estado.

A MANSÃO SECRETA DO PRIMEIRO-MINISTRO

O involuntário plantão de sábado mal começara naquela manhã de 2005, quando o telefone tocou na redação da TV pública *SVT*. Era o primeiro-ministro da época, o social-democrata Göran Persson. — A minha casa não é uma mansão — jurava ele do outro lado da linha.

— O serviço de teletexto da *SVT* tinha acabado de noticiar que o primeiro-ministro havia comprado uma mansão — conta Mats Knutson, comentarista político do canal, durante nosso encontro no saguão do Parlamento sueco.

A notícia era terrível: para um político na Suécia, comprar mansão não é coisa que se faça sem ser pregado em uma cruz pela mídia e o eleitorado. Principalmente em se tratando de um político social-democrata. Persson deveria saber: na campanha eleitoral de 2002, ele próprio havia crucificado o líder do Partido Conservador, Bo Lundgren, pela compra de uma casa mais cara do que a média.

— Como é que você, que comprou uma casa de 6 milhões de coroas suecas (cerca de 920 mil dólares), pode entender a situação em que vivem os cidadãos comuns? — atacara Göran Persson.

Aquela eleição ele venceu, mas agora Persson estava em apuros. Se a casa era de fato uma mansão, o primeiro-ministro quebrava uma tradição figadal da política sueca, e em especial da social-democracia: viver com simplicidade, e, de preferência, nas mesmas condições em que vive o povo. Foi o que sempre fizeram os antecessores de Persson, como Olof Palme. Ingvar Carlsson, outro ex-*premier* sueco, vive até hoje em uma pequena e modesta casa em Tyrelsö, município ao sul de Estocolmo.

Abriu-se, portanto, uma agitada discussão na mídia para determinar se a nova propriedade de Göran Persson era, afinal, uma casa ou uma mansão. Fotografias aéreas, croquis e desenhos da propriedade situada na região de Södermanland, a 160 quilômetros de Estocolmo, foram estampados nos jornais e revistas. Ao folhear as ilustrações, nada me parecia exageradamente luxuoso: as fotos mostravam uma tradicional casa de madeira vermelha, em estilo de fazenda, comum na paisagem rural sueca. Mas o tamanho do terreno incomodava os suecos: 5 mil metros quadrados, segundo o jornal *Aftonbladet*. O preço, mais ainda: 12,5 milhões de coroas suecas (cerca de 1,9 milhão de dólares).

E a situação era pior: Persson tinha planos de renovar a propriedade, e os projetos de construção da nova casa foram classificados pelas autoridades locais como documentos secretos. A polícia secreta sueca, Säpo, argumentou que os projetos deveriam ser mantidos em segredo. Mas a lei da transparência entrou em cena — e um tribunal administrativo mandou as autoridades abrirem o acesso público aos documentos.

"O tribunal retirou o carimbo de segredo dos planos de construção, e agora podemos revelar", escreveu o jornal *Aftonbladet*, ao dar os detalhes: a casa de dois pisos teria 178 metros quadrados por andar, três quartos e dois banheiros, além de quatro lareiras e uma biblioteca. "Göran Persson e

Persson, a mulher e a nova casa: quem compra mansão não pode representar o trabalhismo.

sua mulher poderão sentar-se em uma poltrona e ler um bom livro em uma biblioteca própria, de frente para uma lareira. Ou convidar hóspedes para jantar e beber vinho em uma grande sala de refeições", continuou o artigo, que descia a minúcias na descrição da casa: "A fachada será de madeira, e os tijolos do telhado vão receber um revestimento especial".

Estava decidido: a casa era uma mansão. Göran pisava agora sobre brasas.

"Credibilidade de Persson é ameaçada pelo sonho da mansão", estampou o jornal *Aftonbladet*, que fez uma enquete entre os leitores em sua página na internet: "Pode o primeiro-ministro construir uma casa de luxo e representar o movimento trabalhista?". Três quartos dos participantes responderam "não".

A imprensa descobriria, em seguida, que o primeiro-ministro pretendia aumentar a casa.

"Mansão de Persson fica ainda maior", bateu, de novo, o *Aftonbladet*:

"A construção que já existe no terreno não basta para o primeiro-ministro. Agora ele solicita um alvará para construir na propriedade mais uma casa, um anexo de cinquenta e quatro metros quadrados para hóspedes, e uma garagem".

O custo da renovação: 7 milhões de coroas suecas (cerca de um milhão de dólares). Não havia dúvidas de que o primeiro-ministro e a esposa tinham, certamente, meios próprios para adquirir a casa. Göran Persson, que se separara da mulher, comprara a casa juntamente com a nova esposa, Anitra Sten — que vinha a ser a chefe do *Systembolaget*, a poderosa empresa que controla o monopólio estatal do álcool na Suécia. Torp, o nome da propriedade, era o novo ninho de amor de Göran e Anitra. Mas o problema não era apenas o preço nem o tamanho da casa.

A questão, segundo a comentarista política Lena Mehlin, estava na escolha feita por Persson: o primeiro-ministro adotara o estilo de vida das antigas elites.

"Um bom emprego na cidade. Uma mansão no campo com oportunidades generosas de convidar hóspedes para o fim de semana. Do mesmo jeito que a aristocracia sueca vivia — e em certos casos, ainda vive. Ou os britânicos", escreveu a colunista.

Eram tempos de campanha eleitoral, e na TV pública *SVT* a questão foi colocada diante do primeiro-ministro pelo mediador do debate, Mats Knutson. Göran Persson rejeitou as estatísticas apresentadas por Knutson sobre o aumento da desigualdade econômica na sociedade sueca, e respondeu que a compra de uma propriedade no valor de vários milhões de coroas não o distanciara dos cidadãos.

— Sei tanto sobre os cidadãos comuns como antes — declarou o primeiro-ministro.

Mas há quem diga que a saga da mansão de Torp tenha sido um dos fatores da derrota de Göran Persson, que perdeu as eleições de 2006 para a aliança de partidos de centro-direita.

Göran Persson também perdeu, provavelmente, mais alguns de seus poucos fios de cabelo por causa da nova casa. Foi chamado na delegacia, e interrogado pela polícia, quando se descobriu que ele não tinha apresentado um plano de segurança contra acidentes para os operários que trabalhavam nas obras da propriedade — obrigatório para qualquer construção que se faz na Suécia.

O CASTIGO PARA QUEM É APANHADO: "A CARREIRA POLÍTICA ACABA"

Apesar do impulso nervoso de certas autoridades em usar o carimbo do sigilo, como ocorreu no episódio da casa-mansão do ex-primeiro-ministro Göran Persson, os jornalistas suecos são quase unânimes na avaliação de que os benefícios da lei da transparência sueca ainda são significativamente maiores do que as falhas.

— A lei é uma ferramenta essencial para vigiar o poder e evitar a corrupção na Suécia — pontua o repórter político Mats Knutson.

A respeitada comentarista política Lena Mehlin, do jornal *Aftonbladet*, concorda: — Normalmente, obstruções ao sistema da transparência não ocorrem — diz Lena.

Segundo Mats Knutson, existe a possibilidade de uma autoridade tentar manipular ou retardar o acesso público a uma informação.

— Se um documento é classificado no registro de uma autoridade pública como documento em fase de preparação, por exemplo, ele não pode ser lido. Mas a partir do momento em que uma decisão oficial é tomada, o documento tem que ser aberto — com exceção dos casos previstos na lei do sigilo — diz o comentarista político do canal *SVT*, e também um dos mais respeitados jornalistas do país.

Knutson: "é preciso saber o que procurar e onde investigar".

Pela lei, toda informação oficial deve ser imediatamente disponibilizada no registro central de cada autoridade. Um documento é considerado oficial no momento em que ele é finalizado por uma autoridade. E no instante em que um documento é enviado ou recebido por um órgão, ele também se torna automaticamente oficial.

— Esta é a chave de todo o sistema: assim que um documento é recebido ou enviado de uma autoridade pública para outra, ele se torna um documento oficial, e portanto aberto ao escrutínio público. Para acompanhar o que cada autoridade faz, basta verificar o registro geral de um órgão público — diz o cientista político Rune Premförs.

Esboços ou versões preliminares de uma decisão, por exemplo, não são categorizados como documentos oficiais. Mas quando reunidos no processo de registro de uma decisão adotada, essas versões preliminares também se tornam documentos oficiais.

— Normalmente, os arquivos que contêm uma decisão formal incluem um grande número de documentos preparatórios, o que permite que se tenha uma boa visão do processo decisório — quem propôs e quem decidiu o que. E uma proposta do governo sempre é tornada pública, antes de ser enviada ao Parlamento — acrescenta Premförs.

— É um oceano de documentos — diz Mats Knutson. — É preciso saber o que procurar, e onde investigar. Como repórter, geralmente você recebe uma pista, e começa a investigar. Também é possível controlar as autoridades por meio dos relatórios dos auditores independentes que fiscalizam os órgãos públicos — ele diz.

Para navegar neste vasto oceano de informações públicas, uma ferramenta fartamente usada por jornalistas suecos é o Infotorget, um dos vários provedores suecos de informações *online* sobre quase tudo e todos. Esses provedores concentram um poderoso banco de dados que reúne os arquivos de órgãos, como as autoridades fiscais, o departamento de trânsito, o registro nacional de empresas, e muito mais. Uma rápida consulta permite saber se uma pessoa está em falta com o Fisco, qual é a sua renda, se tem dívidas, se deixou de pagar multas de trânsito, que propriedades possui e se participa de conselhos administrativos de empresas, entre outras informações.

— Basta um clique para descobrir quem tem ficha suja — diz o diretor de informação do *Svenska Dagbladet*. — Essa é uma das primeiras providências que se toma quando o nome de um novo ministro é anunciado.

Em provedores como o Infotorget, é possível verificar informações básicas sobre qualquer pessoa.

— Mas pela lei sueca, se a busca envolver dados mais detalhados sobre um indivíduo, como os seus dados financeiros, temos a obrigação de notificar este indivíduo sobre quem buscou informações sobre ele, e que tipo de informação foi solicitada — diz Christian Olsson, relações-públicas da Infotorget.

A arte de vigiar o poder é ensinada nos bancos da universidade. Quem conta é um dos dirigentes da Associação de Jornalistas Investigativos da Suécia (*Grävande Journalister*), que atende pelo sugestivo nome de Mikael Grill: já recebeu prêmios por grelhar certas autoridades. Encontro Grill na sede da *SVT*, onde ele trabalha como repórter.

— Nas faculdades de jornalismo, temos uma cadeira específica sobre a lei da transparência. Há também cursos para ensinar os jornalistas a analisar relatórios financeiros e prestações de contas — diz o jornalista.

Assim que deixou os bancos da universidade, Grill foi testar o sistema.

— Entrei no escritório das autoridades municipais de Sundsvall (norte da Suécia), e pedi para ler os *e-mails* dos dirigentes. Fui atendido, embora tenham colocado um funcionário ao meu lado no computador, supervisionando os *e-mails* pessoais, que não podiam ser lidos. Mas na Suécia podemos ver a lista dos *e-mails* de uma autoridade com os títulos dos diferentes assuntos — afirma.

Para o cientista político Rune Premförs, o sistema sueco de transparência ainda é uma referência.

— Não conheço sistema mais aberto — diz ele.

Manter atos e decisões do estado sueco no escuro, segundo Premförs, não é possível uma vez que se tenta fazer entre os demais países da União Europeia, por exemplo.

— Conduzi diversas pesquisas em países como a França e a Alemanha, e a diferença nas regras da transparência é notável. A União Europeia tem basicamente um modelo francês de administração. E nesse modelo é algo bizarro, para uma autoridade, pensar em ser transparente: não cabe ao cidadão saber o que se passa dentro das paredes do governo — fala Premförs.

Para os políticos apanhados em atos pouco nobres pela luz da lei da transparência, o castigo costuma ser duro.

— Em geral, suas carreiras políticas acabam — diz Mats Knutson.

Em 2006, duas ministras caíram em queda livre do cargo e sumiram da cena política, dias depois do anúncio do novo gabinete de governo: a imprensa descobriu, entre outros deslizes imperdoáveis, que elas tinham empregado babás no *black* e negligenciado impostos:

NANNYGATE — O ESCÂNDALO DAS BABÁS

Borelius renuncia — Abandona a política e o cargo de deputada federal

© GUNNAR SEIJBOLD

Maria Borelius durou oito dias no ministério: contratou babás e não pagou os impostos devidos.

Por culpa até daquele mau hábito de prometer baixar radicalmente os impostos dos suecos, durante a década anterior eles haviam colecionado derrotas nas urnas. Mas o grande momento havia chegado. Renovados por um poderoso *botox* programático, os liberal-conservadores do Partido Moderado se apresentavam agora como o "novo partido dos trabalhadores", e abraçavam o modelo sueco de bem--estar social. Nas eleições de 2006, sua aliança de quatro partidos de centro-direita conquistaria uma vitória histórica, junto a um eleitorado aparentemente convencido de que seu lendário estado de bem-estar social, substancialmente financiado pelos altos impostos, não seria jogado no ralo.

Tudo parecia novo e promissor — a começar pelo próprio primeiro-ministro Fredrik Reinfeldt, que aos quarenta e um anos de idade tornava-se um dos mais jovens líderes do país. Foi um radiante Reinfeldt que apresentou, no dia 6 de outubro daquele ano, seu arrojado gabinete de ministros. O ministro da Economia, Anders Borg, tinha trinta e oito anos e usava — como faz até hoje — brinco e rabo de cavalo. Na pasta da Integração e Igualdade, Nyamko Sabuni, nascida no Burundi, era a primeira ministra negra do país. Dois ministros eram homossexuais, entre eles o da Imigração, Tobias Billström, e o do Meio Ambiente, Andreas Carlgren, casado legalmente com seu parceiro. À frente do ministério das Relações Exteriores, o ex-primeiro-ministro Carl Bildt retornava, para surpresa de todos, à cena política sueca.

A euforia era inebriante, mas a ressaca ia ser monumental. Parte do gabinete de governo era integrada por novatos, sem quilometragem suficiente para saber que, na política sueca, um currículo limpo é questão de sobrevivência. A imprensa sueca noticiara, logo nas primeiras horas, que duas ministras haviam empregado babás sem pagar os obrigatórios impostos e contribuições sociais, no que seria imediatamente batizado pelo jornal britânico *Financial Times* como *Nannygate — o escândalo das babás.*

Cecilia Stegö Chilò renuncia — pressão foi demasiada para a ministra da Cultura

© INGVAR KARMHED

Ministra da Cultura, Cecília Chilò caiu por não pagar a licença da TV pública.

Buscas nos arquivos oficiais abertos do país também revelariam que o pagamento da licença obrigatória de TV, o imposto que financia as emissoras públicas, havia sido solenemente ignorado por três ministros. Em apenas dez dias, o ministério de Reinfeldt sofreria duas baixas.

A primeira cabeça que rolou foi a da ministra do Comércio, Maria Borelius. Sob intensa pressão da mídia, ela admitiu que na década de 1990 havia empregado babás sem pagar os devidos impostos.

— Sou mãe de quatro filhos, e na época gerenciava a minha própria empresa — argumentou Borelius, ao explicar que não teria conseguido equacionar a vida doméstica e a profissional sem a ajuda de babás. Mas, em seguida, ela diria a frase fatal: — Eu não tinha meios para pagar todos os impostos e taxas exigidos para ter uma babá.

Alguém desconfiou e foi checar. Como a lei da transparência garante acesso aos arquivos das autoridades fiscais, um assessor de imprensa do partido Social-Democrata, Magnus Ljungkvist, pôs-se a pesquisar as declarações de imposto de renda de Maria Borelius e do marido da ministra. E descobriu: nos anos 1990, a família Borelius ganhara ao todo 17 milhões de coroas suecas — uma soma consideravelmente superior à média dos ganhos de uma família sueca. O assessor descobriu ainda que Maria herdara uma casa do pai em 1996, no valor de 4 milhões de coroas suecas.

"Você está frita, Borelius", fuzilou a jornalista Lena Mehlin no título da sua coluna política no jornal *Aftonbladet*.

— Na década de 1990, Borelius pagou suas babás no *black*. Isso foi uma estupidez. Mas mais estúpido ainda foi afirmar que não tinha dinheiro para pagar de maneira honesta — criticou Lena.

Nos dias seguintes, o céu se fechou sobre a cabeça de Borelius. Novas investigações revelaram que a casa de verão da família, no sul da Suécia, havia sido comprada pelo marido da ministra por meio de uma empresa baseada no paraíso fiscal de Jersey. Também evitando o pagamento do imposto sobre imóveis, o mesmo mecanismo fora usado para a compra de um apartamento em Cannes, na França. Para completar, descobriu-se que nos últimos dois meses Borelius não pagara a licença da TV, obrigatória para todos que possuem aparelho de televisão na Suécia.

O primeiro-ministro chamou a sua ministra, enfim, para uma última conversa.

— Ela própria (Borelius) achou que não tinha condições de continuar, e nós concordamos que ela deveria renunciar — disse Fredrik Reinfeldt à rádio sueca *Sveriges Radio*.

Maria Borelius deixou o cargo de ministra e também sua cadeira no Parlamento como representante do Partido Moderado de Reinfeldt, a maior formação da coligação de governo. Durou oito dias no cargo, e nunca mais voltou à política.

Dois dias depois da saída de Borelius, o gabinete de Reinfeldt sofreria a segunda baixa. A ministra da Cultura, Cecilia Stegö Chilò, também havia pago suas babás em dinheiro, a fim de evitar impostos. Mas a renúncia de Cecilia se produziria com requintes de constrangimento: a imprensa descobriu que nos últimos dezesseis anos ela não pagara a licença de TV. A taxa, de cerca de 200 dólares anuais, é a principal fonte do financiamento das emissoras públicas suecas — e o bom cumprimento das diretrizes da lei é supervisionado justamente pelo ministério da Cultura.

O marido de Cecilia bem que havia tentado salvar a mulher de uma vergonha nacional. Cinco dias antes da nomeação de Stegö Chilò para o ministério, como se tentasse pôr asas em um porco, ele registrara o aparelho de TV da família no órgão responsável pela coleta da licença de televisão. A renúncia de Cecilia foi inevitável.

— Por não ter pago a licença de televisão e contratado babás sem pagar impostos antes de ter me tornado ministra, cometi transgressões que são inaceitáveis, mas que tentei de todas as maneiras corrigir — disse Cecilia Stegö Chilò na página oficial do governo na internet. Ela tentava saldar as dívidas e regularizar suas contas, mas o relógio e as autoridades eram cruéis.

— Como não será possível solucionar a situação em um espaço de tempo razoável, não vejo mais nenhuma possibilidade de, por meio de um trabalho competente e engajado, reparar o dano que causei ao governo — acrescentou ela.

Cecilia Stegö Chilò durou dez dias no cargo, e também sumiu da cena política.

Mas o pesadelo de Reinfeldt ainda não ia acabar. A mídia atacava agora o ministro da Imigração, Tobias Billström, que também não pagava a licença de TV havia dez anos. Em um desajeitado pronunciamento, Billström declarou: — Escolhi não pagar, porque achava que a SVT (TV pública sueca) não produzia bons programas. Mas as pessoas se tornam mais sábias com o passar dos anos, e eu certamente acredito que todos devem respeitar as leis que são aprovadas.

A temperatura esquentou, e a Suécia viveu dias de folhetim. Cidadãos indignados denunciaram Billström, Maria Borelius e Cecilia Stegö Chilò à polícia, por violação da lei da licença de TV. A *Radiotjänst*, agência responsável pela coleta da taxa, apresentou queixas-crime contra os três. E o primeiro-ministro, ao questionar a decisão da agência, levou um puxão de orelhas do Parlamento.

— É realmente assim, no entender da *Radiotjänst*, que toda pessoa que se apresenta ao órgão, disposta a corrigir seu erro e pagar a soma devida, é denunciada à polícia? — dissera Reinfeldt em entrevista à rádio sueca.

Não deveria ter dito: na Suécia, o princípio chamado *Ministerstyre* (uma espécie de código de conduta ministerial) proíbe ministros e o primeiro-ministro de interferir nas decisões tomadas por agências governamentais. Reinfeldt foi diligentemente reportado ao Comitê Constitucional do Parlamento (KU).

— Na investigação sobre a declaração do primeiro-ministro Fredrik Reinfeldt, a respeito da decisão do *Radiotjänst* de apresentar queixas-crime contra três ministros, este comitê constata que o primeiro-ministro, assim como os demais cidadãos, tem liberdade de expressar suas opiniões, mas também tem o dever de exercer cautela especial em determinadas circunstâncias. Por exemplo, em se tratando de declarações que possam pôr em risco a independência que, de acordo com as leis constitucionais, é assegurada aos tribunais e órgãos da administração pública — disse o comunicado público do Comitê.

E surgia agora uma ex-babá, contando ao jornal *Expressen* que havia trabalhado sem carteira na casa do ministro das Finanças, Anders Borg. O ministro insistiu que a mulher havia prestado serviços ocasionais apenas como *babysitter*, mas admitiu ter empregado diaristas sem pagar impostos.

O caso foi parar na mesa do promotor. Segundo alguns relatos, a soma paga por Borg a babás e diaristas não teria supostamente atingido o limite a partir do qual o pagamento de encargos sociais e trabalhistas se torna obrigatório, e as evidências eram insuficientes. Dois meses mais tarde, o promotor arquivaria as acusações.

O ministro da Imigração também permaneceu no cargo, e o primeiro-ministro deu por encerrada a temporada de renúncias. E antes de anunciar os substitutos das duas ministras abatidas naqueles dias infernais, esmerou-se na sabatina dos candidatos.

— Sempre paguei a licença da TV e nunca paguei uma faxineira por debaixo da mesa — disse o novo ministro do

Comércio, Sten Tolgfors, ao ser apresentado por Reinfeldt à imprensa sueca.

Os suecos pagam um dos mais altos impostos do mundo para financiar o ainda generoso Estado de bem-estar social do país, e são implacáveis com políticos que pisam fora da linha. Jornalistas suecos costumam usar o acesso público a informações de auditores para lançar massacres contra políticos que cometem pecados contra o Fisco, como aconteceu com Gudrun Schyman:

O PECADO DE GUDRUN

Gudrun Schyman renuncia — manchetes sobre fraude no imposto de renda e perda de apoio do partido foram decisivos

© MAJA SUSLIN / AGÊNCIA SCANPIX

Derrubada por calotear o Fisco, Gudrun Schyman admitiu: "Não há defesa para o que eu fiz".

Na política sueca, o pecado capital é enganar o Fisco. Mas Gudrun Schyman, que liderou o Partido da Esquerda (*Vänsterpartiet*, ex-comunista) durante dez anos, aparentemente esqueceu-se de que pagar os devidos impostos na

Suécia é ato mais inevitável que a morte. Em 2003, após revelações de irregularidades em sua declaração de renda, Gudrun foi obrigada a renunciar — e a ressarcir os cofres do Fisco.

Nos jornais, a declaração de renda da líder do partido foi dissecada como uma galinha. Entre as irregularidades estava uma viagem ao Brasil, para a qual não foi apresentada documentação suficiente a fim de justificar um abatimento fiscal. Jornalistas também descobriram que Schyman havia solicitado ressarcimento por corridas de táxi para o aeroporto de Arlanda, apesar de todo parlamentar ter direito a usar gratuitamente o trem que liga o aeroporto à capital. Imperdoável.

No total, as autoridades fiscais rejeitaram deduções no valor equivalente a 70.787 coroas suecas (cerca de 10,8 mil dólares), que Gudrun havia listado na declaração relativa ao ano de 2001. "Como você pôde, Gudrun?", perguntou a manchete do jornal *Expressen.*

— Não há defesa para o que eu fiz — respondeu Gudrun em declarações à imprensa. — Eu estava sem tempo — tentou remediar. — Mas não foi minha intenção enganar (o Fisco).

Editoriais pungentes foram dedicados ao caso, e a *Ekobrottsmyndigheten,* a Autoridade Sueca para Crimes Financeiros, entrou em ação. "Gudrun Schyman sob risco de prisão", anunciou o *Expressen.*

A líder do partido foi parar na polícia, onde foi submetida a interrogatório. Durante todo o processo de investigação policial, Gudrun negou ter cometido crime ao pedir abatimento fiscal. Alegou ter sido desatenta com os recibos e a declaração.

Mas, no final, Gudrun teve duas alternativas: admitir culpa por flagrante descuido na declaração de renda, ou ser processada e levada aos tribunais.

— Nada mais sou do que um ser humano. Eu escolho admitir o descuido flagrante — decidiu ela.

Gudrun Schyman pagou ao Fisco todo o montante devido, e foi condenada ainda a pagar cinquenta dias de multa no valor total de 21.750 coroas suecas (cerca de 3,3 mil dólares).

— Casos como este afetam a confiança dos cidadãos em nosso sistema — declarou o promotor do caso, Sven-Erik Alhem. — A consequência é que os cidadãos passam a se perguntar por que deveriam seguir as regras do sistema, se eles (os políticos) não o fazem. E isto é muito perigoso — acrescentou o promotor.

A segunda condenação de Gudrun seria ainda mais dura — a rejeição dos membros de seu próprio partido, o *Vänsterpartiet*. Em uma manhã de domingo, em uma coletiva à imprensa convocada às pressas, Gudrun capitulou.

— Acredito que eu poderia restabelecer a confiança do eleitorado em nosso partido. Mas para isto eu precisaria ter 100% de apoio dos membros do partido, o que não foi possível obter — disse ela, para em seguida anunciar sua renúncia à liderança do *Vänsterpartiet*.

Para os liderados, a líder não representava mais a *skattemoral* do partido — o dever moral de pagar impostos.

Convencida de que lugar de mulher é no Parlamento e não na cozinha, Gudrun Schyman deixou o Partido da Esquerda para se dedicar à cofundação do Partido Feminista (*Feministiskt Initiativet*). Reconhecida ativista da causa feminina, nos anos seguintes Gudrun voltou às páginas dos

© GETTY IMAGES

Preso em teatro e acusado de evasão fiscal, cineasta Ingmar Bergman teve colapso nervoso.

jornais por força de seus exuberantes atos: em certa ocasião, propôs introduzir um imposto para todos os homens, a fim de cobrir os custos provocados pela violência doméstica contra as mulheres. E antes das eleições gerais de 2010, ela torrou 100 mil coroas suecas em uma churrasqueira, num ato público de repúdio às diferenças salariais entre homens e mulheres. — Os homens recebem uma espécie de bônus do pênis, pois ganham entre 10% e 20% a mais que as mulheres — reclamou Gudrun. A mensagem não chegou a seduzir o eleitorado, que deu ao *Feministiskt Initiativet* apenas 0,4% dos votos nas eleições. Ou teria Gudrun perdido a confiança dos eleitores?

Celebridades também não escapam do radar sempre vigilante do Fisco: na década de 1970, a polícia invadiu a cena do lendário diretor sueco Ingmar Bergman.

CENAS DE UMA INVASÃO POLICIAL NO TEATRO DE INGMAR BERGMAN

Um Volvo azul estaciona diante do *Kungliga Dramatiska Teatern*, o Teatro Dramático Real de Estocolmo. É uma tarde de inverno do dia 30 de janeiro de 1976. Dois policiais descem do carro e sobem rapidamente as escadarias do teatro: se a suspeita de fraude fiscal pede urgência, o suspeito deve ser detido agora. Já. Sem esperar o fim do drama que se desenrola no palco. Dentro do teatro, Ingmar Bergman, um dos mais aclamados diretores da história do cinema, conduz os ensaios da peça *Dança da Morte*, de August Strindberg. É ele o suspeito.

Seguem-se cenas de um roteiro de filme. Os policiais interrompem abruptamente o ensaio, prendem Ingmar Bergman e confiscam seu passaporte para que o diretor e dramaturgo não fique fora do alcance da lei. Bergman é levado para um tribunal fiscal. Atônitos, vários atores deixam o palco e o acompanham até a cena do inquérito.

O promotor expõe a acusação que servira de pano de fundo para a atuação burlesca dos policiais: a empresa Persona Films AG, estabelecida pelo diretor na Suíça para a produção de filmes internacionais, teria sido criada apenas para escapar da legislação fiscal sueca e evitar os altos impostos da Suécia. Ingmar Bergman teria que pagar, assim, impostos cumulativos entre os anos de 1969 e 1974.

Para reunir mais evidências da suposta fraude, policiais realizam buscas e confiscam documentos nas casas de Ingmar Bergman e de seu advogado. No início de fevereiro, Bergman foi processado por evasão fiscal.

A Persona Films AG fora registrada na Suíça no fim dos anos 1960, quando Bergman planejava um centro de produção de filmes internacionais. O plano, no entanto, foi abandonado, e a empresa passou a ser usada para coletar a renda gerada por filmes de Bergman exibidos no exterior. Quando o *Riksbank* (Banco Central da Suécia) indicou que a Persona Films não estava sendo usada para produzir filmes, a empresa foi fechada, e seus ativos (no valor de cerca de 600 mil dólares) foram enviados à Suécia. Mas aos olhos dos auditores fiscais, a operação de estabelecimento da Persona Films teria sido uma forma de escamotear o pagamento de impostos, que Bergman deveria agora honrar com efeito retroativo.

A acusação, que mais tarde provaria ser infundamentada, seria mais tarde retirada. Mas o episódio abalara profundamente o diretor, na época já internacionalmente consagrado por filmes como *Gritos e Sussurros* (1972), *Cenas de um Casamento* (1973), *Persona* (1966) e *Morangos Silvestres* (1957).

Dias depois da invasão do teatro pela polícia ao seu encalço, Bergman sofreu um colapso nervoso e foi hospitalizado em estado de profunda depressão. A pressão havia sido demasiada para o diretor, que tantas vezes levara às telas seu tormento diante da desolação e o desespero da complexa existência humana.

Filho rebelde de um pastor da Igreja Luterana, Ingmar Bergman falava com frequência da infância infeliz e das severas punições aplicadas pelo pai, que costumava trancá-lo em um armário escuro. Como observou Harry Schein, diretor do *Svenska filminstitutet* (Instituto do Filme Sueco) na época da detenção de Bergman, a humilhação era também um tema recorrente em vários dos filmes de Bergman, o mestre dos temas existencialistas. Frequentemente, a humilhação de um artista.

Em *O Rito* (1969), um juiz promove o interrogatório de três atores, acusados de encenar um espetáculo obsceno. No filme *O Sétimo Selo* (1957), em que a Morte joga xadrez com os protagonistas, o bufão faz um apelo final e desesperado ao perder a partida sempre ganha pela adversária: — Não pode fazer de mim uma exceção? Sou um ator!

O palco tinha ainda um significado especial para Bergman. Ele iniciara sua carreira no teatro, ao qual permaneceu fiel durante toda a sua vida: — O teatro é o começo, é o fim, na verdade é tudo, enquanto o cinema pertence ao âmbito da prostituição e do matadouro — dissera o diretor certa vez.

O episódio da detenção de Ingmar Bergman no palco do *Kungliga Dramatiska Teatern* provocou clamor dentro e fora da Suécia. Apenas o jornal *Aftonbladet*, que na época pertencia à confederação trabalhista sueca LO (*Landsorganisationen*), saiu em defesa dos auditores fiscais: seria hipocrisia lamentar os apuros de Bergman, argumentou o jornal, uma vez que outros suspeitos de evasão fiscal haviam recebido o mesmo tratamento sem levantar protestos públicos. Todos os cidadãos deveriam ser tratados de forma igual, não importando seus nomes ou posições.

Em 23 de março de 1976, o promotor retirou todas as acusações contra Ingmar Bergman. Mas o reconhecimento do erro chegara tarde. Pouco depois da declaração do promotor, o diretor anunciou que estava abandonando a Suécia em um exílio voluntário. Deixava no país seus bens e propriedades, para que ninguém pensasse que tentava escapar de novas investidas dos auditores fiscais suecos.

Apesar de expressões de desagravo do primeiro-ministro Olof Palme sobre a forma como o caso havia sido conduzido, Bergman jurou que jamais trabalharia novamente na Suécia. Fechou o estúdio que mantinha na ilha de **FÅRÖ**, no sudeste do país, e mudou-se para Munique, na Alemanha. Mas em 1984 o diretor voltaria a viver na Suécia, onde morreu tranquilamente durante o sono em 2007, aos oitenta e nove anos.

Outro exemplo notório do folclore fiscal sueco é o caso da autora Astrid Lindgren, que revolucionou a literatura infantil com a personagem Píppi Meialonga. Ela, que sofreu nas garras do leão sueco pouco depois do caso de Ingmar Bergman, faria um dos ataques mais contundentes ao sistema de impostos sueco da época.

A autora de Píppi Meialonga e o imposto de 102%

Com imposto de 102% sobre sua renda, a escritora Astrid Lindgren botou a língua para o leão sueco.

Astrid Lindgren era, como se poderia imaginar, boa de briga. Sua Píppi Meialonga enfrentava touro à unha, dava surra em garotos, botava ladrões para correr. A autora sueca a criara em 1945, numa época em que meninas usavam laços de fita no cabelo, faziam crochê e esperavam pelo príncipe encantado chegar trotando em seu cavalo branco. Mas a forte e ilibertária Píppi morava sozinha, era feminista em plena década de 1940, e não só tinha o próprio cavalo como podia carregá-lo no muque.

A editora Bonnier se arrependeria amargamente de ter recusado os originais da história. "Açúcar no chão e caos nas creches — eu não poderia assumir tal responsabilidade", disse na época o editor Gerhard Bonnier. Aceita por outra editora, a história de Píppi Meialonga chegou às livrarias entre críticas generalizadas. Os detratores da personagem alertaram para um colapso da moral pública.

Mas o sucesso foi imediato e estrondoso: a história de Píppi seria o primeiro dos mais de setenta livros escritos por Astrid Lindgren, traduzidos para mais de setenta idiomas. A própria Astrid narraria, anos depois, como nascera Píppi:

— Em 1941, minha filha de sete anos de idade, Karin, teve pneumonia. Todas as noites, quando eu me sentava à cabeceira de sua cama, ela implorava para que eu lhe contasse uma história. Uma noite, completamente exausta, eu perguntei a ela o que gostaria de ouvir, e ela respondeu, "conte-me uma história sobre Píppi Meialonga". Ela tinha inventado o nome naquele momento. Não perguntei quem era Píppi Meialonga. Simplesmente comecei a contar uma história sobre ela. E porque tinha um nome tão incomum, ela acabou se tornando uma menininha incomum. Píppi mostrou ser um sucesso com Karin, e depois com seus amigos: eu tive que contar a história muitas e muitas vezes — relembrou Lindgren.

Um escorregão no gelo, segundo a autora, foi o motivo de as histórias terem sido transformadas em livros:

— Em uma noite de muita neve em março de 1944, eu estava caminhando no centro de Estocolmo. Sob a neve fresca que caía, havia uma camada escorregadia de gelo, e eu caí, torcendo o tornozelo. Precisei ficar um longo período em repouso, e, para passar o tempo, comecei a escrever as histórias de Píppi.

Lindgren tornou-se uma celebridade, e começou a ganhar dinheiro. Pagar o quinhão do leão sueco não era problema: — Pago meus impostos de bom grado — disse ela mais de uma vez. Mas os problemas que ela teria mais tarde com o Fisco seriam tão surreais quanto os personagens de suas histórias.

Naquele ano de 1976, Astrid Lindgren descobriu que teria que pagar 102% de sua renda em impostos: uma nova regra em vigor para profissionais liberais — categoria em que a autora se incluía — implicava na absurda consequência de que pessoas como Astrid deveriam pagar mais em impostos do que haviam recebido como renda. Foi quando a autora decidiu, com a mesma língua afiada de sua Píppi, escrever uma sátira criticando a nova carga tributária imposta pelo partido Social-Democrata, que governava a Suécia havia mais de quatro décadas.

A história, intitulada *Pomperipossa in Monismania* (também conhecida como *Pomperipossa no Mundo do Dinheiro*), foi publicada no jornal *Expressen* em março de 1976. Narrava

A CARTILHA DA TRANSPARÊNCIA

Pelas regras da transparência, cada autoridade pública deve manter um registro de documentos oficiais, e estar preparada para atender aos pedidos de informação dos cidadãos suecos. A cartilha do Ministério da Justiça dá uma aula de transparência para os iniciantes:

"No jornal, há uma reportagem sobre uma decisão tomada pela Assembleia Legislativa local. A senhora Andersson quer saber mais sobre o assunto, e vai procurar as autoridades. Numa sala especial equipada com computadores, ela faz uma busca na lista de todos os documentos oficiais. A lista contém uma breve descrição do conteúdo de cada documento.

A senhora Andersson encontra o documento que deseja ler. Sem pedir sua identidade, o funcionário municipal examina seu pedido, busca o documento nos arquivos e o entrega a ela. Depois de ler o documento, que tem quatro páginas, a senhora Andersson pede e recebe, gratuitamente, uma cópia do material.

Se o funcionário tivesse chegado à conclusão de que parte das informações contidas no documento solicitado era secreta, de acordo com a Lei do Sigilo, ele teria então consultado um superior. Se a sua conclusão fosse confirmada, a senhora Andersson receberia então uma cópia do documento, mas com os trechos sigilosos eliminados.

Se todas as informações contidas no documento fossem consideradas secretas, o acesso seria negado. O funcionário perguntaria então à senhora Andersson se ela gostaria de obter uma confirmação por escrito de que o seu pedido fora rejeitado. De posse desta confirmação, a senhora Andersson poderia apelar da decisão em um tribunal administrativo."

Em outro exemplo da cartilha, um jornalista, chamado senhor Lindberg, está interessado em obter detalhes sobre uma decisão recente tomada pelo Ministério da Justiça.

"Na sede do Ministério, ele obtém uma cópia da decisão oficial. Lindberg também pede e recebe cópias de documentos relacionados à questão, enviados ao Ministério pela Polícia Nacional.

O jornalista pede então para ver as anotações pessoais feitas pelo ministro da Justiça durante a reunião de governo que precedeu a tomada de decisão. O funcionário informa então que ele não pode ter acesso às anotações pessoais, uma vez que elas não constituem um documento oficial.

Lindberg não fica satisfeito, e decide apelar da decisão no Ministério da Justiça. Mas ao final, seu pedido é rejeitado."

Quando uma autoridade nega acesso a um documento solicitado por um cidadão, como no caso de Lindberg, ele tem o direito de recorrer da decisão em um tribunal de apelação — e, em última instância, também no Tribunal Superior Administrativo da Suécia. Queixas também podem ser apresentadas aos guardiões da lei da transparência: o *Ombudsman* do Parlamento e o do Governo.

a alegoria de Pomperipossa, uma autora de livros infantis de um país distante, que, diante de uma desatinada carga de impostos a pagar, começa a se perguntar se os sábios governantes do lugar tinham perdido o juízo.

— Pomperipossa amava de verdade seu país, suas florestas, montanhas, lagos e verdes bosques. Mas não apenas isso: ela também amava as pessoas que viviam ali. Até mesmo os sábios homens que governavam o país. Ela achava que eles eram sábios, e por isso votava neles a cada vez que havia uma eleição para escolher os sábios homens que governariam Monismanien. Eles haviam criado nos últimos quarenta anos uma admirável sociedade, na qual ninguém precisava ser pobre, e todos ganhavam um pedaço do bolo do bem-estar social. Pomperipossa se sentia feliz por ter podido contribuir com a sua parte na preparação do bolo — escreveu Astrid.

A alegre Pomperipossa descobre, então, que naquele ano teria que pagar um imposto de 102% sobre sua renda. E põe-se a imaginar diferentes saídas para o disparate.

— Se eu procurar os sábios governantes e bater à sua porta, pode ser que eles se compadeçam e me deem um prato de sopa de vez em quando — diz a autora imaginária, desfiando uma sequência de ironias que constrói a narrativa tragicômica.

A saga de Pomperipossa transformou-se em assunto de debate no Parlamento, e produziu choques elétricos no governo. O ministro das Finanças, que num primeiro momento havia refutado os argumentos da autora, acabou admitindo que Astrid Lindgren havia apontado um erro que deveria ser corrigido. As regras tributárias foram de fato emendadas. Mas o embate provocado por Pomperipossa foi, na avaliação de alguns, um dos fatores que determinaram a derrota dos social-democratas nas eleições daquele ano.

A autora, contudo, permaneceu fiel ao partido durante toda a sua vida. Segundo a editora *Norstedts Förlag* e a *Astrid Lindgrens Memorial Award (ALMA),* Astrid Lindgren faleceu em sua casa na rua Dalagatan, em Estocolmo, em janeiro de 2002. O funeral foi realizado no dia 8 de março — Dia Internacional da Mulher.

OS CÃES DE GUARDA DO SISTEMA

Em 1809, os suecos consultavam seus neurônios com agitação inabitual: era inadiável inventar alguma forma de proteger o povo da arrogância autoritária do poder. De tão fervente ebulição mental produziu-se uma solução original, e o mundo ganhou uma nova palavra — *ombudsman*, ou representante do cidadão. A figura do ouvidor, esta peculiar invenção sueca, trataria de lidar com o desamparo do indivíduo diante de abusos e segredos das autoridades e excelências do reino.

A ideia surgiu depois do regime do Rei Gustav III, que teria um fim teatral: o monarca saiu de cena em 1792 com um tiro nas costas, disparado por um nobre descontente durante um baile de máscaras na Ópera de Estocolmo, que o próprio rei fundara. Na nova Constituição, aprovada em 1809, entrava em cena o *Ombudsman* do Parlamento, como um árbitro independente do rei, com autoridade para fiscalizar os atos do governo e das autoridades públicas.

Nos termos da lei, o *Ombudsman* deveria ser uma pessoa "notória pelo seu conhecimento das leis e por sua exemplar probidade". Sua missão era a partir de agora salvaguardar os direitos dos cidadãos diante dos excessos do poder, ouvindo as queixas e clamores do povo, supervisionando a aplicação da lei por juízes e servidores públicos, e realizando inspeções contínuas nos órgãos públicos. O primeiro *Ombudsman* do Parlamento foi nomeado em 1810, e os mesmos princípios básicos vigoram até hoje.

O traje real de Gustav III, perfurado à bala, seria exposto mais tarde no museu do Palácio Real de Estocolmo, onde permanece pendurado como uma reminiscência da época.

Mais de 200 anos depois de sua criação, a instituição do *ombudsman* continua a ser um elemento central do aparato sueco de proteção do cidadão contra o governo, como um elo independente entre o povo e o poder. Os olhos e ouvidos da estrutura de vigilância das autoridades e tribunais são o *Ombudsman* da Justiça (*Justitieombudsman*, mais conhecido como *ombudsman* do Parlamento, ou simplesmente JO) e o Provedor de Justiça (*Justitiekansler*, ou JK), a quem cabe decidir em nome do estado os casos que envolvem ações indenizatórias.

Qualquer cidadão pode apresentar uma queixa ou reclamação contra uma autoridade — incluindo crianças, ou mesmo os prisioneiros que cumprem pena em penitenciárias, enfatiza o livro oficial produzido pelo escritório do *Ombudsman* do Parlamento. O tamanho da insatisfação não importa. Um dos casos emblemáticos é o de um pai que encaminhou uma queixa ao JO contra uma escola, depois de um professor ter tomado a caneta a *laser* de seu filho a fim de manter a ordem na sala de aula. O problema é que o professor esqueceu de entregar de volta ao aluno a caneta, que ficou trancada na secretaria da escola sem identificação. O *ombudsman* entrou em ação, e a escola foi obrigada a devolver a caneta — não ao aluno, mas diretamente à polícia.

"Todos os cidadãos têm o direito de ser tratados pelas autoridades de maneira corrreta e imparcial", diz a literatura do Parlamento.

A invenção sueca se espalhou por outras democracias. A figura do *ombudsman* existe atualmente em todos os continentes, em cerca de 140 países. Na Suécia, a instituição cresceu e ganhou novas áreas de atuação em nome do cidadão: hoje há também o *Ombudsman* da Criança, que protege os direitos e interesses das crianças; o da Imprensa, que trata da ética na mídia; o da Igualdade, da Discriminação, da Imprensa, do Consumidor, dos Deficientes Físicos.

Os cães de guarda da lei da transparência são o *Ombudsman* da Justiça, que reporta ao Parlamento; e o Provedor de Justiça, que atua como o *Ombudsman* do governo. A decisão de qualquer autoridade do estado de recusar fornecer uma informação oficial pode ser investigada por essas duas instituições, integradas por juristas independentes que agem com base em denúncias de cidadãos ou por iniciativa própria.

Juntas, elas fiscalizam o cumprimento da lei da transparência e trabalham para manter os atos do poder à luz do sol.

A VIGILÂNCIA DAS AUTORIDADES E AGÊNCIAS GOVERNAMENTAIS

Em uma rápida ligação para o quartel-general das Forças Armadas da Suécia, peço a prestação de contas pessoais do

UMA CONVERSA COM A *OMBUDSMAN* DO PARLAMENTO

Precisamos estar vigilantes. Porque a falta de transparência gera um estado corrupto, e um estado corrupto é uma ameaça à democracia.
Elisabet Fura

Sigo pela avenida central de Hamngatan na companhia acidental de um incomum grupo de Hare Krishnas suecos, que tocam seus instrumentos com luvas de lã e saltitam pela rua usando botas, gorros, cachecóis e agasalhos. O caminho para o escritório do *Ombudsman* do Parlamento reserva mais surpresas. Na altura do parque de Kungsträdgården ("Jardim do Rei", em sueco), uma imensa passeata de carrinhos de bebê bloqueia momentaneamente a passagem.

"Chega de mortes entre as mulheres durante o parto", dizia uma das faixas. "Pelo direito da mulher ao próprio corpo", estampava o cartaz colado no carrinho empurrado por um dos manifestantes. Incrédula, paro o manifestante e pergunto: — Mas esse tipo de problema existe na Suécia?

— Não, não — responde o homem, tão perplexo com a minha pergunta como eu com o cartaz que ele carrega. — Estamos aqui por uma questão de solidariedade com as mulheres de países onde esses problemas inaceitáveis ainda ocorrem.

Sempre ela, a solidariedade sueca. Abro meu caminho entre os bebês e alcanço a rua Västra Trädgårdsgatan, o endereço do *Ombudsman*. À procura do número do edifício, deparo com o curioso painel de entrada da Embaixada da Finlândia. Ao lado de um dos botões do interfone, lê-se "Embaixada". Abaixo, um segundo botão indica o acesso a uma das mais sagradas instituições finlandesas: "Sauna". Em teoria, pode-se talvez contatar o embaixador diretamente na ardente sala, com seu ramo de eucalipto na mão.

De frente para a sauna do embaixador, do outro lado da rua, o *Ombudsman* do Parlamento (JO) trabalha no comando de uma equipe de sessenta e cinco pessoas. A jurista Elisabet Fura dirige o escritório integrado por outros três ouvidores, e é a chefe maior da instituição. Ex-presidente da Ordem dos Advogados da Suécia, Fura integrou anteriormente a Corte Europeia de Direitos Humanos em Estrasburgo, na França.

Na função de *Ombudsman*, Elisabet Fura supervisiona regularmente as autoridades públicas, as municipalidades, as forças policiais e os tribunais do país, além de vigiar os mandamentos da lei da transparência. A cada outono, o JO apresenta ao Parlamento seu relatório anual, que também pode ser acessado via internet na página oficial do *Ombudsman*.

Entre 2011 e 2012, o *Ombudsman* recebeu 326 queixas referentes a obstruções ao acesso a documentos oficiais e à liberdade de expressão, das quais cem resultaram na emissão de condenações públicas. Em 2013, uma das principais críticas do JO foi direcionada à ministra sueca da Indústria, Annie Lööf, pela demora de seu ministério em liberar informações solicitadas por um jornalista.

O caso foi parar no Comitê de Constituição do Parlamento (KU), o órgão que fiscaliza as ações dos membros do governo. Todos os deputados têm direito de reportar um ministro ao Comitê, integrado por políticos dos diferentes partidos representados no Parlamento. Diante da bancada do KU, Annie Lööf levou uma descompostura do comitê, e se redimiu publicamente.

A investigação em torno de Annie Lööf está entre as centenas de arquivos que cercam o escritório da *Ombudsman* do Parlamento, onde ela me recebe.

O que a senhora diria a um país como o Brasil, que vem implementando um amplo sistema de transparência?

ELISABET FURA: Fiscalizar o poder é uma precondição para a democracia. Toda pessoa que exerce poder tem que ser fiscalizada e prestar contas de seus atos. E sem transparência, não é possível escrutinizar o poder. Mas não basta ter leis. É necessário inspirar uma mudança de mentalidade dos servidores púbicos e dos cidadãos, para que se possa consolidar uma sociedade aberta e democrática. Não é algo que se possa fazer da noite para o dia, mas sim de forma gradual. Os países da União Europeia também vêm promovendo mudanças na direção certa, em termos de uma maior transparência dos atos do poder. Mas mudar a atitude das pessoas leva tempo, porque é difícil transformar uma cultura. Na França, por exemplo, a atitude instintiva de um burocrata é dizer "não, você não pode ver este documento, você não tem este direito". Já a atitude sueca é "sim, você pode ver este documento, mas preciso checar se há alguma informação aqui que precisa ser protegida". É também importante promover a confiança nas instituições.

Qual é a função do* Ombudsman *do Parlamento neste processo?

ELISABET FURA: Pode-se dizer que o *Ombudsman* do Parlamento exerce uma supervisão extraordinária das autoridades públicas na Suécia, uma vez que a supervisão regular do sistema é feita pelas cortes de Justiça. É claro que, em qualquer área de atividade, as pessoas cometem erros. Mas o *Ombudsman* do Parlamento não é uma instituição destinada a descobrir falhas e punir. A nossa tarefa principal é identificar erros sistêmicos e aprimorar o desempenho das autoridades e órgãos públicos que realizam serviços para os cidadãos. Estamos aqui para verificar se as autoridades e os órgãos públicos precisam melhorar seu desempenho, e de que maneira podem se tornar melhores.

Como isso funciona na prática?

ELISABET FURA: Se eu ler constantemente nos jornais que a polícia não está respeitando os direitos dos *gays*, por exemplo, é minha função investigar e descobrir a causa do problema: talvez seja uma falha na legislação, ou uma falha na aplicação da lei, ou pode ser também que nossos policiais não estejam sendo suficientemente educados para lidar com questões de direitos humanos. Nossa missão seria então, neste caso, ajudar as autoridades a melhorar o desempenho de suas funções, e assegurar que os funcionários sigam a lei. É nossa responsabilidade garantir que as autoridades públicas tratem todos os cidadãos com imparcialidade e objetividade, e respeitem a lei de acesso aos documentos oficiais.

Quais são as armadilhas a serem evitadas na aplicação da lei da transparência?

ELISABET FURA: Em todo o mundo, inclusive em algumas democracias desenvolvidas, os

A ombudsman Elisabet Fura: fiscalizando e sendo fiscalizada.

governos tendem a dizer que a transparência é importante, mas que "neste momento particular precisamos fechar os olhos por um momento, pois as decisões que iremos tomar são tão sérias e importantes e por isso não podemos ser tão transparentes como gostaríamos". Isto ocorre, por exemplo, em tempos de crise econômica, como agora. Mas esta postura é totalmente errônea. Porque sem poder vigiar as decisões do poder, as pessoas perdem a confiança no governo. E quando o governo anuncia suas difíceis decisões econômicas, até porque não há dinheiro suficiente para realizar todas as boas coisas que precisam ser feitas, os cidadãos não respeitam essas decisões, já que não compreendem como elas foram tomadas. Adotar uma postura de que a transparência só é boa quando as coisas vão bem, e o sol está brilhando, não é aconselhável. Pois dá aos governantes apenas uma falsa sensação de segurança.

As decisões do* Ombudsman *do Parlamento não têm força legal, e, portanto, uma autoridade pública não tem o dever formal de cumprir as suas determinações. Qual é o impacto real do seu trabalho?

ELISABET FURA: Neste ponto, há dois aspectos importantes. Em primeiro lugar, o papel da mídia é extremamente importante, e por isso nos esforçamos para manter um alto nível de atendimento aos jornalistas. Eles têm acesso imediato a tudo aqui, e assim que alguém registra uma queixa eles podem acompanhar nossos diários e registros — e eles de fato acompanham. Também abrimos aos jornalistas os *e-mails* que enviamos e recebemos.

Os jornalistas têm acesso aos* e-mails *que a senhora troca com ministros e autoridades públicas?

ELISABET FURA: Sim, eles têm acesso a basicamente tudo, com exceção de poucos pontos especificamente definidos na lei do sigilo. Portanto, a mídia desempenha uma tarefa importante em relação ao impacto das decisões tomadas pelo escritório do *Ombudsman* do Parlamento. Em segundo lugar, está o poder de persuasão contido nestas decisões. Buscamos sempre manter um nível elevado de qualidade em nossas investigações, a fim de produzir decisões bem fundamentadas. Por isso, quando concluímos uma investigação e decidimos fazer críticas a uma determinada autoridade, essa autoridade irá acatar as críticas e providenciar mudanças e correções de curso.

Uma autoridade pública acata de fato as suas decisões, mesmo sem ser legalmente obrigada a isso?

ELISABET FURA: Sim, sim. É uma questão cultural. As autoridades públicas usam com frequência os relatórios produzidos pelo JO (*Ombudsman* do Parlamento) para aperfeiçoar suas regras e procedimentos internos. A instituição do *ombudsman* tem mais de 200 anos neste país, e as autoridades levam a sério o funcionamento de nossa democracia. Foi o que aconteceu recentemente com as críticas feitas por nós ao Ministério da Indústria. Descobrimos que os funcionários do ministério não estavam respeitando a Constituição, porque um jornalista havia esperado durante várias semanas por determinada informação solicitada, e não havia sido atendido com imparcialidade. A ministra e o próprio primeiro-ministro tiveram que se explicar diante do Comitê de Constituição do Parlamento.

Vários de seus relatórios recentes têm criticado diferentes autoridades por falhas no cumprimento às leis de acesso aos documentos oficiais, como o Ministério das Relações Exteriores. O sistema sueco está se tornando menos transparente?

ELISABET FURA: Sim, há razões para emitirmos críticas. Mas você pode inverter este argumento e dizer que, em vista do enorme número de decisões que são tomadas todos os dias por funcionários do governo, das municipalidades e dos órgãos governamentais, talvez nosso sistema não esteja tão mal. Sem dúvida, o melhor seria, porém, chegar a um ponto ideal em que eu e meus colegas do escritório do *Ombudsman* do Parlamento ficassem desempregados por falta do que fazer.

Como chegar mais perto deste ponto ideal?

ELISABET FURA: Precisamos estar vigilantes. Porque a falta de transparência gera um estado corrupto, e um estado corrupto é uma ameaça à democracia. Quando o trem expresso que liga o aeroporto internacional ao centro de Estocolmo foi construído, por exemplo, a polícia criou uma unidade anticorrupção especial para o projeto. Sempre que se faz um grande projeto de infraestrutura na Suécia, a polícia cria uma unidade anticorrupção especificamente para acompanhar o projeto de construção. Porque sabemos que há uma grande quantidade de dinheiro em jogo, um grande número de fornecedores, empreiteiros e funcionários públicos envolvidos, e portanto grandes oportunidades de se cometer atos corruptos.

Vários países têm adotado o modelo do* ombudsman *sueco. Qual é a principal lição da experiência sueca?

ELISABET FURA: Um aspecto importante é que a eleição do *Ombudsman*, na Suécia, é feita por unanimidade pelos 349 deputados do Parlamento. Os deputados fazem suas avaliações e votam em um único candidato, que via de regra é um jurista, e que só é eleito se o voto for unânime. Isso é importante, porque dá legitimidade ao *Ombudsman*. Para dar um exemplo, há pouco tempo recebi a visita do *Ombudsman* da cidade de São Petersburgo, na Rússia, que enfrenta enormes problemas com relação à sua legitimidade. Ele também é eleito pelo Parlamento, mas não de forma unânime, e ocupava ele próprio, anteriormente, o cargo de deputado. Posso então compreender a origem do problema da legitimidade neste caso: pessoas com posições políticas diferentes não irão confiar em um *ombudsman* que já foi político, e que tem um mandato apenas parcial do Parlamento para exercer a função. Recebemos aqui na Suécia um fluxo constante de visitantes com questões como esta. Mais recentemente, temos tido a visita de várias delegações da China, África do Sul e Turquia, que acaba de instituir seu primeiro *ombudsman*. Todos têm enfrentado dificuldades de todos os tipos, e vêm aqui para saber sobre como lidamos com os nossos problemas. A questão da legitimidade do *ombudsman* é, a meu ver, um ponto essencial. É também importante que a instituição tenha um financiamento adequado. Porque se o *Ombudsman* tiver à sua disposição uma bela legislação, mas não dispuser das ferramentas para aplicá-la, ele não será capaz de produzir decisões boas e bem fundamentadas.

Qual é o seu orçamento?

ELISABET FURA: Nosso orçamento é de pouco mais de 80 milhões de coroas suecas por ano (cerca de 12 milhões de dólares). Cabe a nós supervisionar tudo o que é financiado com o dinheiro dos contribuintes, como as 250 agências governamentais e todas as municipalidades. Também é minha responsabilidade supervisionar a polícia e o sistema prisional. Nas penitenciárias, recebemos cerca de mil reclamações por ano de detentos sobre a forma como são tratados, ou sobre limitações para telefonar para suas famílias. O sistema prisional. também possui um serviço de atendimento com funcionários legalmente capacitados para lidar com questões como estas. E quando recebemos uma queixa e decidimos fazer uma investigação mais profunda sobre o caso, enviamos um relatório às autoridades prisionais e demandamos uma resposta.

Em casos de violação à lei da transparência, queixas também podem ser encaminhadas ao Provedor de Justiça, o* Ombudsman *do Parlamento. As duas instituições trabalham em paralelo?

ELISABET FURA: Tentamos evitar investigar o mesmo caso. Podemos, mas evitamos. Em primeiro lugar, porque não seria um bom uso do dinheiro do contribuinte. E também porque não seria uma boa coisa chegar a duas conclusões diferentes sobre um mesmo assunto.

Quem investiga o Ombudsman*?*

ELISABET FURA: Os jornalistas vêm ao meu escritório e checam as minhas próprias contas. E eu e os demais juristas que trabalham aqui temos muita consciência disso. Também somos submetidos a auditorias internas e externas. E também somos supervisonados pelo Serviço Nacional de Auditoria *(Riksrevisionen)*.

Comandante Supremo sueco, Sverker Göranson. É um direito meu e de qualquer um na Suécia, garantido pela lei da transparência. A funcionária confirma que não preciso me identificar.

— Qualquer cidadão sueco ou jornalista pode entrar em contato com nossa sede, para solicitar de forma anônima documentos, correspondências ou registros recebidos e enviados por meio das Forças Armadas. É parte da lei de transparência sueca — diz a funcionária das Forças Armadas.

— Dependendo do pedido, o processamento das informações pode demorar alguns dias, uma vez que em certos casos é preciso assegurar que informações sigilosas não serão vazadas — ela acrescenta.

Peço que o relatório de despesas do Comandante Supremo sueco seja enviado por meio dos correios, e três dias depois recebo a documentação. O relatório lista os gastos do comandante com viagens domésticas e estrangeiras, além de custos de representação. A documentação inclui a prestação de contas de um jantar oferecido pelo Comandante a autoridades de defesa estrangeiras, no valor total de 19.268 coroas suecas (cerca de 2,9 mil dólares). A nota fiscal inclui os custos do cardápio de três pratos para vinte convidados, a 414 coroas suecas (cerca de 63 dólares) por pessoa, e a alimentação fornecida para os seguranças e motoristas a serviço das autoridades, a 115 coroas por cabeça (cerca de 17 dólares). A nota especifica ainda os gastos com a decoração das mesas, os três tipos de vinho servidos (a 150 coroas suecas por pessoa, ou cerca de 23 dólares) e os custos com cozinheiros e garçons.

Os suecos não querem caixas-pretas nos corredores do poder: as contas de qualquer autoridade sueca devem estar abertas ao escrutínio popular.

Na internet, as páginas oficiais de diferentes órgãos do aparato do estado trazem relatórios detalhados dos gastos e das atividades realizadas com o dinheiro dos altos impostos cobrados dos cidadãos. O *site* das Forças Armadas exibe a relação de gastos e a descrição minuciosa de todas as operações desenvolvidas a cada ano. O que foi e é feito, enfim, com o dinheiro do contribuinte.

Uma tabela traz os nomes e os salários dos funcionários — estão lá também os vencimentos do Comandante Supremo das Forças Armadas. A página oficial inclui ainda os relatórios anuais do serviço de inteligência militar da Suécia (*Militära underrättelse och säkerhetstjänsten*, MUST).

O uso do dinheiro dos impostos é vigiado por um grupo de auditores independentes. Eles atuam como uma espécie de farol para os contribuintes, no revolto mar de balanços e balancetes produzidos por cada autoridade pública: seus vereditos sobre a atuação de cada órgão também são publicados regularmente na internet.

Estes auditores independentes do chamado Serviço Nacional de Auditoria (*Riksrevisionen)* têm poderes para fiscalizar as finanças e as operações de toda a estrutura do poder sueco — o Governo, o Parlamento e as autoridades públicas, incluindo a Polícia e as Forças Armadas. Sua missão é fiscalizar se o dinheiro dos contribuintes está sendo empregado como deve.

— Se alguma irregularidade for encontrada, como uma grande quantidade de dinheiro sendo movimentada na direção errada, os auditores reportam a autoridade à polícia — diz Pernilla Eldblom, diretora de comunicação do Serviço Nacional de Auditoria.

A missão do *Riksrevisionen* também é fiscalizar se as leis e diretrizes decididas pelo Parlamento estão sendo implementadas, de forma correta e eficiente, tanto pelo governo como pela autoridade pública.

Para isso, são produzidos relatórios não apenas financeiros sobre as autoridades públicas — mas também relatórios de eficiência.

— A primeira pergunta que os auditores fazem é: "esta autoridade está cumprindo e implementando as decisões tomadas pelo Parlamento?". Em outras palavras, o *Riksrevisionen* verifica se o governo e as autoridades públicas estão fazendo o seu trabalho. Onde há falhas, os auditores entram com recomendações para aumentar a eficiência das autoridades públicas — diz Pernilla Eldblom.

Os relatórios são submetidos ao Parlamento, que por sua vez envia os documentos ao governo, que tem por obrigação comentar os resultados. Se o relatório recomendar correções de curso, as autoridades têm prazo de quatro meses para informar que medidas já foram ou estão sendo tomadas para aumentar a eficiência de suas operações. O comitê parlamentar responsável analisa então as medidas relatadas, e o Parlamento toma uma decisão sobre cada caso.

O *Riksrevisionen* fiscaliza também as empresas nas quais o estado detém participação de no mínimo 50%.

E o próprio *Riksrevisionen* é, por sua vez, fiscalizado por empresas internacionais de auditoria privada: a auditoria interna do órgão sueco é realizada pela Price Waterhouse

Coopers, e a auditoria financeira é feita pela BDO, uma das maiores companhias do mundo no setor.

— A ideia é garantir a total confiança da sociedade nas autoridades públicas — diz o Auditor Geral do Serviço Nacional de Auditoria sueco, Claes Norgren.

Mas o repórter sueco Fredrik Laurin mantém a desconfiança em grau de alerta vermelho:

UMA CONVERSA COM O REPÓRTER INVESTIGATIVO FREDRIK LAURIN

"O Governo sueco não é transparente quando não quer ser. De jeito nenhum".
Fredrik Laurin

Fredrik Laurin tem o olhar sério, inquisidor, quase feroz. Sabe que vive em uma das sociedades mais transparentes do mundo. Mas a fala veemente, acentuada por uma incidental coreografia de gestos de cólera, deixa claro o seu horror patológico às furtivas tentativas de certos setores do sistema sueco de aumentar a extensão do manto de segredo sobre seus atos.

Um dos mais respeitados repórteres investigativos da Suécia, Laurin coleciona prêmios na categoria e foi por duas vezes vencedor do *Stora Journalistpriset*, a maior premiação do jornalismo sueco. Entre diversos escândalos investigados junto à sua equipe, Fredrik Laurin expôs na TV a atuação do governo e dos serviços secretos suecos na entrega de dois egípcios suspeitos de ligações com o terror, e que em 2001 foram capturados secretamente por agentes americanos da CIA em solo sueco.

Desde 2006, Laurin trabalha como jornalista independente para o prestigiado programa investigativo *Uppdrag granskning*, da TV pública *SVT*. Em 2007, participou das investigações que denunciaram no programa a existência de um suposto esquema de subornos na venda dos caças suecos Gripen à África do Sul, Hungria e República Tcheca.

Meu primeiro contato com Laurin é tenso. Marcamos o encontro em um discreto café da movimentada ilha de Södermalm. Depois de um rápido cumprimento formal, ele pede a minha identificação: sua atual investigação, segundo ele explica com um certo constrangimento mas uma firmeza convicta, exige cautela. Mostro a carteira de imprensa, e um outro Laurin, amistoso e descontraído, senta-se à minha frente. Os olhos atentos já haviam percebido a presença de um maço fechado na bolsa entreaberta ao meu lado, e ele me pede um cigarro.

Ao fim de uma hora de conversa, Laurin se despede e segue pela rua, em busca do próximo escândalo.

A lei da transparência sueca merece a fama que possui?

FREDRIK LAURIN: É uma lei extremamente importante para a democracia, e é um dos pilares do sistema sueco. Na letra da lei, a transparência total é a regra.

É de fato, como chegam a afirmar alguns, o sistema mais aberto do mundo?

FREDRIK LAURIN: Agora entramos nas entrelinhas. Porque na teoria, é um dos melhores sistemas de transparência do mundo. A lei estabelece que toda informação oficial deve ser aberta, com exceção dos pontos determinados na lei do sigilo, como os registros médicos de uma pessoa. O problema é que certas autoridades governamentais têm se tornado criativas, em termos de classificar suas informações como sigilosas.

Por exemplo?

FREDRIK LAURIN: Um exemplo é o *Skatteverket* (Autoridade Fiscal sueca). A agência criou um sistema pelo qual as informações fiscais estão submetidas a uma lei especial, a lei de sigilo fiscal. E essa lei tornou-se um estatuto à parte. Ela determina que o espelho da declaração de renda de uma pessoa é uma informação pública, assim como o nome, o endereço e o número da seguridade social dessa pessoa. Mas qualquer outro detalhe é sigiloso. Então, você pode perguntar qual é o tamanho do sapato do diretor da Autoridade Fiscal, e eles vão dizer "desculpe, mas isto é segredo". Já em qualquer outra autoridade sueca, o princípio é responder, "Vamos tentar descobrir o tamanho do sapato do diretor, e verificar se há restrições ao acesso a esta informação. Não, não há restrições, aqui está o tamanho do sapato". Portanto, o princípio básico da lei sueca é imensamente importante — o princípio de que toda informação deve ser aberta. Mas várias autoridades têm se tornado mais sigilosas.

O Ministério das Relações Exteriores sueco também foi alvo de críticas recentes do Ombudsman, por falhas no registro de informações oficiais.

FREDRIK LAURIN: Sim. O ministério vinha ignorando de forma flagrante o princípio do acesso público a informações oficiais.

Como você compararia o sistema sueco de transparência em relação a outros países?

FREDRIK LAURIN: Se você comparar o sistema sueco com o da União Europeia em geral, a Suécia é muito mais transparente. Já trabalhei em outros países da União, e é ridículo constatar que nesses países é quase impossível obter até mesmo informações banais. Na Grã-Bretanha, nos últimos anos, os britânicos finalmente chegaram à conclusão de que era preciso modernizar o país, e adotaram certos princípios constitucionais de transparência semelhantes aos da Suécia. Já se você comparar o sistema sueco com o dos Estados Unidos, é preciso pensar duas vezes. Porque em alguns casos, a transparência das autoridades americanas é maior do que na Suécia.

Que tipo de casos?

FREDRIK LAURIN: Quando eu e meus colegas investigamos o caso dos dois egípcios entregues pelas autoridades suecas a agentes americanos da CIA, a agência sueca de Transportes bloqueou de todas as maneiras possíveis as informações sobre o avião no qual eles foram retirados de Estocolmo. O cronograma de voos, o aeroporto, os aviões — nenhuma informação do gênero é aberta na Suécia. Nem mesmo o nome das pessoas que trabalham no aeroporto pode ser acessado. Tivemos que ir ao aeroporto de Bromma (na capital sueca) e anotar o número das placas dos veículos estacionados na área reservada aos funcionários, a fim de descobrir quem trabalhava ali e poder assim contactá-los.

Foi possível pelo menos usar a lei da transparência sueca a fim de identificar as pessoas por meio dos números das placas dos veículos?

FREDRIK LAURIN: Sim, é verdade. Foi para isso que a lei da transparência sueca serviu nesse caso. Nos Estados Unidos, contactamos as autoridades de aviação e solicitamos toda a informação disponível sobre o avião que investigávamos. Tive que enviar a eles um cheque de cinco dólares, e custou dez vezes mais para transferir o dinheiro. Mas, em troca, recebi um CD em que foram gravados os arquivos completos sobre o avião. Na minha opinião, em áreas nas quais a transparência é realmente importante, como o setor empresarial e a atuação de lobistas, os Estados Unidos são muito mais abertos. Na Suécia, não há sequer uma lei que regule a atuação dos lobistas no Parlamento.

Pode citar um caso em que a lei da transparência tenha sido determinante para a condução das suas investigações?

FREDRIK LAURIN: Há vários anos fiz uma investigação sobre os juízes da Suprema Corte, e usei extensivamente o princípio da transparência. Contactei as autoridades judiciais, e a partir daí levantei todas as informações possíveis sobre os juízes — que salários ganhavam, que tipo de imóvel tinham, que tipo de carro dirigiam. Qual era, enfim, a situação econômica daqueles homens e mulheres. Descobri que um número deles recebia renda de atividades paralelas, o que não é ilegal, mas não era regulamentado. O resultado foi que as regras foram mudadas, de forma a que todos os juízes são hoje obrigados a declarar suas atividades paralelas.

© DIVULGAÇÃO

Para o jornalista Laurin, o governo sueco não é transparente quando não quer ser.

O Judiciário sueco é de fato limpo?

FREDRIK LAURIN: Na minha opinião, é um sistema limpo. Em geral, os juízes suecos são muito limpos.

Os tribunais suecos são mesmo transparentes?

FREDRIK LAURIN: Sim, com algumas exceções. Por exemplo, a lei do sigilo é empregada para proteger a identidade de vítimas de crimes sexuais, e informações sobre esse tipo de caso são classificadas como sigilosas.

No governo, é de fato possível ter acesso frequente aos* e-mails *do primeiro-ministro, por exemplo?

FREDRIK LAURIN: Sim. O princípio é o de que todos os *e-mails* são públicos, a menos que contenham informações que podem ser protegidas segundo os termos da lei do sigilo. Mas a regra principal determina que uma decisão formal sempre deve ser aberta e transparente. Documentos enviados a uma autoridade também devem sempre ser acessíveis ao público, com exceção das restrições previstas na lei do sigilo. Mas a resposta é sim, os *e-mails* e as correspondências enviadas ao primeiro-ministro são documentos enviados à autoridade governamental, e portanto são documentos abertos ao público.

Como você avalia, de maneira geral, o cumprimento, na prática, da lei da transparência sueca?

FREDRIK LAURIN: No início da minha carreira jornalística, nos anos 1980, o sistema da transparência funcionava muito melhor. Tudo era mais aberto. Hoje, percebo que cada vez mais devo me tornar uma espécie de jornalista inglês: ter competência para cultivar boas fontes, em vez de ter competência para saber onde buscar informações oficiais. O governo sueco está cada vez mais caminhando na direção de um sigilo maior, e não é transparente quando não quer ser. De jeito nenhum.

DOAÇÕES PRIVADAS A PARTIDOS POLÍTICOS: TRANSPARÊNCIA, SÓ EM 2014

— É uma anomalia — constata o cientista político sueco Daniel Tarschys: neste país que criou a lei de transparência mais antiga do mundo, o acesso público às fontes de doações privadas recebidas pelos partidos políticos ainda é fechada. A abertura das contas eleitorais só deve entrar em vigor a partir de abril de 2014, após a esperada aprovação de um projeto de lei que — após intensas pressões internas e externas — finalmente tramita no Parlamento.

— Esta lacuna na legislação sueca é consequência da cultura de consenso que existe no país, e do relativamente alto grau de confiança nas instituições políticas — diz Tarschys, da Universidade de Estocolmo. — Mas é uma anomalia, e a regulamentação das contas eleitorais é uma medida que vem sendo recomendada continuamente pelo GRECO (Grupo de Estados contra a Corrupção, organismo do Conselho da Europa) — ele acrescenta.

A principal fonte de financiamento dos partidos políticos na Suécia vem do estado, com recursos estimados em cerca de 70% a 80% do total arrecadado pelas siglas. Na página oficial do Partido Moderado, o maior da aliança governista, o mais recente relatório elaborado pelos auditores da multinacional Ernst&Young sobre as contas anuais da sigla aponta: de um total de 163,75 milhões de coroas suecas arrecadadas em 2012 pelo partido (cerca de 24 milhões de dólares), 121,86 milhões de coroas (cerca de 18,3 milhões de dólares) correspondem ao financiamento público recebido do governo. Ou seja: o financiamento público representou 74% da verba total arrecadada pelo partido.

Moderata Samlingspartiet
Org nr 802001-5452

Resultaträkning

	Not	2012-01-01 -2012-12-31	2011-01-01 - 2011-12-31
Intäkter			
Medlemsavgifter		5 707	5 516
Statligt partistöd		121 865	119 452
Ersättning från länsförbund		16 659	16 716
Hyresintäkter		4 929	5 375
Övriga intäkter	2	14 590	18 090
		163 750	165 149
Kostnader			
Övriga externa kostnader	3, 4	-49 279	-49 778
Personalkostnader	5, 6, 7	-110 797	-100 787
Avskrivningar	8, 9	-1 392	-1 097
		-161 468	-151 662
Verksamhetsresultat		*2 282*	*13 487*
Finansiella intäkter och kostnader			
Återförd nedskrivning aktier i dotterbolag		0	300
Resultat från långfristiga värdepappersinnehav	10	464	-411
Ränteintäkter		1 668	1 504
		2 132	1 393
Resultat efter finansiella poster		*4 414*	*14 880*
Återbetalning aktieägartillskott		0	1 300
Årets resultat		4 414	16 180

Relatório do Partido Moderado mostra que 74% de suas doações vieram de fontes públicas.

Entre os partidos menores, a história é semelhante: segundo o relatório anual de auditoria sobre as contas do Partido de Esquerda (*Vänsterpartiet*, ex-comunista), disponível na página oficial da sigla, o partido arrecadou um total de 34,8 milhões de coroas suecas durante 2012 — dos quais 30 milhões (88%) vieram do financiamento público à agremiação.

O financiamento público aos partidos políticos suecos soma 438 milhões de coroas suecas por ano, o equivalente a aproximadamente 63,3 milhões de dólares. Cada partido recebe atualmente um montante de 333.300 coroas anuais (cerca de 50,4 mil) por assento que detém no Parlamento.

Partidos não representados no Parlamento também recebem contribuições do governo, desde que tenham obtido ao menos 2,5% dos votos em todo o país em uma das duas eleições anteriores.

A verba do financiamento público cobre, além disso, gastos partidários com administração. Cada um dos oito partidos políticos representados no Parlamento recebe uma contribuição básica de 5,8 milhões (cerca de 877 mil dólares). Há ainda uma contribuição suplementar: para os partidos do governo, o montante do suplemento é de 16.350 coroas suecas (cerca de 2,4 mil dólares) por assento no Parlamento. Para os demais partidos, a contribuição adicional é de 24.300 coroas (aproximadamente 3,6 mil dólares).

Para receber o financiamento do governo, todos os partidos devem produzir um relatório financeiro anual, que é obrigatoriamente submetido ao escrutínio de uma firma de auditoria autorizada. Como no caso do Partido Moderado, os relatórios auditados de todas as siglas estão disponíveis na página oficial de cada partido político sueco na internet.

As demais fontes de financiamento dos partidos políticos suecos vêm de doações privadas, contribuições de membros e loterias organizadas pelas siglas.

Até 1965, uma das principais fontes de recursos dos partidos eram as contribuições de membros. Quando o financiamento público das siglas foi introduzido, no ano seguinte, a verba do governo passou a representar a metade dos recursos partidários. Segundo estimativas do *think tank* sueco Timbro, em 2010 as doações de pessoas privadas representaram entre zero e 4,3% da arrecadação de fundos para o financiamento de partidos.

Em 1980, os partidos representados no Parlamento chegaram a uma espécie de acordo voluntário para abrir suas contas eleitorais entre si — mas não para o público.

Pela nova lei que tramita no Parlamento, os partidos políticos serão obrigados a declarar publicamente suas fontes de financiamento, além de detalhar a forma como são financiadas as campanhas eleitorais de cada candidato. Todas as doações privadas com valor acima de 22.250 coroas suecas (cerca de 3,3 mil dólares) deverão ser indicadas. A lei prevê ainda a publicacão, na internet, da identidade dos doadores.

O objetivo da nova legislação, diz o Ministério da Justiça sueco, é "assegurar o controle do público sobre a forma como os partidos financiam suas atividades políticas, e como os candidatos financiam suas campanhas eleitorais".

UMA CONVERSA COM A MINISTRA DA JUSTIÇA

"A lei da transparência brasileira é muito boa e importante, e demonstra o compromisso do Brasil de caminhar na rota do futuro".
Beatrice Ask

Às quatro da tarde do inverno sueco é noite fechada em Estocolmo. Crianças brincam em parques escuros de iluminação tênue, entre postes ornamentados que emitem uma calmante luz de brilho amarelado. Na penumbra das aleias que cortam o belíssimo parque central de Humlegården, a sinfonia de gritos infantis intermitentes, soltos por vultos que mal se distinguem na escuridão dos gramados, cria uma espécie de ópera mirim de terror. O cenário de sobressalto diurno é dramatizado pelas assustadoras silhuetas das imensas árvores nuas, sem folhas.

Em toda a cidade, velas e tochas iluminam a entrada de cafés, restaurantes, lojas e edifícios. Quando dezembro trouxer a noite mais longa do ano, procissões de adolescentes vão desfilar no dia 13 cantando pelas igrejas do país, com mantos brancos e coroas de velas na cabeça, para pedir a Santa Luzia que leve a escuridão embora. É mais por tradição do que por fé. Mas todos, entre a minoria de religiosos e a maioria de descrentes, esconjuram as trevas do inverno.

No Ministério da Justiça sueco, manter a luz sobre os cantos escuros do poder é responsabilidade de uma mulher. Uma mulher de pouco mais de um metro e meio de altura, que aperta minha mão com força na sede do Parlamento.

A transparência é o melhor antídoto para a corrupção?

BEATRICE ASK: A transparência dos atos oficiais é a razão pela qual a Suécia, assim como os demais países escandinavos, enfrenta menos problemas de corrupção. Quando um governo elimina os segredos do poder, não é fácil cometer atos corruptos. É importante que qualquer cidadão tenha meios de exercer controle sobre a administração pública e participar do processo decisório, a fim de aumentar a eficiência do sistema e evitar a corrupção. Governos que são abertos e transparentes prestam contas à população, e são menos corruptos.

A lei da transparência sueca tem quase 250 anos de existência. Em sua opinião, o sistema sueco se aperfeiçoou ou deteriorou em certos aspectos?

BEATRICE ASK: Eu diria que o sistema está estável. É preciso dizer que a Suécia enfrenta pressões

A ministra Ask, da Justiça: lei de transparência brasileira é boa e aponta para o futuro.

externas, por exemplo, por parte de outros países da União Europeia que ainda relutam em adotar uma postura de maior transparência. Desde 1995, quando a Suécia aderiu à União Europeia, o país realiza esforços para tentar tornar as decisões do bloco mais transparentes. E, desde 2001, tem havido progressos. Vários países europeus adotaram regras de transparência, e muitos estão trilhando esse caminho. De nossa parte, fazemos esforços constantes. Muitos colegas da União Europeia ainda preferem manter documentos oficiais em segredo, o que é contra os nossos princípios e a nossa lei constitucional. Também enfrentamos o mesmo problema em nossas relações internacionais em geral, quando, por exemplo, assinamos um acordo e nosso parceiro quer manter certas partes da documentação fechadas ao acesso público. Sempre colocamos na mesa os nossos princípios de transparência, mas nem sempre é fácil vencer a resistência. É uma luta constante.

Como a senhora responde às críticas de jornalistas suecos, que citam a ocorrência de obstruções ao acesso a documentos oficiais de determinados órgãos públicos na Suécia?

BEATRICE ASK: Qualquer administração cometerá erros. Mas se você analisar o sistema como um todo, a legislação da transparência é significativamente cumprida pelas autoridades suecas. Você pode ter acesso a praticamente qualquer informação. As exceções são limitadas a assuntos de segurança nacional e outros aspectos rigidamente definidos na lei do sigilo. As propostas de lei do governo são apresentadas em documentos públicos, e estão disponíveis na página oficial do Governo na internet. As decisões do Parlamento também são publicadas na internet. As despesas dos políticos e os salários dos servidores também são abertos. É importante dizer: é claro que sempre haverá algum tipo de falha, uma vez que nenhum sistema é perfeito. Temos tido alguns casos em que autoridades públicas consideraram pedidos de acesso a documentos oficiais com atrasos desnecessários. Isto é evidentemente lamentável. Todos os pedidos devem ser atendidos com rapidez pelas autoridades. Mas o sistema como um todo é significativamente transparente.

Críticos mais contundentes acusam determinadas autoridades de ter adotado regras de sigilo mais amplas do que aquelas permitidas por lei.
BEATRICE ASK: Nenhuma autoridade pública está autorizada a criar suas próprias regras de sigilo. O acesso dos cidadãos a informações oficiais é um direito assegurado pela Constituição sueca. Em alguns casos, a interpretação da lei pode dar margem a dúvidas sobre se um documento deve ou não ser classificado como secreto. Mas a decisão de qualquer autoridade pública de negar acesso a um documento, ou mesmo a trechos de um determinado documento, sempre pode ser contestada nos tribunais. É um direito dos cidadãos recorrer aos tribunais para ter um julgamento imparcial sobre um pedido de acesso a informações oficiais. As Cortes de Justiça devem respeitar a igualdade de todos os cidadãos perante a lei, e exercer a imparcialidade e a objetividade em seus julgamentos.

Como vê a iniciativa do Brasil de implementar um amplo projeto de transparência no país?
BEATRICE ASK: A lei da transparência brasileira é muito boa e importante, e demonstra o compromisso do Brasil de caminhar na rota do futuro. A abertura e a transparência são partes vitais das democracias modernas, e a base de qualquer sociedade aberta está na liberdade dos cidadãos de acessar as informações oficiais das autoridades públicas. Acredito que, atualmente, também devido à revolução que estamos presenciando nas mídias sociais, um número crescente de países percebe que é cada vez mais difícil esconder fatos do público. Isso é bom, pois torna esses países mais abertos à adoção de novas leis de transparência, o que por sua vez traz o benefício de reduzir os problemas de corrupção. A transparência é o que permite aos cidadãos participar de perto das decisões tomadas pelo poder, além de vigiar os gastos das autoridades e a eficiência das instituições públicas.

Posso checar o seu relatório de despesas pessoais?
BEATRICE ASK: Sim. Todos os ministros e deputados suecos têm a obrigação de declarar suas despesas e prestar contas de seus gastos aos cidadãos.

Nas coisas do poder sueco, a luz ainda é o melhor detergente. Todos sabem que a transparência dos atos do poder é uma poderosa força na cruzada contra o inimigo sempre à espreita: a corrupção.

— Existe uma ligação óbvia entre o acesso público às informações oficiais e baixos índices de corrupção — dizia Jeremy Pope, um dos fundadores da organização anticorrupção Transparência Internacional.

CAPÍTULO III

A CORRUPÇÃO EM XEQUE

"Cuidado, os meio-sábios estão por toda parte."
Hávamál, poema *viking*

A CORRUPÇÃO MOVIMENTA mais de um trilhão de dólares por ano em escala global — só em subornos. E este é um cálculo conservador, diz o Banco Mundial. Na política, diz-se que já nos tempos de Cícero os romanos tentavam proibir candidatos de patrocinar lutas de gladiadores antes de uma eleição. Desde o século I a.C., quando comprar o voto dos cidadãos da Roma antiga tornou-se uma prática generalizada, a roubalheira e a picaretagem têm atingido proporções amazônicas.

Os suecos também colecionam seus escândalos políticos. Mas quem rouba, suborna ou abusa do poder não tem impunidade garantida pelo cargo — a Suécia não oferece imunidade aos seus políticos. Aos consabidamente corruptos, também é negada a distinção do foro privilegiado, que garante a políticos do além-mar o direito de serem julgados em tribunais especiais. Nenhum político está acima da lei. Todos estão sujeitos à mesma Justiça que julga o cidadão comum.

— Os políticos suecos podem ser processados e julgados como qualquer cidadão — diz Alf Johansson, um dos promotores especializados em corrupção na Suécia.

A perspectiva de serem desmascarados, expostos, detidos e julgados faz com que certos integrantes deste seleto grupo de mulheres e homens probos pensem três vezes antes de colocar dinheiro alheio dentro de malas ou meias.

Maior que a ausência de uma cultura de impunidade, no entanto, foi o desenvolvimento na Suécia de uma cultura de honestidade e confiança nas instituições públicas.

Até o fim do século XVIII, podia-se dizer que havia algo de podre no Reino da Suécia. Mas chegara o momento inadiável de destampar os esgotos. O processo de mudanças que transformaria a face do país, como se verá adiante, foi essencialmente uma reforma revolucionária das instituições da Suécia. A lei da transparência marchava ao lado, como aliada de força jupiteriana na faxina nacional que se produziu.

No fim do século XIX, a corrupção política foi praticamente varrida em nível federal. Uma nova moral, com sólidas regras de honestidade, emergiu no país. Da concepção de que a coisa pública não é de ninguém, pouco se ouviria falar.

A manobra foi quase perfeita. Como apontam os autores de um dos mais recentes estudos sobre corrupção publicados na Suécia, uma sociedade na qual ninguém tenta tirar vantagem de ninguém é seguramente uma utopia.

Em nível nacional, todos concordam que a Suécia continua praticamente livre de corrupção política. O dilema atual dos suecos é combater os embusteiros que atuam em certo grau na esfera municipal, e que alimentam os jornais com os escândalos políticos do país. Trata-se de uma estirpe de moral tortuosa que germinou, segundo pesquisadores suecos, de relações incestuosas entre autoridades e empresários locais — um cenário produzido em parte, na opinião de alguns, como consequência da onda de privatizações parciais iniciadas nos serviços públicos municipais na década de 1990. Numa sociedade altamente descentralizada como a sueca, o campo também é fértil para relações promíscuas em nível local.

Porém, no geral, este é um país sem vícios explícitos de corrupção. Se as estatísticas não mentem, são poucos os predadores de impostos que habitam este país como representantes do povo.

— A maioria dos políticos suecos não é corrupta — afirma a comentarista política Lena Mehlin, do jornal *Aftonbladet*. — Em nível municipal, abusos vêm ocorrendo. Mas em nível nacional, nenhum político paga sequer por almoços ou jantares com o dinheiro do estado.

Mais difícil é erradicar o que se chama por aqui de *vänskapskorruption* (amiguismo) — a célebre troca de favores. Um exemplo extremo foi a controvérsia que envolveu o primeiro-ministro Olof Palme, na década de 1980: um jornalista sueco revelou que, ao ser convidado para proferir uma palestra na universidade americana de Harvard, Palme não cobrara honorários — mas teria indicado, durante a visita, o interesse de seu filho, Joakim Palme, em estudar na instituição. Pouco depois, Joakim Palme recebeu uma bolsa de estudos para cursar gratuitamente a universidade. Na imprensa sueca, foi levantada a pergunta: não deveria o primeiro-ministro pagar impostos sobre o benefício concedido ao filho? Olof Palme não havia declarado o benefício. Mas as autoridades fiscais suecas entenderam que sim, ele deveria pagar impostos sobre a bolsa de estudos recebida pelo filho, e avaliaram o valor a ser pago em 40 mil coroas suecas. Com a notícia do trágico assassinato de Olof Palme dias depois, em 28 de fereveiro de 1986, o debate ficou inconcluído. Mas o caso ficou conhecido como o Harvard Affair.

Apesar das eventuais manchas no currículo, a Suécia, assim como os demais países nórdicos, segundo o cientista político Bo Rothstein, representa uma espécie de enigma no debate sobre a corrupção. O país possui todas as características que, segundo a cartilha da teoria econômica convencional, deveria tê-lo transformado em uma sociedade irremediavelmente corrupta: um amplo setor público, um governo intervencionista e grandes burocracias com farto poder decisório sobre diversos tipos de regulamentações. Mas os indicadores mundiais da corrupção indicam precisamente o oposto.

Em todos os índices globais, a Suécia aparece regularmente entre os países menos corruptos do mundo. Nos relatórios anuais da Transparência Internacional, a Suécia nunca ocupou posição abaixo do sexto lugar desde que a organização começou a divulgar a lista das nações com os menores índices de percepção de corrupção, em 1996. No *Worldwide Governance Indicators* do Banco Mundial, o país aparece entre os primeiros no *ranking* das nações com os melhores indicadores referentes ao primado da lei e o controle da corrupção. Nas projeções do *World Justice Project*, que faz uma radiografia da Justiça no mundo, a Suécia figurou em 2010 e 2011 como a nação com o melhor desempenho em relação à efetividade da Justiça e o respeito ao Estado de Direito.

Mas vigiar é preciso.

No centro de Estocolmo, a Agência Nacional Anticorrupção (*Riksenheten mot Korruption*) mantém o alerta. O país está entre os menos corruptos do mundo, mas sabe que são as oportunidades que fazem o ladrão.

A força-tarefa de promotores independentes vasculha e investiga os principais casos de suspeita de corrupção entre políticos, empresários e funcionários da máquina administrativa. A agência é parte de um sistema de integridade que reúne a lei da transparência, um robusto código de conduta moral e programas regulares de conscientização ética em empresas e órgãos públicos.

A estratégia busca manter em xeque os ladrões, canalhas, criaturas sinistras e corruptos em geral. E na estratégia, como sabia Napoleão, decisiva é a aplicação. O grande vilão a ser combatido é o suborno, que a Agência Nacional Anticorrupção classifica como o câncer que ameaça qualquer sistema.

Para conter praga tão daninha, as autoridades chegaram a criar um código de normas para o recebimento de presentes pessoais em órgãos públicos e empresas privadas: como sabe a grande maioria dos suecos, receber mimos e brindes com valor superior a 400 coroas suecas (cerca de 140 reais, ou 60 dólares) no local de trabalho pode ser considerado crime.

Pela lei, quem pratica crime de corrupção na Suécia está sujeito a multa ou pena de até seis anos de prisão. Crimes políticos passíveis de pena de prisão, no entanto, são raros no país.

Um dos poucos de que se tem notícia ocorreu em 1995. Foi quando o presidente da Assembleia do pequeno município sueco de Motala viu-se obrigado a tomar sol no pátio de uma penitenciária, depois de levar uma *dolce vita* com o dinheiro público em balneários da Espanha e de Portugal.

O CASO MOTALA

O social-democrata Sölve Conradsson preparara seu próprio caminho para o xadrez com estilo. Presidente da Assembleia municipal de Motala, no sul da Suécia, certo dia ele decidiu que seria uma boa ideia animar políticos e personalidades locais com um jantar *black-tie.* Pago com o dinheiro do povo, é claro, para que a eventual ressaca do dia seguinte causasse dor na cabeça, mas não no bolso. A diversão era garantida.

No provável lapso cerebral provocado pelos neurônios em tamanha atividade festiva, Sölve enviou um dos convites do jantar para a chefe de redação do *Motala Tidning,* o jornal local. Que fez, a si mesma, a pergunta óbvia: quem paga a conta de tão régia gala?

Sölve mal havia pendurado seu *smoking,* quando a repórter Britt-Marie Citron foi escalada pela chefe para virar as contas do anfitrião pelo avesso. Com a ajuda de um auditor, ela reuniu material suficiente para escandalizar uma nação desabituada a ouvir a palavra corrupção no noticiário doméstico. Cabeças rolariam.

Em uma série de reportagens, o jornal revelou que Sölve desviara verba pública para pagar viagens privadas, jantares e compras pessoais. Tudo "à custa do dinheiro do contribuinte", fez questão de pontuar a agência de notícias sueca TT. Era um mau-caratismo político que os suecos acreditavam existir apenas no além-mar. A polícia e os promotores entraram em cena.

O presidente da Assembleia foi forçado a deixar o cargo. Alguns de seus crimes foram caracterizados como "particularmente perversos": a transferência de 140 mil coroas da municipalidade (cerca de 21,5 mil dólares) para uma conta bancária do presidente da Assembleia, e as viagens de férias feitas por ele a Portugal e à Espanha, na companhia de um alegre trem de familiares.

Conradsson havia usado recursos públicos para consumo privado "de uma forma excepcionalmente vergonhosa", disse o juiz do tribunal de Motala.

Sölve Conradsson ganhou um par de algemas, foi condenado a um ano e seis meses de prisão e teve que pagar uma multa de mais de 600 mil coroas suecas (cerca de 92 mil dólares).

No veredicto de 240 páginas, o juiz destacou que o prejuízo causado não poderia ser medido somente em dinheiro:

"O procedimento criminoso não apenas provocou consequências negativas para a municipalidade de Motala, como feriu gravemente a confiança dos cidadãos nos políticos desta sociedade", escreveu o juiz.

Seis dos outros sete acusados de envolvimento nas tramoias de Sölve também foram condenados.

A repórter que denunciara o caso recebeu o maior prêmio de jornalismo da Suécia pelo lixo encontrado em Motala, e indicou que a lei da transparência havia sido sua principal aliada na tarefa de investigar os atos escusos da administração local.

No livro que escreveu sobre o caso Motala, Britt-Marie Citron disse que "a lei municipal era como um tigre desdentado", e a oposição local tinha atuação "decorativa". Um tipo de classe política havia brotado ali como uma erva daninha, distante do contato e do controle dos cidadãos.

Motala foi transformada em um símbolo na Suécia de tudo o que pode dar errado quando o *establishment* político se distancia dos cidadãos. Segundo agências de notícias suecas, Sölve Conradsson cumpriu sua pena, e saiu da prisão com a carreira política a sete palmos do chão.

Mas um dos escândalos políticos mais emblemáticos da Suécia ainda é o infame Caso Toblerone.

O ESCÂNDALO TOBLERONE

Ela comprou uma barra de chocolate, fraldas e outros itens pessoais com o cartão governamental, e pagou caro: perdeu o cargo de vice-primeira-ministra. O escândalo entrou para os anais da política sueca em 1995 como o Caso Toblerone, e assombrou Mona Sahlin quase até o seu ocaso político em 2011.

O drama instalado simbolicamente pelo chocolate era impensável: Mona escalara as fileiras do partido Social-Democrata

© MAGNUS JÖNSSON

Uma barra de chocolate custou o cargo da ex-vice-primeira-ministra Sahlin.

como uma estrela ascendente, e sua chegada ao topo da liderança do país parecia tão previsível quanto o congelamento do Mar Báltico a cada inverno.

Em 1982, aos vinte e cinco anos de idade, Mona Sahlin havia sido a mais jovem deputada eleita para o Parlamento sueco. Com a verve indomável e o talento político, ela atravessaria as duas décadas seguintes galgando postos ministeriais e posições de poder.

— Não tente se esconder debaixo das minhas saias, porque elas são bastante curtas — disparara ela contra o então líder do Partido do Centro, Olof Johansson, durante o último debate televisivo da campanha eleitoral de 1991.

Nem o primeiro-ministro social-democrata Göran Persson era poupado das abrasadoras flechas de Mona.

— Sabe qual é o novo significado da expressão troca de opiniões? É que você entra no gabinete de Göran Persson com uma opinião, e sai de lá com a dele — dissera Mona em 2002, quando cuidava de assuntos de democracia e integração na pasta da Justiça.

Um ano antes do escândalo Toblerone, e pouco antes de assumir o posto de vice-primeira-ministra, ela cunharia sua mais famosa pérola — uma exaltação ao ato de pagar impostos.

— Se você é social-democrata, então acha que é bacana pagar impostos. Para mim, imposto é a melhor expressão do que a política realmente é — disse Mona na televisão pública *SVT*. Era setembro de 1994.

Em outubro de 1995, o jornal *Expressen* lançaria a granada: Mona Sahlin, na época a candidata natural à sucessão do primeiro-ministro Ingvar Carlsson, havia usado o cartão do governo para pagar despesas pessoais.

— Comprei toblerone, fraldas e cigarros — declarou Mona Sahlin. Para a mídia assanhada pelos tambores de guerra, o escândalo estava assim devidamente batizado: o Caso Toblerone.

Em sua defesa, a vice-primeira-ministra afirmou ter usado o cartão do governo como uma espécie de adiantamento do salário — segundo ela, uma prática comum na época. Mona disse ainda que seu cartão bancário privado era muito parecido com o do governo, e que em nenhum momento tivera a intenção de pagar suas despesas pessoais com dinheiro público. Também fez questão de deixar claro que o dinheiro estaria sendo restituído aos cofres do governo. Mas o estrago já estava feito.

Não se tratou, afinal, de apenas uma ou duas barras de chocolate. No total, o cartão governamental teria sido usado para pagar 53.174 coroas suecas (cerca de 8 mil dólares) em despesas como aluguel de carros e artigos pessoais.

No dia seguinte à revelação do escândalo, o jornal *Göteborgs-Posten* publicou uma pesquisa de opinião indicando que, para 66% dos entrevistados, Mona Sahlin era uma pessoa inadequada para liderar a Suécia.

Na euforia denunciatória que embalava a imprensa, surgiram revelações de que Mona pagou uma babá sem declarar ao Fisco, e que deixara de pagar a licença de TV — obrigatória para todos que possuem aparelho de TV na Suécia. A descoberta de uma coleção de multas por estacionamento proibido também demonstrava, para os detratores de Mona, que ela não era a líder apropriada para ocupar a posição de primeira-ministra do país.

Mona seguiu a cartilha de todo político sueco que se vê em súbito apuro: anunciou de imediato o chamado *time-out*, um afastamento temporário das funções. Mas a líder deu ainda mais munição aos críticos quando descobriu-se que ela foi esfriar a cabeça num idílio tropical, as Ilhas Maurício, acompanhada de guarda-costas pagos pelo governo.

O Procurador-Geral decidiu iniciar uma investigação contra Sahlin. Um mês depois, a vice-primeira-ministra anunciava sua renúncia. Retirava, ao mesmo tempo, sua candidatura à liderança do partido e ao posto de *premier*. Em abril de 1996, deixou também sua cadeira no Parlamento.

No fim da crise intestina provocada pelo Toblerone, o caso foi arquivado pela promotoria por falta de evidências de crime, e sob a justificativa de que as regras para o uso do cartão governamental não eram suficientemente claras.

Como se exige de qualquer político sueco apanhado com a mão no dinheiro alheio, seja por descuido ou má-fé, Mona Sahlin pagara, evidentemente, toda a soma devida de volta aos cofres públicos.

Mas, como sua própria sombra, o escândalo continuaria a perseguir Mona. Quando foi convidada de volta ao ministério, em 1998, muitos achavam que sua grande força política havia tropeçado no caminho. Em 2007, diante da hesitação de vários colegas cogitados para ocupar a liderança do partido, o nome de Mona voltou a ser ouvido. Aos cinquenta anos de idade, e mais de uma década depois do Caso Toblerone, ela finalmente tornou-se a primeira mulher a liderar o partido Social-Democrata sueco.

Ao subir à tribuna para discursar no Dia dos Trabalhadores de maio de 2009, uma barra de Toblerone foi arremessada da plateia contra ela.

— Não foi a primeira vez — contou Mona Sahlin mais tarde em entrevista à TV4 sueca.

Ela falou da importância de ganhar de volta a confiança das pessoas. De mudar sua maneira de ser, e mostrar que era capaz de merecer confiança.

— As pessoas estão realmente me ouvindo, ou só estão vendo um grande Toblerone na frente delas? Antes, elas viam definitivamente apenas um Toblerone. Mas agora me ouvem mais — disse Mona à TV4.

No epicentro do escândalo em 1995, Mona Sahlin dissera que a sensação era a de estar dentro de uma máquina de secar roupa. Tudo girava. Na entrevista à TV4, catorze anos depois do caso, ela admitiu que ainda sofria as consequências de ter comprado o Toblerone com o cartão do governo.

— Algumas pessoas nunca esquecem. Para elas, você é sempre culpado, em parte. Aprendi muito, mudei meu jeito de ser.

Encontrei Mona Sahlin em um dos últimos comícios da campanha eleitoral de 2010, durante cobertura para a reportagem do *Jornal da Band*. Era um domingo ensolarado de agosto no parque de Tantelunden, em Estocolmo, e a multidão se acomodava nas cadeiras instaladas no gramado. Alguns exibiam o rosto da líder estampado em suas camisetas. No palanque, Mona Sahlin alertava com sua característica firmeza, mais uma vez, para o risco do aumento da desigualdade econômica no país entre os mais ricos e os mais pobres.

— Não é este tipo de sociedade que queremos construir na Suécia — enfatizara a líder.

O discurso, segundo o jornal *Expressen*, já não surtia, porém, o mesmo efeito. Em meio à crise econômica que abatia a Europa, os suecos foram às urnas naquele ano apostando na segurança oferecida pelo governo de centro-direita e seu controle efetivo da economia sueca, apesar dos cortes sociais e do desemprego. Sob a liderança de Mona, nas eleições gerais de 2010, o partido Social-Democrata obteve 30,7% dos votos — o pior desempenho do partido desde a introdução do voto universal no país em 1921. Em março de 2011, Mona Sahlin foi substituída por Håkan Juholt no comando dos social-democratas. Também entrou para a história da social-democracia sueca como a pessoa que liderou o partido por menos tempo — quatro anos.

A LEI DOS PRESENTES

Suborno é caso grave de polícia na Suécia. A lei está de olho nos corruptos e nos amigos dos corruptos, e todo cuidado é pouco: qualquer presente dado e recebido no local

UMA CONVERSA COM O DIRETOR DA AGÊNCIA NACIONAL ANTICORRUPÇÃO

"Se uma pessoa tem que lutar diariamente por sua sobrevivência, para ter acesso à alimentação, à escola e a hospitais, a questão do combate à corrupção na sociedade certamente não estará entre seus principais interesses. Mas quando uma pessoa se sente parte da sociedade à qual pertence, passa a não aceitar os abusos do poder". Gunnar Stetler

Gunnar Stetler franze a testa, pisca duas vezes e contrai os músculos do rosto, como quem faz um cálculo extraordinário. Percorre os labirintos da memória durante uma longa pausa, e encontra enfim a resposta: nos últimos trinta anos, ele diz, foram registrados apenas dois casos de corrupção entre parlamentares e integrantes do Governo na Suécia.

— Tenho apenas uma vaga lembrança — diz Stetler. — É muito raro ver deputados ou membros do Governo envolvidos em corrupção por aqui.

Estamos no escritório abarrotado de arquivos e papéis do promotor-chefe da Agência Nacional Anticorrupção *(Riksenheten mot Korruption)*, no bairro de Kungsholmen. A poucos passos dali, na mesma rua Hantverkargartan, fica a sede da temida *Ekobrottsmyndigheten*, a Autoridade Sueca para Crimes Financeiros. Com o sol de abril que enfim derreteu o gelo de mais um inverno, do outro lado da rua mães passeiam com seus carrinhos de bebê entre os túmulos do jardim da igreja Kungsholms Kyrka, um hábito comum que se estende a vários cemitérios-parque da cidade.

Da sua pequena sala, Gunnar Stetler chefia o trabalho de promotores especializados que investigam os principais casos de suspeita de corrupção no país. Casos menos graves são processados em nível regional, nas diversas promotorias distritais que compõem o cerco sueco contra trapaças, tramoias e falcatruas em geral.

Com 1,93 metro de altura, expressão grave e ar insubornável, Gunnar Stetler é descrito na mídia sueca como o maior caçador de corruptos do país. Entre os casos sob a sua mira em 2013 estava a denúncia de que a operadora de telefonia sueca TeliaSonera teria pago suborno no valor de 337 milhões de dólares para estabelecer operações no Uzbequistão.

— Historicamente, 75% das acusações formais contra crimes de suborno na Suécia terminam em condenações — diz Stetler.

Nascido em 1949, Stetler ganhou fama após conduzir casos como o de um ex-diretor da empresa sueca ABB, condenado a três anos de prisão em 2005 por ter desviado 1,8 milhão de coroas suecas para uma empresa registrada no paraíso fiscal das Ilhas Virgens Britânicas.

— Chega um momento em que uma pessoa não se contenta mais com um Volvo V70, e quer trocá-lo por um Porsche. A ganância é parte do dilema humano — reflete Stetler.

Para o promotor-chefe, são três os fatores que mantêm a Suécia à margem das listas de países gravemente corruptos: a transparência dos atos do poder, o alto grau de instrução da população e a igualdade social.

O que faz da Suécia um dos países menos corruptos do mundo?

GUNNAR STETLER: Em primeiro lugar, a lei de acesso público aos documentos oficiais. Essa lei, criada na Suécia há mais de 200 anos, evita os abusos do poder. Se os cidadãos ou a mídia quiserem, podem verificar meu salário, meus gastos e as despesas de minhas viagens a trabalho. Meus arquivos são abertos ao público. E acreditamos que, ao colocar os documentos e registros oficiais das autoridades ao alcance do público, evitamos que os indivíduos que exercem posições de poder pratiquem atos impróprios. Essa é a razão principal. Em segundo lugar, é preciso citar a lei aprovada na Suécia há cerca de 200 anos [*em 1842, nota do autor*], que introduziu o ensino compulsório no país e aumentou o nível geral de educação da população.

Qual é o impacto de uma população com maior grau de instrução na prevenção da corrupção?

GUNNAR STETLER: Se uma pessoa não tem acesso à educação, ela não tem condições nem de compreender e muito menos de fiscalizar o sistema. Na Suécia, acreditamos que uma sociedade se constrói começando não no topo, mas na base da população. Portanto, é preciso oferecer uma boa educação a todas as camadas da sociedade. A China tem um alto grau de corrupção, mas vem investindo na melhoria do nível de instrução da população. Creio que isso irá, de certa forma, reduzir a corrupção no país.

Stetler, o caçador de corruptos: 75% dos processos terminam em condenações.

Com que frequência seu telefone toca com denúncias de corrupção?

GUNNAR STETLER: Recebo cerca de quatro ligações do público todos os dias. Mas de cada quinze denúncias, em geral apenas uma tem base para caracterizar um caso. A maior parte dos casos se refere a questões de menor dimensão, como quando um funcionário público aceita viajar para um *resort* a convite de uma empreiteira a fim de facilitar um contrato. Se você é um funcionário público na Suécia, não está absolutamente autorizado a aceitar esse tipo de convite. Lidamos também com casos de maior envergadura. Acabo de acusar formalmente um dos chefes do *Kriminalvården* (sistema prisional sueco), que recebeu subornos da ordem de milhões de coroas suecas de uma empresa contratada para construir penitenciárias. Trabalhamos com denúncias do público, da mídia e também de sistemas nacionais de auditoria, como o *Riksrevisionen* (órgão independente que controla as finanças das autoridades públicas na Suécia).

Qual é o nível de incidência de casos de corrupção política em nível nacional na Suécia, entre parlamentares e membros do Governo?
GUNNAR STETLER: É muito raro ver deputados ou membros do Governo envolvidos em corrupção por aqui.

Qual foi a última vez que isso ocorreu na Suécia?
GUNNAR STETLER: Se me lembro bem (pausa)... talvez tenham sido uns dois casos (pausa)...nos últimos (pausa)...trinta anos.

O senhor quer dizer que desde a década de 1970 só houve dois casos de corrupção política em nível nacional?
GUNNAR STETLER: Sim.

Que casos foram esses?
GUNNAR STETLER: Se não me engano (pausa)... há cerca de dez anos (pausa)... um deputado do Parlamento, representante da costa oeste, cometeu um erro (pausa)... tenho apenas uma vaga lembrança.

Se o senhor tem apenas uma vaga lembrança sobre o que seriam os dois únicos casos de corrupção política em nível nacional nos últimos trinta anos, pode-se presumir que não tenham sido grandes escândalos?
GUNNAR STETLER: Sim. Em termos de corrupção política, casos mais sérios ocorrem principalmente nas municipalidades.

Mas a última vez que um político sueco foi condenado à prisão por corrupção foi aparentemente em 1995. Isso significa que o grau de corrupção política na Suécia não é em geral grave o suficiente para exigir pena de prisão, ou é um sinal de que o sistema é leniente com políticos corruptos?
GUNNAR STETLER: Na Suécia, em geral, toda punição é leniente.

Como assim?
GUNNAR STETLER: No sistema penal sueco, o princípio básico não é a punição, e sim a reintegração do indivíduo à sociedade. Esta é a nossa tradição. O código penal não prevê punição especialmente dura para casos de corrupção política.

Punições mais severas não são então a resposta para combater a corrupção política?

GUNNAR STETLER: Quem pune políticos corruptos é a opinião pública. Se um deputado ou um funcionário da administração estatal pratica um ato de corrupção, ele será punido severamente pela sociedade, principalmente por ter cometido um erro ocupando uma posição de poder. Um deputado, por exemplo, pode ser forçado a renunciar por meio da pressão da opinião pública e da mídia, mesmo quando não é indiciado formalmente.

Há alguma regra especial para investigar e processar políticos por crimes de corrupção, como a necessidade de obter aprovação do Parlamento ou de algum comitê?

GUNNAR STETLER: Não.

Cabe principalmente à mídia e aos cidadãos fiscalizar o poder, ou a instituições como a que o senhor dirige?

GUNNAR STETLER: Cabe, em primeiro lugar, à imprensa livre. Se a mídia tem acesso aos documentos oficiais, ela poderá agir, com os cidadãos, para garantir uma sociedade mais limpa. É claro que agentes oficiais, como a Agência Anticorrupção, também cumprem um papel importante. Presumo que talvez, no Brasil, os cidadãos não confiem em servidores públicos como eu. Mas na Suécia a maior parte das pessoas confia nas agências do poder público, e uma das razões disso é o fato de que os cidadãos podem supervisionar o que as agências fazem.

Como é o trabalho da Agência Nacional Anticorrupção?

GUNNAR STETLER: Nosso foco principal é o suborno. Pode-se dizer que o suborno, tanto na esfera pública como no setor privado, é um câncer para qualquer sistema. Mesmo quando o valor do suborno é muito baixo, ele pode influenciar uma licitação no valor de um bilhão de coroas suecas. No setor público, é importante que as compras de bens e serviços sejam realizadas de modo correto. A construção de um novo hospital, por exemplo, pode custar cerca de 1,7 bilhão de coroas suecas (cerca de 260 milhões de dólares). Quando uma agência do setor público lida com um contrato desse porte, é importante que haja uma distância entre a empresa que vai construir o hospital e os funcionários públicos que vão aprovar tal contrato. No meu ponto de vista, e penso que a maioria das pessoas na Suécia concorda, é essencial que funcionários públicos não aceitem ofertas ou presentes de nenhum tipo, mesmo os de baixo valor.

Os suecos em geral parecem realmente ter receio da regra que proíbe aceitar qualquer brinde ou presente com valor acima de aproximadamente 400 coroas suecas.

GUNNAR STETLER: Em geral, nenhum funcionário público ou privado na Suécia é autorizado a aceitar brindes ou presentes acima de 300 ou, no máximo, 400 coroas (entre cerca de 46 e 60 dólares). Na minha posição, não posso aceitar nada.

Nada?

GUNNAR STETLER: Não. Nem mesmo um café com *wienerbröd* (tipo de pão doce sueco). E não acho que políticos ou funcionários públicos na Suécia aceitam, em geral, o que é considerado como suborno real, ou seja, grandes subornos.

Não acontece?

GUNNAR STETLER: Pode acontecer, mas não é normal. A questão é definir o que é considerado como um suborno. Para alguns, aceitar um convite para jantar ou passar o fim de semana em um *resort* não configura um suborno. Mas, na Suécia, convites desse tipo caracterizam de fato um suborno. Principalmente para aqueles que trabalham no setor público.

Aceitar um convite para jantar pode então ser considerado um crime?

GUNNAR STETLER: Na minha opinião, uma pessoa ou empresa privada não pode convidar um funcionário público para jantar, se há um negócio envolvido entre as duas partes.

Qual é o seu melhor conselho para um país como o Brasil se tornar uma sociedade mais limpa?

GUNNAR STETLER: É preciso compreender que esta é uma tarefa que não pode ser cumprida em vinte e quatro horas. Para combater a corrupção, é necessário implementar um sistema de ampla transparência dos poderes estatais, aumentar o nível de educação da população em geral, e promover a igualdade social. A educação é o princípio básico do que chamamos na Suécia de *jämlikheten* (a igualdade social). E este é também um fator importante na prevenção da corrupção. Parece-me que o Brasil é um país com enormes desigualdades sociais.

Qual a importância da igualdade social neste processo?

GUNNAR STETLER: Se uma pessoa tem que lutar diariamente por sua sobrevivência, para ter acesso à alimentação, escolas e hospitais, a questão do combate à corrupção na sociedade certamente não estará entre seus principais interesses. Mas quando uma pessoa se sente parte da sociedade à qual pertence, passa a não aceitar os abusos do poder.

- Os investimentos em educação representam 42% dos gastos nos orçamentos municipais da Suécia, segundo a Associação Sueca de Autoridades Locais e Regionais (*Sveriges Kommuner och Landsting*).
- A Suécia investe 8,62% de seu Produto Interno Bruto (PIB) em educação em todos os níveis, incluindo cursos profissionais de reciclagem, segundo o Ministério sueco da Educação e Pesquisa (*Utbildningsdepartementet*).

de trabalho pode ser classificado como propina. Tanto no setor público como no privado.

É dando que se recebe multa de valor correspondente a até 180 dias do salário do doador, ou pena de até dois anos de prisão. Quem recebe um presente classificado como suborno também está sujeito a multa equivalente a até 50% de seu salário anual, e pena mais dura de prisão: até seis anos atrás das grades.

Para evitar o toma lá dá cá, a Suécia criou um conjunto de regras só para regulamentar a troca de gentilezas suspeitas em repartições públicas, gabinetes políticos, tribunais e empresas. É o chamado Código de Normas sobre Presentes, Prêmios e Vantagens (*Kod om gåvor, belöningar och andra förmåner*), que reúne as regras de conduta a serem observadas nas empresas públicas e privadas. Trata-se de um complemento da lei antissuborno, regulamentada no Código Penal sueco.

Pergunte especialmente a qualquer servidor público sueco, e ele saberá que o carinho de um fornecedor, empreiteiro ou quem quer que seja tem limite. Pelas normas, o princípio geral é que receber um presente no local de trabalho com valor acima de 440 coroas suecas (cerca de 67 dólares) pode ser considerado um crime perante a lei. Com cerca de 400 coroas, compra-se na Suécia uma dúzia de rosas, uma garrafa de champanhe ou uma porção do inesquecível *Kalix löjrom*, o caviar sueco produzido em Kalix, nas proximidades do Círculo Ártico.

Mas é mais sério do que isso. Dependendo do grau de influência de quem é presenteado, ou das circunstâncias envolvidas, qualquer tipo de presente pode ser considerado suborno — não importa o valor.

— Na dúvida, é melhor recusar o presente e evitar um boletim de ocorrência policial — diz Claes Sandgren, presidente do Instituto Antissuborno da Suécia (*Institutet Mot Mutor*).

O dilema entre aceitar ou recusar um presente no local de trabalho — ou oferecer ou não oferecer — alimenta uma paranoia generalizada. Para orientar os angustiados no terreno pantanoso das normas antissuborno, cada instituição, empresa ou órgão público mantém diretrizes específicas para seus funcionários.

As perguntas que um funcionário público precisa se fazer quando se vê diante da oferta de um presente, por exemplo, estão listadas da seguinte maneira na página oficial da municipalidade de Örebro, no norte da Suécia:

— Este presente representa algum tipo de vantagem? Por que estão oferecendo a mim? Existe alguma relação entre este presente e o trabalho que desempenho? Se a resposta for sim, o presente é um suborno, e recebê-lo torna você culpado perante a lei — alertam as autoridades, para acrescentar: — Funcionários são, às vezes, convidados para eventos ou atividades de lazer. Pode ser uma viagem, ou uma casa de verão emprestada, ou um passeio de barco. Sempre recuse ofertas como essas.

No Instituto Real de Tecnologia (*Kungliga Tekniska Högskolan*, KTH), a direção adverte os funcionários: aceitar presentes de uma pessoa ou empresa relacionada com a instituição, sob a justificativa de ter relações de amizade com o doador, não é um argumento válido.

— Há casos em que aquele que dá o presente e quem o recebe afirmam, diante do juiz, que são amigos pessoais. Mas os tribunais raramente aceitam esta argumentação — diz a instituição em sua página oficial.

A referência geral de todos, para casos de dúvida aguda, é o Instituto Antissuborno. A página oficial da instituição na internet concentra uma farta coleção de conselhos para interpretar o Código de Normas dos presentes, a fim de "combater a corrupção na sociedade" e "manter um alto padrão ético". Presentes em dinheiro ou empréstimo são evidentemente proibidos, e é preciso ser cauteloso diante de ofertas de prêmios, descontos, refeições, viagens de conferências, provisões e ofertas para compras a preço de custo.

Ocasiões festivas também estão na lista:

— "Se não for possível recusar um presente de Natal, a pessoa cautelosa deverá ter o cuidado de ponderar se o valor se enquadra no limite de 1% do índice oficial de preços (o equivalente atualmente a 440 coroas suecas), principalmente no setor público" — observa o Instituto.

— "Em se tratando de aniversários de cinquenta ou sessenta anos de idade, o valor máximo permitido no setor público, dependendo das circunstâncias envolvidas, é de 3% do índice de preços" — acrescenta outra regra.

Oferecer vantagens e benefícios sem valor econômico também é considerado impróprio, segundo o código de normas. — Pode ser, por exemplo, uma oferta para receber o título de um clube social — especifica o Instituto Antissuborno.

Violar as regras é considerado ato particularmente perverso no setor público. — Os tribunais têm critérios especialmente severos para desvios cometidos por funcionários do poder público — diz o Instituto Antissuborno. Mas o receio de receber presentes no escritório é geral.

Durante jantar na casa de amigos em comum, o diretor de redação do jornal *Aftonbladet*, Martin Wåhlstedt, me contava que fora obrigado a recusar uma caixa de vinho de excelente qualidade enviada a ele como presente.

— O valor era muito alto, e por isso aceitar o presente estava fora de cogitação. E em qualquer escritório, um funcionário que recebe um presente com valor acima do padrão de 300 ou 400 coroas suecas precisa pedir aprovação do chefe para aceitar — disse Wåhlstedt. A seu lado, sua mulher, jornalista da TV sueca *SVT*, contou que repórteres suecos são em geral proibidos de aceitar convites para viagens pagas por empresas ou embaixadas.

Em volta da mesma mesa de jantar estava a médica e pesquisadora Clara Gumper, do Instituto Karolinska, entidade que todos os anos elege o vencedor do Prêmio Nobel de Medicina. Clara falou que em nenhuma hipótese os cientistas podem aceitar convites para viagens, jantares ou eventos pagos por empresas do setor médico. Com sintomas talvez mais adiantados de paranoia, Clara disse também que tem receio de aceitar até amostras e *souvenirs* oferecidos por empresas farmacêuticas.

— Sempre pagamos nossos custos de hotel e passagem quando participamos de seminários e conferências — disse Clara. — Evito aceitar, inclusive, aquelas canetinhas que são dadas como brinde nesses eventos.

Nos arquivos *online* do Instituto Antissuborno, uma seleção de processos judiciais confirma que o receio geral tem fundamento. Entre eles está o caso do chefe de uma clínica e um médico, condenados pelo tribunal de Jönköping, respectivamente, a pagar multa equivalente a trinta e sessenta dias de seus salários: eles haviam aceitado o convite de uma empresa farmacêutica que pagara, parcialmente, os custos de uma visita a um hospital na República Tcheca.

Na cidade de Falu, pouco antes do Natal, um comerciante de carros deu bebidas alcoólicas de presente a sete funcionários do *Svenska Bilprovning*, órgão responsável pela vistoria anual de veículos. Quando o caso foi parar no tribunal, o juiz foi categórico: destacou que o *Svenska Bilprovning* tem o dever de ser imparcial no tratamento de seus clientes, e que aceitar um presente de Natal daquele porte acarretava o risco de que os funcionários passassem a dispensar tratamento especial ao cliente que os presenteara. O veredicto: cada funcionário teve que pagar trinta dias de seus salários como multa. O vendedor de carros foi condenado a quarenta dias de multa.

Em Örebro, dois funcionários da municipalidade aceitaram o convite de um empresário para um pequeno cruzeiro nas ilhas Åland, no Mar Báltico. O tribunal condenou os dois a pagar multa equivalente a trinta dias de seus salários. O empresário levou multa maior: cinquenta dias de salário. Ainda em Örebro, no norte da Suécia, um preso condenado à prisão perpétua pagou refeições e cafés ao guarda que o acompanhara em uma série de dias de licença supervisionada. O guarda foi condenado a pagar multa de oitenta dias de salário.

Na cidade de Norrköping, uma mulher mandou uma garrafa de conhaque, uma caixa de chocolates e um CD de presente a um funcionário da autoridade de imigração sueca (*Migrationsverket*), com um pedido de revisão da decisão que negara um pedido de visto para seus pais. O funcionário recusou os presentes. A mulher foi condenada a pagar multa de trinta dias de salário.

— Exerça a cautela. Recusar um presente é algo de que você jamais poderá se arrepender — adverte o Ministério das Finanças no documento em que aponta recomendações específicas aos funcionários do setor público do país (*Om Mutor och Jäv — en vägledning för offentliga anställda*).

Na política, nem supostos deslizes costumam passar em branco.

A ESCOLHA DE SOFIA: VIAGENS E BMW

A escolha de Sofia Arkelsten faria a deputada balançar no cargo como uma folha de pinheiro nórdico ao vento. Sofia tinha decidido dizer sim ao convite da gigante petrolífera Shell para viajar gratuitamente ao sul da França, a fim de participar de um seminário sobre o meio ambiente.

A viagem patrocinada pela Shell havia acontecido em 2008, quando a deputada era a porta-voz do Partido Moderado para questões ambientais. Em 2010, quando a revelação veio à tona, Sofia acabara de ser alçada à posição de secretária-geral do partido. Era um bom alvo para a malhação pública que se seguiu.

Sentindo cheiro de sangue, a imprensa sueca investigou mais e descobriu: Sofia havia feito duas outras viagens patrocinadas.

Pior: na mesma época, a deputada também tinha sentado ao volante de um luxuoso BMW por vários dias, sem pagar. A montadora alemã havia contactado celebridades e políticos, acenando com um convite para testar seu novo modelo "verde" movido a hidrogênio, o Hydrogen 7. Sofia escolheu aceitar.

© SVT (TV PÚBLICA SUECA)

Sofia Arkelsten: na linha de tiro da imprensa depois de ganhar viagem da Shell.

"Arkelsten dirigiu um BMW de graça", estampou a manchete do jornal *Svenska Dagbladet.*

As revelações foram parar na mesa do diretor da Agência Nacional Anticorrupção, Gunnar Stetler.

— Evidentemente, os membros do Parlamento estão sujeitos às leis do Estado de Direito — disse Stetler à imprensa sueca, em referência à legislação sueca contra corrupção e suborno.

Na página oficial do Partido Moderado na internet, Sofia Arkelsten defendeu sua decisão de aceitar as viagens patrocinadas, incluindo a visita ao seminário realizado na cidade de Pau, no sul da França:

— Meu julgamento foi, e ainda é, de que a viagem, o seminário e a possibilidade de encontrar estudantes, cientistas e políticos de todo o mundo eram relevantes para a minha missão como parlamentar — escreveu Sofia.

— Peço desculpas caso a minha participação nessa viagem tenha dado margem à interpretação de que eu possa ter me deixado influenciar de uma forma inadequada. É essencial que nós, que somos eleitos pelo povo, atuemos de maneira tal que nossa integridade não possa ser questionada — acrescentou ela.

A mídia sueca encostou na parede o chefe de informação da Shell, para saber exatamente do que Sofia havia desfrutado com o dinheiro da petrolífera.

— Pagamos pelo bilhete aéreo, de ida e volta, duas noites de hotel, almoço e jantar — respondeu o espantado porta-voz da Shell, informando ainda que o seminário teve a participação de diversas organizações e pesquisadores, além de outros políticos envolvidos em questões ambientais.

Abriu-se um debate nacional para discutir se a secretária-geral do partido deveria abandonar o cargo. Sofia continuava a ser pressionada por ter aceitado usar o BMW.

— Dirigi o carro por alguns dias, a fim de experimentar uma nova técnica. Penso que isso era relevante para a função que eu desempenhava no setor ambiental, e que não havia nada de estranho. Testei o carro, e entre outras coisas, usei o veículo para buscar minha avó — disse Sofia.

Mas para seus críticos, a deputada não deveria ter aceitado, de uma montadora, a concessão de um privilégio daquela ordem:

— A montadora tem feito esforços para reduzir o nível de consumo de combustível de seus carros. Mas não é preciso pegar um BMW emprestado para verificar isso — criticou o deputado social-democrata Anders Ygeman.

Após examinar o caso, o promotor-chefe chegou à conclusão de que as escolhas de Sofia não continham elementos para configurar uma suspeita de suborno. Para Gunnar

Stetler, o contexto das viagens feitas pela então deputada era justificado.

— É permitido a parlamentares receber convites para certos eventos, desde que as viagens sejam justificadas — afirmou Stetler, indicando que viagens de lazer e entretenimento não se enquadravam na lista.

O promotor-chefe recomendou ao Parlamento a introdução de regras mais claras para regular as viagens parlamentares.

— É um sistema simples de ser introduzido, e em minha opinião isto deve ser feito — disse Stetler.

Sobre o carro de luxo, Stetler afirmou que Sofia havia testado o BMW, mas que não havia usado o carro por tempo suficiente para configurar um ato ilegal.

A Oposição, porém, continuou a bater em Sofia.

— Penso que ela (Sofia Arkelsten) demonstrou ter muito pouco discernimento. E obviamente, por mais de uma vez. Cabe agora ao líder do partido Moderado mostrar se ele acha razoável ter como secretária-geral uma pessoa que agiu desta forma — atacou a então líder do Partido Social-Democrata, Mona Sahlin.

Quatro dias depois de atirar pedras em Sofia, Mona estava nas arquibancadas da Real Arena de Tênis de Estocolmo. Como convidada dos organizadores do torneio internacional de tênis, e sem pagar pelos bilhetes. Na companhia de um convidado, Mona assistiu aos cinco dias de duelos nas quadras, incluindo a emocionante vitória do suíço Roger Federer na final. O valor total do entretenimento: 7,5 mil coroas suecas (cerca de 1,1 mil dólares).

Entre outros convidados dos organizadores do torneio estava também o Comandante Supremo das Forças Armadas suecas, Sverker Göransson. Mas o comandante havia adotado melhor estratégia: pagara do próprio bolso pelos bilhetes.

Mona Sahlin justificou assim a sua decisão de aceitar os bilhetes de cortesia:

— Há uma diferença considerável entre isso e o fato de uma companhia de petróleo pagar viagem e hotel para uma política responsável por questões ambientais, com o intuito de influenciar uma decisão política — defendeu-se.

Mona contou com a solidariedade do presidente do Instituto Antissuborno (*Institutet Mot Mutor*), Claes Sandgren — que se havia infileirado entre os críticos mais ruidosos da conduta de Sofia Arkelsten.

— O benefício (concedido a Mona Sahlin) foi relativamente inofensivo, já que não se pode presumir uma situação sobre a qual se possa exercer influência a partir disso — opinou Sandgren. Ele defendeu, no entanto, a introdução pelo Parlamento de regras mais claras sobre o tipo de bilhetes de cortesia que os políticos devem estar autorizados a aceitar.

O caso de Mona foi inevitavelmente submetido à lupa do promotor-chefe da Agência Nacional Anticorrupção. Em geral, para que um presente seja classificado como criminoso, basta haver o risco de que tal presente possa ser interpretado como algo pessoal, criando assim uma relação de dependência entre quem dá e quem recebe — disse Gunnar Stetler.

O promotor-chefe decidiu, porém, não abrir uma investigação formal contra Mona Sahlin, com base no mesmo argumento exposto por Sandgren: a possibilidade de se exercer algum tipo de influência ilegal, baseada no oferecimento dos billhetes gratuitos a Mona, era extremamente pequena.

— Não cabe à Procuradoria-Geral decidir o que é adequado ou inadequado, defensável ou indefensável para um líder de partido ou um deputado aceitar — escreveu Gunnar Stetler em sua decisão.

— O que me parece claro é que existe um certo grau de incerteza no Parlamento no que diz respeito a que tipo de convite um parlamentar pode aceitar — concluiu o promotor-geral.

Mona e Sofia livraram-se, assim, de investigações por suspeita de suborno. Mas saíram dos episódios com a imagem chamuscada.

Nem mesmo a popular realeza sueca escapa da eterna vigilância. Entre alguns súditos do reino, até o presente de lua de mel recebido pela herdeira da Coroa sueca foi considerado suspeito.

O SUSPEITO PRESENTE DA HERDEIRA DA COROA

A espera pelo grande dia da princesa Victoria havia sido longa como a cauda de um vestido de noiva real. Dez anos antes, ela se apaixonara por seu *personal trainer*, Daniel Westling. Era o ano 2002. Plagiando os contos de fadas, a princesa luta para obter a aprovação do pai, o rei, para casar-se com o plebeu, a quem parte da imprensa se refere na época, com certa complacência, como "Daniel de Ockelbo" — uma referência ao vilarejo do interior sueco onde o eleito da herdeira do trono crescera.

A bênção real foi enfim concedida, após anos de exasperantes especulações nas revistas suecas de fofocas. O dia e o

Viagem de Lua de Mel não foi suborno
Agência Nacional Anticorrupção anunciou decisão hoje

Paga por bilionário, lua de mel da princesa Victoria foi atacada como suborno.

local da boda seriam os mesmos em que, exatos trinta e quatro anos antes, a mãe da princesa, e então plebeia Silvia — filha de mãe brasileira, e criada em São Paulo até a adolescência — se casara com o Rei Carl Gustaf XVI. E depois de tamanha espera, a festa não seria estragada por pequenos percalços, como a adesão de alguns milhares de suecos ao movimento *Vägra betala Victorias bröllop* (Recuse-se a pagar pelo casamento de Victoria), criado no Facebook em protesto contra o uso do dinheiro dos contribuintes para pagar parte da conta do enlace real.

Em 19 de junho de 2010, uma radiante Victoria subiu o altar da Catedral de Estocolmo junto a Daniel, agora elevado à nobreza com o título de Duque de Västergötland. Em júbilo, a multidão de súditos foi às ruas saudar a futura rainha e seu príncipe consorte, e três dias de merecidas celebrações se seguiram.

Mas quando os detalhes da lua de mel vieram à tona, conforme vários jornais, como *Svenska Dagbladet, Göteborgs-Posten, Expressen* e *Dagens Nyheter* publicaram em agosto de 2010, deixaram um sabor amargo entre certos habitantes do Reino: a viagem havia sido paga pelo magnata sueco Bertil Hult, dono da mega-agência de cursos de línguas EF. Victoria e Daniel voaram para o Taiti no jato particular do empresário, navegaram pelos mares do Sul a bordo de seu luxuoso iate, *Erica XII*, e hospedaram-se na mansão do bilionário no estado americano do Colorado.

— É estranho que a herdeira do trono da Suécia permita a um bilionário sueco fornecer transporte e acomodação para sua lua de mel, quando a mesma pessoa, por meio de sua empresa EF, pode potencialmente ter interesse em ver o favor retribuído. Todos no mundo empresarial sabem que o *glamour* real favorece os negócios — criticou Peter Wolodarski, comentarista político do jornal *Dagens Nyheter*.

Ao todo, oito queixas de cidadãos suecos contra o casal real e o bilionário sueco foram encaminhadas à Agência Nacional Anticorrupção (*Riksenheten mot korruption*).

— Um cidadão comum não pode aceitar sequer uma garrafa de champanhe de presente sem correr o risco de ir parar no tribunal — observou um dos denunciadores, segundo o jornal *Expressen*.

A viagem de lua de mel teria custado mais de um milhão de coroas suecas (cerca de 153 mil dólares). Mas após examinar as denúncias, o promotor-chefe da Agência Nacional Anticorrupção sueca declarou que não poderia levar adiante a investigação contra Victoria e Daniel.

— A Princesa herda sua função, e por isso não se enquadra na categoria de pessoas definidas nos termos da legislação contra a corrupção — disse o promotor-chefe, Gunnar Stetler.

Stetler sublinhou que a atual legislação permite "estranhas consequências":

— Se eu tentar dar algum presente indevido à Família Real, não poderei ser penalizado, uma vez que a Família Real não pertence à categoria de pessoas que a lei anticorrupção abrange — disse Stetler.

Ou seja, a Família Real é a única que fica fora das garras da lei anticorrupção. Para Stetler, esta é uma questão a ser examinada pelo Parlamento. — Espero que, em uma futura lei, tentar subornar um membro da Família Real seja definido como crime — disse o chefe da Agência Nacional Anticorrupção ao jornal *Svenska Dagbladet.*

A Corte emitiu nota afirmando que a viagem de lua de mel havia sido presente de casamento de um amigo do casal. A chefe de informação da Corte na época, Nina Eldh, preferiu não comentar a decisão do promotor.

— Se a mesma denúncia tivesse sido dirigida a um político ou a um juiz, a investigação teria sido levada adiante — disse Claes Sandgren, o presidente do Instituto Anticorrupção sueco (*Institutet Mot Mutor).*

Menos sorte teve a princesa Madeleine, irmã da herdeira da Coroa, ao ser parada no trânsito pela polícia sueca em junho de 2013.

O DIA EM QUE A POLÍCIA PAROU A PRINCESA

Faltavam quatro dias para o casamento de Madeleine com seu plebeu americano, e a princesa tinha pressa. Ao volante de um Volvo XC 60 da frota real, a irmã da herdeira da Coroa sueca dirigia na faixa reservada aos ônibus no centro de Estocolmo. Levou um apito da polícia, talvez com as sirenes reverencialmente ligadas, e teve que parar. Diante do espectro da multa, a princesa Madeleine argumentou, em seu colóquio com o policial, que tinha direito a dirigir na faixa — embora sem recorrer ao argumento do "você-sabe-com-quem-está-falando". Mas não funcionou.

Princesa Madeleine: flagrada pela polícia dirigindo na faixa exclusiva dos ônibus.

Num primeiro momento, Madeleine conseguiu escapar da multa mostrando um papel ao policial e afirmando, segundo o jornal *Aftonbladet*, que como integrante da Família Real teria imunidade neste caso.

— O policial estava incerto sobre se as leis de imunidade se aplicavam a todos os membros da Família Real, ou se poderia haver algum tipo de exceção para os carros da Corte Real — disse Lars Lindholm, que chefiava a operação de trânsito.

Lindholm afirmou categoricamente, porém, que apenas o Rei tinha imunidade em casos como este. Ficou então decidido que a princesa Madeleine, a quarta na linha de sucessão ao trono sueco, não escaparia do castigo da polícia.

— Já estamos emitindo uma multa no valor de mil coroas suecas (cerca de 153 dólares) — disse o chefe policial.

Mas o porta-voz da Corte entrou em cena, e encaminhou à polícia a permissão especial que dá aos carros da frota real o direito de dirigir na faixa reservada a ônibus em ocasiões extraordinárias, como dias de visita oficial ao país. E o casamento real de Madeleine, com a chegada de dezenas de aristocratas e autoridades estrangeiras à capital sueca, configurava uma dessas ocasiões especiais.

— A princesa não estava tentando alegar nenhum tipo de imunidade — defendeu o porta-voz, dizendo que Madeleine havia mostrado ao policial o documento que concedia a permissão especial.

Madeleine livrou-se assim, no último minuto, da multa policial.

— Devido às circunstâncias especiais deste caso, a multa será retirada — declarou o porta-voz policial Hans Brandt, por meio do jornal *Aftonbladet*, em 17/6/2013.

UMA CONVERSA COM O PRESIDENTE DO INSTITUTO ANTISSUBORNO SUECO

"Um político deve ter em mente o respeito pelos cidadãos que o elegem".

Claes Sandgren

Claes Sandgren socorre as almas aflitas e dilaceradas pelo temor do suborno. Um rebanho de políticos, empresários e servidores públicos pede com frequência o seu bom conselho, a fim de evitar o fogo da danação eterna. Onde há trevas na legislação, ele leva a luz. Onde há dúvidas sobre se um presente pode ser oferecido ou aceito, ele leva a fé da coisa certa a fazer. Pois na Suécia, como se sabe, é dando que se recebe um possível boletim de ocorrência policial.

Presidente do Instituto Antissuborno (*Institutet Mot Mutor*) e professor da Faculdade de Direito da Universidade de Estocolmo, Claes Sandgren é onipresente na mídia sueca quando o assunto é suspeita de suborno ou corrupção. Desde 2008 ele preside o instituto, fundado em 1923.

Caminho em direção à Gamla Stan, a Cidade Antiga de Estocolmo, para o encontro com Claes. É uma sexta-feira, e as indefectíveis sacolinhas do Systembolaget, a empresa estatal que detém o monopólio da venda de álcool na Suécia, balançam como de costume nas mãos de seus muitos fregueses na cidade. Roxas ou verdes, as sacolas de plástico levam a marca do monopólio e denunciam, para desconforto de muitos, o conteúdo alcoólico de quem as carrega.

A missão do monopólio é promover a venda responsável de álcool — quem já chega bêbado é proibido de comprar, assim como os que têm menos de vinte anos de idade. Para consumidores mais propensos a bebedeiras, planejar é preciso: as lojas do popular *Systemet*, verdadeiros supermercados do álcool, fecham as portas no máximo às sete da noite, funcionam parcialmente aos sábados e não abrem aos domingos. Fora do Systembolaget ("companhia do sistema", em tradução literal), só é possível comprar as chamadas *lättöl* (cerveja light), de teor alcoólico de 1.8%, e *folköl* (cerveja popular), de 2.8%.

No trajeto para Gamla Stan, neste dia de feriado parcial, vejo mais pessoas e garrafas do que de costume nos muitos parques da cidade. Os termômetros marcam dezoito graus na tarde de fim de maio. Isso é bom demais, pelo que parece pensar o número considerável de suecas que se esticam na grama com seus biquínis.

Vai ficar melhor: depois de meses de escuridão e frio, junho trará a festa do *Midsommar* (solstício de verão), o dia mais longo do ano e o feriado mais esperado por todos. É quando os suecos dançam imitando sapos, em torno de um gigantesco mastro florido que simboliza a fertilidade e a colheita. É de se entender que não é possível estar sóbrio neste dia de alegria pagã, celebrado desde a era *viking*.

Encontro uma Gamla Stan já em festa, repleta de turistas e nativos que se apinham nos cafés e bares de suas antigas vielas. Na Stora Nygatan, uma das principais vias de pedestres da Cidade Antiga, o prédio onde vive Claes Sandgren tem mais de 200 anos e vista privilegiada do burburinho.

Entre uma pilha de livros e relatórios, o jurista diz que a principal função do Instituto Antissuborno é orientar empresas e municipalidades sobre como preservar a ética e manter-se longe de problemas com a lei. E fala que, em seus sessenta e oito anos de vida, nunca ouviu falar de um juiz que tenha aceitado suborno na Suécia.

Por que criar um código para regulamentar a troca de presentes nas empresas públicas e privadas?

CLAES SANDGREN: O propósito deste código é estabelecer um padrão ético, a fim de evitar subornos e corrupção na sociedade. Normalmente, pode-se aceitar um presente até um valor aproximado de 440 coroas suecas (cerca de 67 dólares). Este valor representa 1% do índice geral de preços na Suécia. As pessoas sempre perguntam sobre o valor. Mas um promotor, por exemplo, não pode aceitar nem mesmo um presente de 50 coroas suecas (7,6 dólares), e acho que um promotor sueco na verdade não aceitaria nem um café.

E se o promotor aceitar o presente, o que acontece?

CLAES SANDGREN: Em princípio, ele estará cometendo um crime. Um promotor trabalha no setor público, onde as regras para poder aceitar um presente são bem mais rígidas. Tanto no setor público como no privado, em geral, outro ponto importante é a avaliação do chefe de uma empresa. Se o empregador acha que um funcionário não deve receber nenhum presente, então o funcionário não pode aceitar nada.

Qual é, em sua opinião, o melhor código de conduta a ser adotado pelos políticos?

CLAES SANDGREN: Em princípio, nunca aceitar presentes ou convites para jantares. Um político sempre deve ter em mente o respeito pelos cidadãos que o elegem. Se o vendedor de uma companhia privada faz algo errado, isso tem menos importância para a coisa pública. Mas se um político comete um ato que afeta a confiança dos cidadãos comuns nos políticos em geral, isso é prejudicial para a democracia. E se essa confiança for arruinada, os cidadãos podem passar a se perguntar: "por que votar? Por que pagar impostos?". E isso abala a democracia.

Se um político aceitar um jantar pago por um empresário, isso pode então ser considerado um crime?
CLAES SANDGREN: Depende das circunstâncias, e da área de responsabilidade do político. Se, por exemplo, um político trabalha na preparação de uma proposta parlamentar relacionada a algum setor empresarial, ele não deve aceitar nada de um empresário que possa ter interesses na decisão a ser tomada pelo Parlamento. E o empresário não deve oferecer nada. A situação dos políticos, portanto, é semelhante à dos promotores. Mas não há apenas uma regra específica que determine que algo nunca pode ser feito. Por exemplo, o ministro da Indústria nunca deve aceitar jantares pagos por empresas. Mas se uma empresa sueca completar cem anos de existência e organizar um enorme jantar de comemoração para centenas de pessoas, talvez não seja um problema convidar alguns políticos. Todo político deve exercitar seu bom senso: o que os eleitores pensariam se eu aceitar este convite?

Seu telefone está permanentemente ocupado. São pessoas com receio de receber presentes?
CLAES SANDGREN: Com medo de receber, e também de oferecer presentes. Recebo ligações diárias de pessoas pedindo conselhos. Em alguns casos, são empresas que estão promovendo um produto, e desejam saber o que podem ou não podem oferecer ao funcionário de um departamento de compras. Nas municipalidades, as perguntas são parecidas — o

© TV4 SUÉCIA

O jurista Sandgren: "Nunca ouvi falar de juiz corrupto na Suécia".

que a lei permite ou não permite. É claro que as empresas querem oferecer coisas a políticos. Não dinheiro, mas algum tipo de vantagem. As perguntas mais comuns são: "posso aceitar um convite para jantar? Posso jogar golfe com esta pessoa?".

E qual é a sua resposta?
CLAES SANDGREN: Não é sempre fácil responder a essas perguntas. Se um jantar oferecido a um político estiver dentro do programa de algum tipo de evento mais sério, como um seminário para debater determinado tema, pode ser um convite aceitável.

O senhor foi, no entanto, um dos críticos mais contundentes da deputada Sofia Arkelsten, quando ela aceitou um convite para participar de um seminário no sul da França pago por uma empresa.
CLAES SANDGREN: Eu não disse que ela cometeu um crime. Mas ela cometeu sim, na minha opinião,

um ato impróprio. Porque os parlamentares têm orçamento para participar desse tipo de evento. Sofia Arkelsten tinha, portanto, dinheiro para pagar sua própria viagem e sua própria alimentação, e não deveria ter aceitado que uma empresa privada pagasse suas contas. A herdeira da Coroa sueca aceitou que um empresário pagasse os custos da sua lua de mel, e também penso que esse foi um ato impróprio, uma vez que os negócios do empresário poderiam ser beneficiados por isto.

Juízes suecos podem aceitar presentes e convites para cruzeiros e viagens a* resorts*?

CLAES SANDGREN: Nunca ouvi falar de juiz corrupto na Suécia. Acho que um juiz aceitar suborno é algo que nunca aconteceu aqui. Pelo menos não na história recente. Eu tenho sessenta e oito anos de idade, e nunca ouvi falar de tal coisa. A lei não proíbe formalmente um juiz de aceitar tais coisas, mas em tese ele sabe que é proibido de fazer tal coisa. Os juízes simplesmente não aceitam coisas como viagens e presentes.

O que faz do Judiciário sueco uma instituição limpa?

CLAES SANDGREN: Acima de tudo, é uma tradição. Além do mais, os juízes recebem bons salários. Na Suprema Corte, a mais alta instância, um juiz ganha o equivalente a 10 mil euros (cerca de 13,2 mil dólares).

O Judiciário é também transparente?

CLAES SANDGREN: Sim. Todos os documentos relacionados a um caso são abertos ao público. Você pode ir a qualquer tribunal e verificar.

Posso checar a documentação relativa ao caso de Julian Assange, o fundador do* Wikileaks *que é acusado de crimes sexuais na Suécia?

CLAES SANDGREN: O caso de Assange não está nos tribunais, pois ele ainda não foi formalmente acusado. Durante uma investigação, princípio, tudo é secreto. Essa norma tem o propósito de proteger um suspeito: como Assange é no momento apenas suspeito de ter cometido um crime, as investigações sobre o caso dele são mantidas em sigilo. Mas se um promotor decidir acusá-lo formalmente, todos os documentos se tornarão abertos ao acesso público. A lei prevê apenas algumas exceções no acesso a documentos dos tribunais, por exemplo, para proteger a identidade de crianças, ou de pessoas com distúrbios mentais.

Qual é o tipo de trabalho desenvolvido pelo Instituto Antissuborno desde a sua fundação, em 1923?

CLAES SANDGREN: O Instituto foi fundado por organizações empresariais. Naquela época, muitos empresários chegaram à conclusão de que era importante combater a corrupção, a fim de evitar a competição desleal por meios desonestos. Hoje, a principal atividade da instituição é aconselhar empresas e municipalidades, além de promover seminários, palestras e cursos. Entre as cinco organizações que financiam atualmente o Instituto Antissuborno, está a Associação Sueca de Autoridades Municipais e Regionais.

Quais são os casos mais comuns de corrupção listados nos arquivos do Instituto Antissuborno?
CLAES SANDGREN: Subornos pagos a funcionários das municipalidades.

Que tipo de suborno?
CLAES SANDGREN: Bem, todo tipo de favores e vantagens. Pode ser uma garrafa de uísque oferecida para tentar obter um alvará de forma mais rápida. Alguns casos são insignificantes, como o do policial que pediu um prato de salada a um motorista em troca de anular uma multa de trânsito. Mas há também casos mais relevantes.

A ponto de serem punidos com prisão?
CLAES SANDGREN: Não, até onde eu sei ninguém nunca foi parar na prisão por causa de suborno.

Porque os crimes não são graves, ou por causa da leniência do sistema sueco?
CLAES SANDGREN: As duas coisas. Nosso principal problema na Suécia, na minha opinião, é o suborno pago pelas grandes empresas para estabelecer operações em determinados mercados. E é difícil investigar estes casos como o caso da SAAB, embora eu não possa afirmar que a empresa de fato pagou subornos. Você sabe que o dinheiro está voando em várias direções, mas não é fácil reunir evidências e fazer acusações formais. Para evitar a corrupção no setor privado em geral, outro aspecto importante é a competitividade. Tivemos um caso de pagamento de subornos a funcionários da companhia Systembolaget, e penso que o fato de esta empresa estatal exercer o monopólio da venda de bebidas alcoólicas no país contribuiu para a ocorrência do fato. Porque a única maneira de vender álcool é por meio do Systembolaget. Se qualquer pessoa pudesse abrir uma loja e vender bebidas alcoólicas, não haveria razão para pagar subornos. Existem, evidentemente, outras boas razões para justificar a existência do monopólio, como o controle do consumo do álcool. Mas do ponto de vista do combate à corrupção, todo tipo de monopólio é ruim, porque os monopólios são um incentivo ao pagamento de subornos

O senhor já hesitou diante da oferta de um presente?
CLAES SANDGREN: Acho que nunca ninguém me ofereceu nada. Talvez as pessoas percebam que eu não sou um homem influente.

São muitos os códigos de ética do país. Mas a Suécia também tem seus megalomaníacos:

O PREFEITO E O LEGIONÁRIO ROMANO

Com o peito inundado de orgulho incontido e felicidade incontrolável, o prefeito da cidade de Hörby, no sul da Suécia, chamou toda a imprensa local em maio de 2013. A ocasião era a solene inauguração do novo mural artístico da Prefeitura. Na pintura de proporções gigantescas, um detalhe chamava a atenção: o próprio prefeito, Lars Ahlkvist, aparecia na tela retratado como um soldado romano — um legionário armado, com capacete e armadura.

A delirante obra exibe, em uma das extremidades, o prefeito-legionário acompanhando a procissão da crucificação de Jesus. No canto oposto, vê-se uma cena da Segunda Guerra Mundial, representando pilotos britânicos mortos nos arredores de Hörby. Entre os dois extremos, um outro rosto conhecido pôde ser identificado na tela: um dos principais empresários da cidade aparece no mural vestido como o rei sueco Karl XI, ao lado da mulher, representada em trajes de dama aristocrática.

Com as atenções voltadas para a folia estética envolvendo o prefeito e o empresário, o mérito artístico da obra foi pouco discutido e muito menos julgado. Os canhões da imprensa apontaram principalmente para o fato de que o prefeito, ao decidir instalar uma nova obra artística na Prefeitura, não abrira uma licitação para a escolha do artista. A encomenda fora feita diretamente ao artista plástico Johan Falkman,

© TV PÚBLICA SVT

O mural polêmico enfeitado com personagens reais na prefeitura de Hörby.

conhecido do prefeito e amigo do empresário, que por sua vez vinha a ser vizinho do prefeito. O custo para os cofres públicos: 600 mil coroas suecas (cerca de 92 mil dólares).

O jornal *Skånska Dagbladet* publicou o seguinte diálogo com o prefeito-soldado:

> Repórter: *A lei diz claramente que a encomenda de uma obra de arte deve ser feita por um comitê versado e especializado em arte.*
>
> Prefeito: Venho de uma família de artistas, e sempre dediquei bastante tempo à arte.
>
> Repórter: *Mas você tem algum tipo de educação artística formal?* [Nota: na Suécia, prefeitos e políticos em geral são chamados pelo pronome "você"]

> Prefeito: Para mim, o importante sempre foi a aspiração pelo conhecimento das artes, e não uma educação formal neste campo. E em termos de conhecimento, não tenho dúvidas sobre a minha capacidade.

Ao perceberem que o mural levava fama à cidade menos por seu valor artístico do que pelo ridículo em torno dos personagens vivos retratados, vários políticos locais se apressaram em distanciar-se da obra. Alguns chegaram a tentar articular a renúncia do prefeito. Em vão.

A administração municipal argumentou que a obra fora encomendada diretamente a Falkman pelo fato de requerer uma qualificação artística específica: a especialização em "arte monumental".

Segundo o *site* da TV pública sueca, a *SVT*, o prefeito-legionário encerrou a discussão e as controvérsias enfatizando que a arte deve sempre estimular o debate, e que a obra só tinha benefícios a trazer à cidade: "O mural está atraindo atenção para Hörby, e isso é muito bom".

O SARAU SECRETO DA POLÍCIA SECRETA

Agências governamentais também pisam fora dos limites do que é tolerado pelo contribuinte sueco. Um dos exemplos mais bizarros foi a festa de arromba promovida em 2011 pela polícia secreta sueca (Säpo), com tema escolhido a dedo: Bond — James Bond.

O sarau secreto, organizado para os mil funcionários da polícia secreta Säpo, custou a bagatela de 5,3 milhões de

"Säpo fez aqui a sua festa secreta com tema de James Bond"

Gastança em festa temática da polícia secreta gerou escândalo.

coroas suecas (cerca de 811 mil dólares). Nenhum centavo foi poupado para criar o ambiente inspirado no universo dos espiões: o salão reproduzia um cassino, onde os funcionários da Säpo circulavam entre *croupiers* e jogavam *blackjack*, entre apostas com dinheiro de mentira.

No palco, artistas famosos, dançarinos e comediantes se revezavam. A orquestra Ambassadour, conhecida por entreter os convidados da festa anual do Prêmio Nobel, tocava sucessos dos filmes de Bond.

Entre os convidados, segundo alguns relatos, estaria Jonathan Evans, chefe do MI5, o serviço secreto britânico. O programa oficial do evento exaltava a fonte de inspiração para a festa e o jantar de gala: o gênio de Albert Broccoli, o lendário produtor americano dos filmes de James Bond.

A festa foi revelada em 2012 pelo jornal *Dagens Nyheter*, com uma ácida crítica.

— Ao contrário do que manda a lei, nenhuma licitação foi realizada para o evento, e o contrato multimilionário foi entregue diretamente a uma agência — denunciou o jornal.

Todo o custo da festa fora registrado como representação interna. Mas o jornal revelou que houve erro na declaração do imposto sobre valor agregado — o que foi admitido pela direção da Säpo.

O então chefe da Säpo, Anders Thornberg, declarou ao *Dagens Nyheter* que a festa foi uma espécie de injeção de ânimo para os funcionários, após um ano particularmente estressante que incluiu ameaças terroristas, um atentado suicida e uma reorganização estrutural da agência.

Mas para o jornal, foi mais um exemplo de uma sequência de abusos no sistema.

— Apesar de uma série de revelações sobre caras viagens de conferência e festas de confraternização para funcionários, o primeiro-ministro Fredrik Reinfeldt afirma que trata-se de casos isolados, e não de problemas no sistema — acusou o *Dagens Nyheter*.

Também em 2012, o mesmo diário *Dagens Nyheter* revelou as farras de mais um órgão público. A Agência para o Crescimento Econômico e Regional (*Tillväxtverket*), segundo a denúncia, gastara 25 mil coroas suecas por funcionário (cerca de 3,8 mil dólares), desde janeiro de 2010, em eventos de confraternização como jantares, viagens de esqui e visitas a spas.

No total, em dois anos de orgias oficiais, a agência queimou o equivalente a mais de um milhão de dólares. A reportagem do jornal narrou detalhes de hospedagens em castelos e degustações de vinhos e chocolates, extravagâncias que os contribuintes suecos em geral não se propõem a conceder a funcionários públicos.

Apenas no jantar anual de confraternização dos funcionários, a agência gastara 1.476 coroas por cabeça (cerca de 225 dólares) — mais que o dobro da quantia estipulada pelas diretrizes da própria agência. O local escolhido para a festa foi o luxuoso Grande Hotel de Estocolmo.

— O Grande Hotel era, na verdade, a opção mais barata — tentou defender-se a diretora-geral da agência, Christina Calm.

— Basta — decidiu a Ministra da Indústria sueca, Annie Lööf. Na mesma semana em que demitiu Christina Calm, a ministra sueca convocou os chefes de todas as agências governamentais sob seu controle para estabelecer limites para o que poderia ser considerado "exemplar" em termos de gastos com eventos para funcionários.

— A Agência para o Crescimento Econômico e Regional necessita de um diretor-geral que tenha a plena confiança dos cidadãos e do governo da Suécia — disse Annie Lööf em nota oficial.

No ano anterior, a agência recebera verba extra de 6 milhões de coroas suecas a fim de cobrir seus custos operacionais. Em 2012, um novo pedido de recursos adicionais foi negado pelo governo. Com a decisão, o *Tillväxtverket* foi obrigado a economizar 10 milhões de coroas (1,5 milhão de dólares).

Em 2010, o jornalista sueco Peter Wolodarski, do jornal *Dagens Nyheter*, já alertava que "a Suécia não está habituada a lidar com casos de corrupção".

"A corrupção é um mal que atinge grande parte do mundo, mas a imagem que temos na Suécia é de que este é um problema dos outros países", escreveu Peter em editorial.

— É verdade que, segundo estatísticas internacionais, temos um grau relativamente baixo de corrupção. Mas estaremos nos enganando se acreditarmos que este é um problema inexistente em nosso país. Apenas este ano, tivemos denúncias de suborno no sistema prisional, na municipalidade de Gotemburgo e nos planos para a nova arena nacional de futebol — acrescentou Wolodarski, em referência às irregularidades na construção do estádio que substituiu o histórico Råsunda, palco da primeira grande vitória da Seleção Brasileira, na Copa de 1958.

O editorial lembrou ainda as suspeitas — negadas pela empresa sueca de defesa SAAB — de pagamento de suborno, em 2009, para a venda dos caças Gripen à África do Sul, Áustria, República Tcheca e Hungria.

O fluxo de notícias desagradáveis, particularmente na arena política dos municípios, já começava a perturbar os suecos. Era hora de começar a confrontar o tema da corrupção por meio do exercício favorito dos suecos: o debate.

UM REINO ATORMENTADO

São 9 da manhã e o auditório do centro de convenções de Rosenbad, a sede do Governo sueco, está lotado. Na longa mesa instalada no pódio, os autores do mais recente estudo sobre corrupção na Suécia observam, com certo espanto, o tamanho da audiência que se acomoda nas cadeiras do anfiteatro nesta primavera de 2013. Em outras épocas, um seminário com tema tão ignóbil na civilizada Suécia não seria capaz, talvez, de reunir gente suficiente para encher a boleia de um Scania.

Mas hoje, entre as fileiras do auditório aglomeram-se jornalistas, cientistas políticos, acadêmicos e representantes da polícia, da indústria, das municipalidades, de todos os ministérios do Governo. São cerca de 200 pessoas reunidas em torno da dúvida que passou a atormentar os suecos nos últimos anos: há, afinal, mais corrupção entre o céu e a terra deste reino do que supõem seus dignos habitantes?

— Meus colegas estrangeiros ficam surpresos quando digo que estudo a corrupção na Suécia — disse o cientista político Andreas Bergh, um dos autores do estudo, ao dar início ao seminário. — Por que estudar a corrupção na Suécia? Na verdade, o fato de nosso país aparecer no topo das listas das nações menos corruptas do mundo não significa que a corrupção não exista na Suécia.

A fala de Anders abriu as entranhas de uma besta que parecia há muito adormecida no país. Fazia tempo que não se falava tanto sobre corrupção, e o debate era relativamente recente: todos os alarmes da nação soaram em 2010, quando um escândalo imprevisto foi revelado. Em Gotemburgo, a segunda maior cidade do país, autoridades locais teriam recebido propina de uma empreiteira e desviado dinheiro público para pagar viagens pessoais e reformar suas casas.

Outros escândalos viriam à tona em seguida. Em um deles, um político da municipalidade de Solna, vizinha a Estocolmo, foi forçado a renunciar após a descoberta de que ele figurava na folha de pagamentos de uma construtora que ganhara diversos contratos lucrativos na região. Uma nação perplexa começou a perguntar-se se a Suécia era, de fato, tão limpa como indicavam os índices globais.

Era o que o seminário em Rosenbad tentava responder. Nas mais de duas horas de debate que se seguiram à apresentação do relatório sobre corrupção, um fato é digno de menção: nenhuma sombra de dúvida foi levantada em relação ao comportamento ético de parlamentares, juízes e integrantes do poder central. Todos os dedos acusadores apontavam numa só direção: as inquietantes ocorrências registradas nos últimos anos na esfera das municipalidades.

A principal explicação para o fenômeno, segundo os debatedores, estaria na mudança organizacional implementada nas municipalidades a partir do fim da década de 1980: com a terceirização de parte dos serviços municipais, tais serviços passaram a ser fornecidos por empresas privadas, pagas com recursos públicos.

As ligações perigosas entre o poder público e empresários locais teriam dado origem a práticas corruptas em alguns círculos, alimentando nos municípios o que o diretor da Agência Nacional Anticorrupção da Suécia, Gunnar Stetler, classificou durante o debate como uma dose exagerada de *you scratch my back* — uma referência à expressão em inglês *you scratch my back and I'll scratch yours* o popular "uma mão lava a outra".

— Antes, o cidadão pagava seu imposto, a municipalidade usava o dinheiro para fornecer educação, assistência a idosos e outros serviços sociais, e o público tinha a oportunidade de fiscalizar o que as autoridades locais faziam. Mas nos últimos vinte anos, vários serviços públicos passaram a ser fornecidos pela iniciativa privada — disse Stetler, um dos conferencistas do seminário em Rosenbad.

— Empresas privadas estão administrando escolas e construindo hospitais. E a questão é que o público não tem a mesma oportunidade de fiscalizar estas empresas privadas. Portanto, aumentaram as oportunidades de se agir de forma corrupta. Foi o que ocorreu em Gotemburgo. Ali, várias atividades antes desenvolvidas pelo setor público foram entregues ao setor privado, e as pessoas começaram a fazer coisas erradas. Isto está ocorrendo em todos os países nórdicos — afirmou o promotor.

A zona de risco nas atividades de *procurement* em nível local também é considerável, segundo aponta o relatório apresentado no seminário:

— O valor dos contratos públicos na Suécia é de 500 bilhões de coroas suecas por ano (cerca de 76,5 bilhões de dólares), dos quais 100 bilhões (aproximadamente 15,3 bilhões de dólares) são aquisições realizadas de forma direta — sem licitação e sem transparência — destacam os autores.

A Suécia deve ser extravigilante para conter possíveis problemas de corrupção nas municipalidades, eles dizem. As tarefas sob responsabilidade dos municípios — como planejamento urbano, emissão de diversos tipos de licenças, *procurement* e serviços sociais — são particularmente vulneráveis a influências impróprias. Embora exceções existam, segundo os autores as municipalidades suecas são fiscalizadas de forma deficiente — por exemplo, pela mídia e por auditores — em comparação com a forma como o estado é escrutinizado.

Mas "nada indica", segundo o relatório, que o tamanho do setor público sueco seja um fator causador de corrupção.

— Descartamos a hipótese de que a corrupção nas municipalidades suecas se deva à relativamente ambiciosa política do *welfare state* (Estado de bem-estar social), e ao fato de o setor público na Suécia ser muito grande em relação aos padrões internacionais — afirmam os quatro cientistas políticos que assinam o documento.

Diz o estudo que uma suposição comum, principalmente entre economistas, é a de que o tamanho do setor público tem relação direta com o grau de corrupção de um sistema. Segundo esta teoria, "a corrupção é uma consequência quase inevitável da existência do governo e dos agentes principais nele envolvidos". Para os autores suecos, esta seria, no entanto, uma "visão simplista".

Uma hipótese alternativa é a de que, quanto maior for o tamanho do setor público, mais propensos estarão os eleitores a fiscalizar se os recursos estão sendo bem usados. Sob este ponto de vista, um setor público pequeno poderia ser bastante corrupto justamente por ser pequeno, uma vez que os eleitores não teriam a percepção de que a maior parte de seu dinheiro poderia estar sendo mal usada — as somas envolvidas seriam muito pequenas para despertar a participação dos eleitores na supervisão dos atos do poder público, ou provocar sua indignação e revolta.

Já um setor público maior, segundo essa teoria, tornaria os eleitores mais críticos e participativos no sentido de promover o bom desempenho do poder público, reduzindo assim o problema da corrupção.

O estudo sueco observa que os países que conseguiram construir e manter amplos Estados de bem-estar social são também aqueles que historicamente detêm baixos índices de corrupção. O relatório mostra, por exemplo, que com base em diagramas elaborados pela organização Transparência Internacional sobre a relação entre a percepção de corrupção e o tamanho do estado, há indicações de que países com menores índices de corrupção têm em geral setores públicos maiores.

A questão é controversa, e nem todos concordam com a teoria exposta no seminário. Mas para os cientistas políticos que assinam o relatório apresentado em Rosenbad, o remédio para os episódicos casos de corrupção da Suécia não é cortar os gastos públicos.

— Quando, com base em nossas pesquisas, criamos um índice para analisar quantitativamente os casos de corrupção nas municipalidades da Suécia, descobrimos que este índice tinha uma correlação negativa com o tamanho dos gastos municipais, mesmo quando uma série de outros fatores foram considerados. Portanto, não identificamos nenhum elemento de apoio à hipótese de que a Suécia poderia combater a corrupção por meio da redução do tamanho do setor público — afirmam os pesquisadores.

Qual seria então a solução para extirpar a corrupção que emerge especialmente na esfera municipal? A unanimidade, entre os participantes do seminário, foi a de que é necessário ampliar nas municipalidades o uso da mesma ferramenta que se mostrou decisiva para varrer os excessos do poder do estado: a lei da transparência.

— Os cidadãos e a mídia devem ter maiores possibilidades de supervisionar o poder municipal. É preciso garantir que os mecanismos de controle funcionem, e é necessário ampliar o uso da internet para tornar públicos os gastos municipais — disse Johan Mörck, investigador da Agência Sueca de Administração Pública (*Statskontoret*).

Outro antídoto anticorrupção sugerido pelos autores do estudo foi o fortalecimento das ações de auditoria das contas municipais. No raciocínio do promotor Gunnar Stetler, as auditorias devem ser realizadas em tempo real:

— Auditorias anuais não resolvem — disse Stetler à plateia. — Se eu tentar conduzir investigações dois anos depois de um ato ilegal ter sido praticado, terei sorte se conseguir reunir evidências suficientes.

Entre as últimas das 151 páginas do estudo apresentado em Rosenbad, os cientistas suecos chegam a mencionar, como um passo positivo, a iniciativa brasileira de promover auditorias nos municípios por sorteio.

Ao final do debate, os autores do relatório não conseguiram produzir a resposta que todos buscavam: — Não sabemos dizer ao certo se a corrupção aumentou ou não na Suécia — capitularam. A corrupção é, afinal, um fenômeno social extremamente difícil de ser mensurado, diz o relatório. Mas é preciso estar atento. Porque "até mesmo um baixo grau de corrupção pode provocar significantes problemas sociais".

"A corrupção provoca uma cadeia de efeitos negativos no sistema político e econômico. Ela deforma a competição, diminui a disposição das empresas em investir, debilita o empreendedorismo. Além disso, a corrupção ameaça a legitimidade do Estado de Direito e enfraquece a confiança nas principais instituições sociais. Consequentemente, a corrupção pode minar simultaneamente as condições para o desenvolvimento econômico e as bases para o funcionamento de uma forma democrática de governo", diz o relatório.

O papel dos eleitores na vigilância do poder é, para os cientistas suecos, essencial em uma democracia representativa:

"Eleitores com maior grau de instrução têm maiores possibilidades de perceber um problema, acompanhar os jornais, identificar o político responsável e punir este político ao exercer seu poder de voto nas eleições. Estudos comparativos também demonstram que países com populações de maior nível de ensino estão associados a baixos índices de corrupção", aponta o relatório sueco.

— Os eleitores devem acompanhar as irregularidades que ocorrem, associá-las às pessoas e ao partido que as cometeram e castigá-los nas urnas. Desta forma, os políticos saberão que práticas censuráveis serão punidas — destacaram os cientistas no seminário.

Na saída do centro de convenções, pergunto a Anders Bergh se a Suécia precisa de leis mais duras para punir políticos corruptos:

— Creio que não. Quando um político é exposto na Suécia por praticar ato ilegal, é praticamente impossível que ele seja reeleito. Não importa o que diga à lei.

A CRIAÇÃO DE UM CÍRCULO VIRTUOSO

No chão da Drottningsgatan ("rua da Rainha"), a longa via de pedestres situada no centro de Estocolmo, aparecem gravadas em aço algumas frases memoráveis de August Strindberg, o grande escritor e dramaturgo sueco que viveu naquela rua. Como destoa da realidade política da Suécia atual, uma delas chama a atenção: "Há criatura mais dócil e inocente do que um ex-ministro?", perguntava-se Strindberg no século XIX. [Nota: Segundo o Museu Strindberg de Estocolmo, a frase foi escrita pelo autor em um artigo sobre a modernidade destinado ao público francês, publicado pelo jornal *L'Echo de Paris* em 1894: Strindberg, *Qu'est-ce que le modern L'Echo de Paris*, 20.12.1894]

Na Suécia do século XVIII e início do século XIX, não eram poucos os cidadãos que caminhavam na contramão da moralidade. Mas a partir de 1840, havia sido posto em marcha um processo que lançaria as bases de uma sólida e duradoura cultura de honestidade no país.

O plano seria executado com rapidez vertiginosa. A estratégia era uma drástica reforma das instituições, destinada a estabelecer a "boa governança" no reino. Foi uma espécie de *Big Bang* institucional, na definição do cientista político sueco Bo Rothstein: mudanças radicais seriam introduzidas em não apenas algumas, mas em praticamente todas as instâncias políticas, sociais e econômicas da nação.

A ideia era criar um novo círculo virtuoso. Todas as mudanças tinham como mira o mesmo alvo: a criação de um aparato de estado eficiente, imparcial e universalista, voltado para a garantia dos direitos de todos os cidadãos, e não de uma minoria privilegiada.

A tarefa pela frente era ciclópica: no Reino da Suécia daquela época, subornos eram abundantes, as relações e contatos privilegiados com a corte do rei eram mais importantes que as leis, a nobreza tinha precedência no loteamento de

Pergunta de Strindberg gravada em aço na rua: "Há criatura mais dócil e inocente do que um ex-ministro?".

cargos nos tribunais e no setor público, oficiais militares e servidores públicos compravam e vendiam posições.

Nem a escancarada incompetência para o exercício de um cargo era argumento válido para afastar uma autoridade. Também era comum, entre servidores públicos, receber renda de terras e propriedades associadas à posição que ocupavam. Além disso, o acesso às universidades era em grande parte baseado em contatos pessoais privilegiados. A situação nas faculdades de Direito nesse período é descrita por historiadores como "um verdadeiro lamaçal intelectual e organizacional", que durou até as primeiras décadas do século XIX.

A primeira providência foi reformar o setor público para a criação de uma estrutura weberiana *(preconizada pelo economista alemão Max Weber, criador da teoria da burocracia)*, em que os servidores públicos passaram a ser recrutados com base em critérios de mérito e competência técnica, em concursos abertos e regulamentados por um conjunto de regras universais. Esta reforma foi implementada entre 1860 e 1875, e foi dramática.

A nova moral exigia dos funcionários públicos, no trato com os cidadãos, o critério da imparcialidade. Agir de forma imparcial demandava tratar todos de forma igualitária, sem distinções, e com respeito e atenção. Sem privilegiar, como na velha ordem, relações e interesses pessoais.

Toda a concepção do que significava ser um funcionário público foi transformada. A ideia de enxergar um cargo público como um feudo do qual o "proprietário" poderia extrair benefícios também seria abandonada. Práticas corruptas continuaram a ocorrer em certo grau, mas não eram mais vistas como o "procedimento padrão".

"A velha noção de que o cargo público era uma espécie de propriedade começava a desaparecer", escreveu em 1896 o historiador Emil Hildebrand, chefe do Arquivo Nacional Sueco à época. Práticas corruptas ainda ocorriam em certa medida, mas a corrupção já deixava de ser a regra padrão.

A decrépita ordem era demolida, simultaneamente, em várias outras frentes. Em 1842, a reforma do sistema escolar criou o ensino obrigatório e gratuito para todos. Em 1845, o direito do governo de confiscar jornais foi abolido, dando origem a um vívido debate na mídia sobre os atos do poder. No mesmo ano, foi abolida a supremacia da aristocracia na ocupação de altos postos da burocracia estatal. Em 1862, um revitalizado código criminal estabeleceu uma nova lei para punir a má conduta no exercício de cargos públicos. Em 1863, foi aprovada a reforma do ensino universitário. Em 1866, teve início uma ampla reforma parlamentar. Em 1876, uma abrangente reorganização da burocracia nacional foi conduzida. A lista de reformas era extensa.

Foi uma metamorfose de valores. A Suécia construía, assim, uma sociedade caracterizada pela qualidade do governo e a confiança nas instituições democráticas. Todos podiam constatar que o velho e corrupto sistema de antes estava moribundo: tinha os dias contados. As expectativas mudaram. O cidadão sentia agora a certeza de que receberia um tratamento digno, justo e correto quando se dirigisse a um órgão estatal.

Ao perceberem a mudança, os cidadãos também começaram a mudar: cada vez mais, ajustavam o seu próprio comportamento à nova ordem moral. Tornou-se regra, assim, agir de maneira honesta e honrada na esfera pública

— tanto nas relações verticais, entre o cidadão e o estado, como nas horizontais, de cidadão para cidadão.

No fim do século XIX, segundo estudiosos suecos e estrangeiros, a corrupção política havia sido praticamente erradicada na Suécia em nível nacional.

Nas municipalidades, porém, irregularidades continuaram a ser detectadas até por volta de 1950: grande parte do poder local da época estava nas mãos do presidente do conselho municipal, que também administrava as finanças do município. A solução foi uma ampla reforma administrativa nos municípios, que também passaram a empregar servidores capacitados e sem suspeitas de corrupção no currículo. Auditores especializados passaram a controlar as finanças.

Gradativamente, a corrupção tornou-se rara também em nível municipal — e por isso os suecos assistem hoje, em choque, às recentes notícias de irregularidades nas municipalidades.

A peculiaridade da estratégia que limpou a Suécia em nível nacional é que apenas algumas das reformas tiveram como meta atacar as práticas corruptas de forma direta: a tática principal foi aplicar um golpe indireto contra as práticas corruptas, por meio de uma manobra incisiva no nervo central das instituições políticas do país. O objetivo primordial foi produzir uma metamorfose na cultura política.

— Em vez de apenas atacar as práticas corruptas diretamente, esta tática indireta transformou uma cultura política particularista em uma cultura política universalista — diz o professor Bo Rothstein, do Departamento de Ciências Políticas da Universidade de Gotemburgo, em sua análise da evolução da corrupção na Suécia.

Na cultura política particularista, o tipo de tratamento dispensado pelos órgãos governamentais aos cidadãos depende do *status* e da posição social de cada indivíduo. Para ser mais bem tratado, geralmente é melhor ser bem relacionado, ter um bom *status* social e eventualmente uma boa disposição para subornar. Está nesse tipo de cultura, segundo vários estudiosos do tema, a raiz da corrupção sistêmica.

Como diz Rothstein, sabe-se que ser o único honesto no "jogo podre" de um sistema corrupto não resolve a questão da corrupção. Em um sistema profundamente corrupto, cita o estudo, a necessidade de oferecer e exigir suborno torna-se de tal forma impregnada no "mapa mental" das pessoas que acaba tornando-se uma instituição informal na sociedade. Quando se é parado pela polícia, quando se pede um alvará para abrir um restaurante ou quando se busca um emprego no setor público, pagar suborno ou agir de forma ilegal é o procedimento padrão em um sistema corrupto.

— Mesmo aqueles que consideram a corrupção como algo moralmente condenável são propensos a participar do esquema, uma vez que "todos os outros" participam do jogo — observa o cientista político.

A solução, para ele, é o estabelecimento de instituições imparciais, capazes de assegurar aos indivíduos que a maioria dos "outros" estará honrando suas obrigações: se a maioria dos cidadãos achar que a maior parte da sociedade se comporta de maneira honesta, a cooperação entre indivíduos que não possuem relações especiais se tornará mais comum, em uma sociedade com um maior grau de confiança social.

Rothstein diz que um fator importante deve ser realçado: embora a corrupção tenha características culturais, ela não é culturalmente determinada. Como exemplo, ele cita os casos de Hong Kong e Cingapura. Um estudo conduzido pelo cientista Hilton Root demonstra, segundo ele, que o extraordinário crescimento econômico alcançado por estas sociedades teve como pré-requisito uma bem-sucedida luta contra a corrupção iniciada na década de 1970. Em uma das listas recentes da Transparência Internacional, Cingapura chegou a dividir o quinto lugar com a Suécia no *ranking* dos países menos corruptos, enquanto Hong Kong atingiu a 14ª colocação.

Já outros países, da mesma esfera cultural e regional de Cingapura e da ex-colônia britânica de Hong Kong (devolvida à China em 1997), são consideravelmente mais corruptos: no mesmo *ranking* da corrupção, a China ficou em 59º lugar, e a Indonésia em 96º.

“Podemos concluir, portanto, que o grau de corrupção não é determinado culturalmente”, cita o estudo. O texto menciona ainda diversos estudiosos para acrescentar que cidadãos comuns, em sistemas severamente corruptos, normalmente não internalizam as práticas corruptas como sendo atos moralmente legítimos: se convencidos de que a maioria das pessoas não participaria de práticas corruptas, sua preferência seria não receber ou oferecer suborno.

O importante assim, segundo a pesquisa, é mudar a crença dos indivíduos sobre o grau de honestidade dos “outros”. E a reforma institucional necessária para este fim deve ser ampla. — Os tribunais não são mais ou menos importantes do que o serviço público, a integridade dos líderes políticos eleitos, a sociedade civil ou a mídia — aponta o cientista sueco.

Se as políticas anticorrupção forem limitadas à introdução de pequenas iniciativas, segundo o diagnóstico sueco, muito provavelmente não terão efeito na mudança da cultura política e da ordem social.

— É preciso atingir um novo tipo de equilíbrio — diz Rothstein. Ele conclui sua análise com uma citação de Larry Diamond, professor de Sociologia e Ciências Políticas da universidade americana de Stanford:

— A corrupção endêmica não é uma falha que pode ser corrigida com um ajuste técnico ou um empurrão político. Ela é a forma como um sistema funciona, e está profundamente entranhada nas regras e expectativas da vida social e política. Para reduzir a corrupção a níveis menos destrutivos — e mantê-la em tal patamar — é necessária uma reforma revolucionária das instituições.

CAPÍTULO IV

QUE PAÍS É ESTE?

O PRINCÍPIO DOS TEMPOS

No princípio, era o gelo. Dizia-se que o fim do mundo era por aqui. Onze mil anos antes de Cristo, a Suécia estava coberta por uma imensa massa de gelo, que na última era glacial chegava a 3 mil metros de profundidade. Quando as geleiras derreteram, os primeiros visitantes começaram a descobrir que esta era uma terra estranha. Em suas andanças pela Escandinávia em 350 a.C., o explorador grego Pythaes falou, horrorizado, de um lugar gelado onde o mar havia se tornado sólido, e onde durante metade do ano o sol brilhava, e na outra metade só existia noite.

A história de Pythaes parecia alucinada. Mas a visão era sóbria na essência: no extremo norte da Suécia, o sol praticamente nunca se põe no verão, e durante todo o inverno o céu é dominado pela escuridão. Qualquer ser humano exposto a tais extremos deve se tornar um tanto louco, pode-se imaginar. Nem nas latitudes mais favoráveis da capital, Estocolmo, é possível afirmar que este povo vive em condições normais: nos dez verões que já testemunho, o sol só se vai tarde da noite, mas nunca completamente, e passarinhos começam a cantar às três da madrugada, anunciando um novo dia. Nos invernos, a noite cai por volta das três da tarde.

Mais estranho do que os fenômenos da natureza, porém, parecia ser o costume bizarro das autoridades desta terra de consultar o povo em assuntos que diziam respeito ao próprio povo, já nos primeiros tempos da sua longa história. Um dos primeiros a constatar esta aparente aberração na época foi um monge beneditino francês, chamado Ansgar. Por volta do ano de 850, Ansgar resolveu pedir uma audiência ao rei *viking* Olof, a fim de obter a permissão real para levar a palavra de Deus a seus súditos pagãos. A resposta do rei: a decisão teria que ser tomada por meio do voto do povo, que seria reunido no *ting*, a assembleia rudimentar da era *viking*.

Surpreso com tal revelação terrena, Ansgar anotou em suas crônicas que era costume nestas terras "decidir qualquer assunto de caráter público mais pela vontade unânime do povo, do que pelas ordens do rei". *(Herman Lindqvist, "Sveriges Historia", 2002).*

Na Idade Média, este continuou a ser um povo incomum. Quando o rei sueco Magnus Eriksson foi eleito na assembleia reunida nos arredores de Uppsala, em 1319, quatro camponeses de cada comarca estavam presentes. Naqueles tempos, os reis eram eleitos. E o rei tinha que respeitar as vozes dos homens comuns da Suécia em matéria de impostos. *(Rojas 2005, em Jan Sjunesson, "The Swedish story — from extreme experiment to normal nation", 2013).* Eram os primórdios de uma longa tradição de participação popular nas decisões do país.

Ao lado do rei, sempre estava um Parlamento. E quando a primeira forma de *Riksdag* (Parlamento) foi criada, no século XV, os camponeses também tinham voz: eles eram um dos quatro "Estados" ou classes da assembleia, formada por representantes da Nobreza, do Clero, da Burguesia e do Campesinato. Isso não aconteceu em nenhum outro lugar da Europa.

— O caráter popular, "democrático", estava representado pelo estado camponês. Ao longo de sua história, a Suécia nunca experimentou períodos de clara servidão feudal, nem tampouco períodos nos quais a classe camponesa proprietária de terras tivesse sido totalmente marginalizada, excluída pela nobreza latifundiária — observa o cientista político sueco Olof Ruin.

Ao contrário do que acontecia em outros países europeus, o rei da Suécia nunca exerceu um poder puramente absoluto. O período mais autocrático que o país atravessou foram os anos do auge do Império Sueco (1561-1721), quando a Suécia, em euforia bélica, ocupou partes da Alemanha, Rússia, Dinamarca, Finlândia e os países bálticos. Foi nessa época que um dos mais famosos filósofos da Europa, o francês René Descartes, sucumbiu ao frio sueco: convidado a ir à Suécia pela Rainha Cristina, ele não resistiu às temperaturas do gelado castelo de Estocolmo, e diz-se que morreu de pneumonia poucos meses após sua chegada ao país, em 1650.

Os tempos suecos de superpotência também foram encerrados, sem vitórias. O equilíbrio do poder, entre o rei e o Parlamento, seria estabelecido já na Constituição de 1809.

Mas a maioria do povo, incluindo mulheres e trabalhadores de baixa renda, continuava marginalizada da política. E a Suécia passava fome.

FOME, POBREZA E PORCOS NAS RUAS

Vacas pastavam e porcos grunhiam na paisagem urbana da capital sueca, Estocolmo, na primeira metade do século XIX. O país era pobre, a fome extrema. De Londres, chegavam doações voluntárias para a faminta Suécia por volta de 1860. A economia do país era agrária e atrasada, e quase 90% da população vivia e trabalhava no campo. Na capital, os bairros operários eram verdadeiras favelas, onde trabalhadores alugavam camas em habitações paupérrimas e superlotadas. Até o começo do século XX, Estocolmo, fundada por volta de 1251, ainda era uma cidade insalubre: a expectativa de vida média dos habitantes de Estocolmo era de trinta e nove anos de idade para os homens, e quarenta e sete anos para as mulheres.

Para muitos, a saída para o desespero foram os portos. Entre 1851 e 1930, cerca de 1,3 milhão de suecos emigraram em busca de um futuro melhor, principalmente para os Estados Unidos — um número que correspondeu aproximadamente, naquele período de tempo, a cerca de 25% da população sueca. Cerca de dez mil imigrantes suecos foram em direção ao Brasil, e aproximadamente 16 mil para a Austrália. Milhares de jovens suecas também abandonaram a escassez do campo para trabalhar como empregadas domésticas em lares americanos.

Mas a Suécia começava a transformar sua história.

Já havia recursos naturais de grande valor, como reservas minerais e bosques. Agora a indústria florescia, baseada em descobertas científicas e fortes investimentos em educação, tecnologia e infraestrutura. O país caminhava na rota da modernização.

Em 1842, foi introduzido o ensino primário gratuito e obrigatório para todos. A ideia enfrentou a oposição tanto de parte do setor agrário, que não queria arcar com os custos da empreitada, como de setores conservadores, que não viam sentido em educar os mais pobres e provocar sentimentos revolucionários nas massas que migravam para as cidades. Mas a decisão foi implementada, até como forma de transformar crianças em cidadãos obedientes e socialmente ajustados. O índice de alfabetização atingiu níveis cada vez mais altos. E cada vez mais, os filhos dos trabalhadores e da classe média baixa passaram a alcançar a universidade.

Ao mesmo tempo, a confiança nas instituições era gradualmente construída, por meio de reformas estruturais que reduziriam a corrupção e dariam origem a uma administração pública imparcial e transparente.

Surgiria ainda, no fim do século XIX, uma série de movimentos populares de organização democrática: os sindicatos e movimentos trabalhistas, que lutavam por melhores condições de trabalho, os movimentos de abstêmios, que defendiam o fim do alcoolismo, os grupos religiosos independentes, que pregavam o direito a práticas religiosas à margem da Igreja Luterana, e cooperativas que organizavam a distribuição de bens de consumo mais baratos.

— Na Suécia, esses movimentos populares constituíram verdadeiras escolas de treinamento democrático, numa época em que o sistema parlamentar e o sufrágio universal e igualitário ainda não estavam completamente desenvolvidos — enfatiza o cientista político Olof Ruin. O sufrágio universal, para homens e mulheres, só seria introduzido em 1921.

Até o século XIX, a Suécia foi um dos países mais pobres da Europa. No século XX, com uma população altamente educada e capacitada, o país se transformaria em uma das mais prósperas e sofisticadas nações industrializadas do mundo. E muitos dos imigrantes que haviam abandonado o país, nos tempos de incerteza, começaram a voltar para casa.

A CHEGADA DAS FERROVIAS E DA RIQUEZA

Foi com pavor incontido que os suecos assistiram à chegada das primeiras locomotivas no país. Falava-se da inacreditável velocidade dos trens, que viajavam a cerca de quarenta quilômetros por hora. Muitos temiam que, em ritmo tão veloz, as pessoas não seriam capazes de respirar adequadamente, e cairiam, desmaiadas, no chão da lomocotiva. Para piorar o terror geral, um médico alemão alertou com toda a sua autoridade científica, durante um debate no Parlamento sueco, que um passageiro que se atrevesse a olhar para a janela naquela velocidade infernal correria o risco de sofrer uma lesão cerebral. Mais frenético era o ritmo de crescimento da economia. Uma série de reformas econômicas e liberais alavancou a expansão sueca, com a aprovação da lei de livre-comércio de 1864 e a adesão da Suécia às regras do livre-comércio internacional, no ano seguinte. Àquela altura, a antes subdesenvolvida Suécia vivenciava uma genial explosão tecnológica, com o surgimento de um conjunto de invenções e inovações patenteadas no país.

Bem antes, o astrônomo sueco Anders Celsius já havia desenvolvido a escala usada nos termômetros. Agora, as invenções suecas se multiplicavam: a dinamite de Alfred Nobel, o primeiro centrifugador e separador de leite e creme, os palitos de fósforo seguros, os modernos telefones da Ericsson. Em 1900, Estocolmo era uma cidade abastecida por um dos mais altos números de telefone do mundo. Ao longo dos anos, o avanço da tecnologia sueca daria origem a inovações como o zíper, o rolamento de esferas (que resolveu um dos maiores problemas industriais no início do século XX), as embalagens longa-vida da Tetra Pak, o marca-passo do Dr. Rune Elmqvist, e o cinto de segurança de três pontos do engenheiro Nils Bohlin, da Volvo. O espírito inovador e empreendedor ainda sobrevive, com invenções suecas como o Skype, que permite às pessoas se comunicarem gratuitamente por meio da internet, a tela em cores para computadores, de Håkan Lans, e o serviço de música *online* Spotify.

No mesmo ritmo das primeiras inovações, as empresas suecas se multiplicaram e se expandiram pelo mundo — como as multinacionais Ericsson, SKF, Electrolux, AGA, Bofors, Scania e Volvo.

A Suécia dos camponeses e agricultores tornava-se, nas poucas décadas entre 1900 e 1930, uma nação industrializada. A moderna Suécia emergia na década de 1930, e com ela nascia um novo conceito radical de *design* e arquitetura urbana — eram os tempos do *funkis*, o funcionalismo.

A política de neutralidade sueca nas duas grandes guerras mundiais seria uma grande aliada no processo do "milagre econômico" que se produziu: a capacidade industrial da Suécia estava intacta.

Especialmente nos anos que se seguiram à Segunda Guerra, o país estava pronto para suprir os produtos necessários à reconstrução da Europa, e seu poderio econômico cresceria ainda mais. O país enriqueceu.

[Nota 1: A neutra e pacífica Suécia também se tornou um dos maiores fabricantes de armamentos do mundo. Desde a invenção da dinamite por Alfred Nobel em 1865, inovações suecas contribuíram para a arte da guerra. Por ocasião da Segunda Guerra, a própria neutralidade sueca só foi possível em função de circunstâncias geopolíticas particulares: a Suécia era fonte importante de ferro para os alemães, e a eles interessava manter o país em paz. A mesma sorte não tiveram a Dinamarca e a Noruega, cujas invasões se deram precisamente para conservar segura a rota sueca do ferro. A Suécia tornou-se, por outro lado, um refúgio para dinamarqueses e noruegueses que fugiam dos alemães.]

[Nota 2: Durante a Segunda Guerra Mundial, a Alemanha foi o principal parceiro comercial da Suécia (*Lars Magnusson, "Sveriges Economiska Historia", Norstedts, 2010.*)]

Na política, uma transformação radical da vida da nação estava em andamento.

NASCE O MODELO SUECO

A progressista Suécia era apontada agora por muitos como a via do futuro: no polarizado cenário mundial do século XX, os radicais experimentos realizados no país pareciam oferecer uma via intermediária entre os excessos do capitalismo e do socialismo. O caminho sueco era, na realidade, o que viria a caracterizar o chamado "capitalismo nórdico" — uma fórmula que combinava basicamente uma vigorosa economia de mercado com um substancial *welfare state*, um Estado-providência universal e baseado na igualdade de oportunidades, solidariedade social, saúde, educação e cultura para todos.

Na origem do *welfare state* sueco, estavam os movimentos populares, trabalhistas e assistencialistas surgidos no fim do século XIX. Na primavera de 1889, entre aqueles movimentos populares, havia sido criado o Partido Trabalhista Social-Democrata da Suécia. As propostas de mudanças sociais nasciam também de políticos liberais, e em 1913 a Suécia tornou-se o primeiro país a criar um sistema de aposentadoria pública para todos os cidadãos. Era o começo do moderno Estado de bem-estar social sueco.

Em março de 1920, Hjalmar Branting formou o primeiro governo social-democrata da Suécia, que seria também o primeiro da Europa.

— A social-democracia se apresentava como socialista, ao mesmo tempo em que na política cotidiana renunciava a toda ambição concreta em tal sentido — pelo menos como é habitualmente entendido por outros partidos semelhantes, isto é, como a estatização dos recursos naturais, da indústria, dos bancos. A propriedade social não era definida como um objetivo em si, permanecendo a indústria fundamentalmente em mãos privadas — observa o cientista político Olof Ruin, em artigo sobre o desenvolvimento do modelo sueco.

— Não obstante, existia uma disposição para, mediante diversos mecanismos, disciplinar o capital, combater excessos e deformações capitalistas e limitar lucros — ele acrescenta.

A palavra da hora era a inclusão social. A meta dos programas do Estado-providência, que seriam implementados a partir da década de 1930, era a articulação de uma verdadeira rede de proteção em torno dos cidadãos. A expressão *Folkhemmet* (Lar do Povo), criada pelo líder social-democrata Per Albin Hansson, simbolizava o objetivo da luta: as pessoas podiam sentir-se tão seguras na sociedade como se sentiam no interior de seus lares (*Olof Ruin*).

Privilégios e privilegiados não haveria. Hansson, que costumava tomar o bonde para o trabalho quando se tornou primeiro-ministro em 1932, explicara assim a visão de uma sociedade nova e mais humana:

— Um bom lar não tem membros privilegiados ou rejeitados; não tem favoritos nem filhos postiços. Nele, uma pessoa não olha para a outra com desdém; nele, ninguém tenta obter vantagens à custa do outro; nele, o forte não oprime nem rouba o fraco. Em um bom lar existe igualdade — disse Hansson em discurso no Parlamento.

Per Albin foi também o primeiro líder político sueco a quem as pessoas se referiam e chamavam apenas pelo primeiro nome, sem o sobrenome.

O primeiro-ministro Hansson e sua lição: num bom lar, o forte não oprime nem rouba o fraco.

A construção da nova sociedade envolveria uma parceria histórica entre o capital e o trabalho. Como parte do conjunto adicional de medidas que daria forma ao chamado modelo sueco, o altamente organizado movimento trabalhista e a indústria sueca firmaram um pacto. O fluxo da produção industrial seria ameaçado por um mínimo de greves, e os trabalhadores teriam melhores condições, em uma política salarial marcada pela negociação coletiva e a solidariedade. Garantiam-se assim as condições de estabilidade para o crescimento econômico, que por sua vez daria sustentação a um amplo programa de proteção social. O acordo, firmado em 1938, ficou conhecido como o Pacto de Saltjöbaden, a localidade da região de Estocolmo onde as negociações se produziram.

— Aqui se mostrava o reconhecimento mútuo do papel dos dois agentes principais do processo econômico, ambos motivados pelo sentido de bem-estar de um país dependente de suas exportações para sobreviver — comentou o jornalista americano Marquis Childs. — Enquanto a competitividade internacional da indústria, quase 90% ou 95% dela em mãos privadas, continuasse a crescer, e manter assim sua prosperidade, a crescente dimensão do Estado-providência poderia ser financiada por meio de impostos que tendiam a acompanhar o ritmo dos benefícios do sistema de bem-estar social.

A Suécia tornou-se um exemplo de pragmatismo e progresso, com um modelo singular que combinava um pacto entre os trabalhadores e a indústria, altos impostos, generosas políticas sociais e uma economia mista. Sob a liderança social-democrata, o país já estava pronto para erguer um forte Estado-providência.

PROTEÇÃO SOCIAL "DO BERÇO AO TÚMULO"

Com a economia em boa forma, nos anos 1930 deu-se início à construção gradual de um amplo e generoso Estado de bem-estar social, cuidadosamente planejado para proteger os cidadãos "do berço ao túmulo". As reformas, financiadas por um dos impostos mais altos do mundo, seriam drásticas.

O primeiro passo foi a implementação de trinta e dois pacotes de reformas abrangentes, que incluíram a introdução de um extenso sistema público de saúde, assim como hospitais-maternidade gratuitos; educação gratuita e de qualidade até a universidade, incluindo material escolar; fornecimento de vitaminas e tratamento dentário gratuito para crianças e adolescentes; generosos benefícios sociais, licenças-maternidade e salários-desemprego, e o aumento das aposentadorias públicas garantidas pelo estado.

A Suécia não era, evidentemente, a única nação a disciplinar o capital e desenvolver uma nova política social no século XX: esta era uma tendência mundial, impulsionada pelo "New Deal" de Franklin Roosevelt após a Grande Depressão e em parte pelo debate que se produziu na Grã-Bretanha em torno do Estado de bem-estar social, inspirado em particular por William Beveridges.

Mas o modelo social sueco (e escandinavo) continha um elemento diferencial em relação a outros modelos de bem-estar social: a universalidade *[Lars Magnusson, "Sveriges Economiska Historia", Norstedts, 2010]*. Não se tratava de uma política direcionada prioritariamente aos pobres, e sim de um conjunto de políticas e benefícios dirigidos ao bem-estar de todos — ricos, pobres, classe média —, independentemente da renda de cada um. Os mais abastados pagariam os mais altos impostos, mas também receberiam benefícios e serviços sociais generosos. A redistribuição da renda reduziria a pobreza e promoveria a igualdade, em uma sociedade solidária em que todos teriam oportunidades iguais.

Os investimentos na educação da população, assim como ocorreu nas demais sociedades nórdicas, foram um dos pilares centrais do sistema sueco que se construiu.

— Isto se transformou em um período histórico de investimento nos indivíduos, e forneceu acesso aos recursos que lhes permitiram maximizar o seu valor no mercado. Marcados historicamente como os países com as maiores taxas de alfabetização, os países nórdicos estiveram por muito tempo classificados no topo em termos de educação básica e de investimento em pesquisas — apontam os historiadores suecos Henrik Berggren, editor político do jornal liberal *Dagens Nyheter*, e Lars Trägårdh, professor da Universidade de Ersta Sköndal, em artigo.

A extensa lista de benefícios e serviços sociais seria ampliada gradativamente, ao longo das décadas de 1940 e 1950. E em meados dos anos 1950, a Suécia havia atingido o mais alto padrão de vida, em termos igualitários, do mundo.

O futuro reservava crises graves — especialmente a profunda crise dos anos 1990, que obrigaria o país a engolir o remédio inevitável do corte de gastos nas despesas do estado. Mas aqueles tempos, em que se consolidava o modelo social sueco, ainda eram tempos de euforia.

Nos anos 1970, a Suécia era o quarto país mais rico do mundo, e os suecos pareciam ter realizado a utopia de uma sociedade justa e perfeita.

UM PAÍS EXTREMO

A extrema Suécia também chamava a atenção por sua maneira particular de usar os próprios neurônios, de onde extraía ideias incomuns. Chegou-se à conclusão, e por que não, pensaram os suecos, de que donas de casa deveriam ter férias pagas pelo governo. Assim foi até meados da década de 1970, quando as rainhas suecas do lar viajavam alegremente para merecidos repousos em hotéis e pousadas do país. Eram tempos em que a economia do país ainda parecia permitir exorbitâncias, e tempos em que donas de casa ainda habitavam este país em maior grau: a entrada das mulheres no mercado de trabalho seria crucial para a expansão da economia sueca. Hoje, cerca de 76% das mulheres suecas estão na força de trabalho, conforme dados da *Arbetsmiljöverket,* agência sueca para questões relacionadas ao trabalho.

O conceito de moralidade na Suécia também era peculiar: em uma famosa entrevista exibida pela britânica BBC em 1969, produziu-se um curioso diálogo entre o então ministro da Educação sueco, Olof Palme, e o jornalista David Frost. O jornalista abordava o tema da falada liberalidade sexual dos suecos, uma imagem alimentada em parte por uma série de filmes suecos carregados de erotismo que chegavam às telas internacionais.

— A Suécia é realmente, como se diz, livre de censura neste sentido? — perguntou Frost.

— Ainda temos algum tipo de censura — respondeu Palme.

— Que tipo de coisas têm sido censuradas ultimamente no país? — quis saber o jornalista.

Até os anos 1970, as donas de casa suecas tinham direito a férias pagas pelo estado.

— O que nós censuramos é a violência, especialmente quando ela contém elementos de sadismo. Por exemplo, alguns filmes de Walt Disney têm sido proibidos na Suécia. É ruim assustar as crianças com violência e sadismo — respondeu Palme, para espanto do entrevistador.

— A moralidade não se limita a questões sexuais. (Imoral) é salário baixo e desemprego — emendou Palme, que pouco depois se tornaria o primeiro-ministro da Suécia.

Em 1809, os suecos haviam inventado a figura do *Ombudsman* (Ouvidor), para lidar com o desamparo do indivíduo diante dos excessos do poder. Opostamente nobre foi a ideia de lançar, em 1941, uma política de esterilização de deficientes físicos e portadores de distúrbios mentais, que se manteve em vigor até a década de 1970.

Palme (à direita) com David Frost: imoral é salário baixo e desemprego.

Ideias mais edificantes viriam. Em 1979, a Suécia foi o primeiro país a criar uma lei proibindo a aplicação de castigos corporais em crianças. Também proibiu-se completamente todo tipo de publicidade para crianças na televisão, como se faz até hoje: meninos e meninas menores de doze anos, raciocinaram os suecos, não têm idade suficiente para serem expostos a pressões comerciais. E não devem ser induzidos a desejar brinquedos e roupas que, em muitos casos, não podem comprar.

Nos tempos atuais, a indústria publicitária sueca também reflete a notória repulsa nacional contra propagandas que reforçam estereótipos sexuais, como o conceito da mulher-objeto: *outdoors* com mulheres (ou homens) seminus não costumam fazer parte da paisagem urbana sueca.

"Qualquer pessoa que tentasse vender um carro com a ajuda (de comerciais) de mulheres quase nuas não seria mais contratada", escreveu a jornalista Barbro Hedvall.

Protestos gerais foram ouvidos quando uma companhia aérea irlandesa publicou na Suécia, em 2008, uma campanha publicitária considerada sexista. No comercial, uma mulher de minissaia e miniblusa posava como estudante ao lado de um quadro-negro, onde se lia o texto: "As ofertas mais quentes na volta às aulas".

— A imagem da mulher foi usada para atrair a atenção das pessoas de uma forma sexual, o que é ofensivo para as mulheres em geral — condenou o Conselho sueco de Ética Comercial contra Sexismo na Propaganda.

A igualdade entre os sexos é um aspecto marcante deste país, onde o próprio ministro das Finanças, Anders Borg, se define como um feminista. Na década de 1970, experiências radicais chegaram a ser realizadas nas escolas. Às meninas, davam-se carrinhos para brincar. Aos meninos, bonecas. Até hoje, já na fase pré-escolar as crianças suecas são libertadas das expectativas relacionadas aos papéis tradicionalmente impostos a meninas e meninos. A ideia é garantir que as crianças tenham oportunidades iguais, e a liberdade de fazer suas escolhas. Não importa qual seja o seu sexo.

Em uma noite de 2013, os telejornais abriram o noticiário com um fato que certamente abriu úlceras de revolta nos estômagos suecos. A professora de uma escola havia mandado os meninos para a quadra de basquete, enquanto às meninas havia sido dada a tarefa de enfeitar a sala de aula para um evento festivo. Uma intragável discriminação de sexos, acusou a mídia. Nas reportagens sobre o caso, longos minutos foram dedicados às explicações e pedidos de desculpas da professora, e também a entrevistas em que as alunas diziam que, sim, prefeririam ter jogado basquete em vez de recortar florzinhas de papel.

Em círculos até agora reduzidos, até mesmo os pronomes de tratamento "ele" ("*han*", em sueco) e "ela" ("*hon*") foram abolidos: estão sendo substituídos por um pronome neutro, batizado de "*hen*". É o caso da creche Egalia, em Estocolmo, que adotou o neologismo como forma de neutralizar as barreiras entre os gêneros. Nas prateleiras da biblioteca da escola, além dos contos de fadas clássicos, há também livros sobre pais solteiros e casais homossexuais.

O empenho na meta de alcançar uma maior igualdade entre os sexos gerou, gradualmente, uma nova realidade: as tarefas do lar são basicamentre divididas entre o homem e a mulher, embora a carga feminina ainda seja maior. Os suecos chegaram a cronometrar este avanço: o trabalho doméstico diário realizado pelas mulheres teve uma redução de catorze minutos entre 2000 e 2010, enquanto o dos homens aumentou onze minutos.

Pelas estatísticas do organismo internacional OECD (Organização para a Cooperação e Desenvolvimento Econômico), os homens suecos gastam 177 minutos por dia cozinhando, limpando ou desempenhando algum outro tipo de tarefa doméstica — mais do que a média europeia de 131 minutos, mas bem menos do que a das mulheres suecas, que dedicam em média 249 minutos diários aos afazeres domésticos.

Na arena política, as mulheres estão bem representadas. No Parlamento atual, por exemplo, as mulheres constitutem 45% do total de 349 parlamentares.

As regras para a sucessão ao trono sueco também foram alteradas, a fim de permitir que a coroa fosse passada ao filho mais velho — independentemente do sexo. A reforma constitucional, aprovada em 1980, tornou a princesa Victoria a herdeira do trono, em lugar de seu irmão mais novo, o príncipe Carl Philip.

Mas a sub-representação das mulheres em cargos executivos persiste na Suécia, assim como as diferenças salariais: em média, os homens suecos ganham entre 10% a 15% a mais que as mulheres do país.

A TEORIA SUECA DO AMOR

Esta é uma das principais características do modelo sueco, e nórdico em geral: cada um dos cidadãos, homens e mulheres, é responsável por seu próprio sustento e subsistência.

"A legislação nórdica tem refletido esta percepção desde a década de 1970", escreve Kristina Persson, ex-vice-diretora do Banco Central da Suécia e atual diretora do instituto sueco Global Utmaning, em artigo apresentado durante o Fórum Econômico Mundial de Davos em 2011. "A tributação é individual, isto é, nem a família nem o agregado familiar são uma unidade fiscal. Tanto as pensões por aposentadoria como os subsídios por motivo de doença estão ligados ao indivíduo. Cada membro do casal é obrigado a cuidar dos seus filhos, mas não tem a obrigação de cuidar um do outro, seja mulher ou homem."

É o que os historiadores suecos Henrik Berggren e Lars Trägårdh chamam de "teoria sueca do amor": os relacionamentos verdadeiros de amor e amizade na Suécia são apenas possíveis entre indivíduos que não dependem uns dos outros.

Em 2010, o casamento da herdeira do trono com seu ex-professor de ginástica alegrou os súditos do reino. Entre os plebeus, a história não costuma acabar bem: a taxa de divórcio na Suécia é uma das mais altas do mundo. Mas quando o amor acaba, muitos homens ainda podem ser felizes para sempre, ao lado dos filhos. E o divórcio dói menos no bolso.

Pela lei sueca, desde a década de 1990 o homem não é obrigado a pagar pensão — nem para a ex-mulher, e nem para os filhos. A única condição para não ter que pagar pensão para os filhos é também um desejo de muitos homens: dividir a guarda das crianças com a ex-companheira.

Cada vez mais, a guarda compartilhada dos filhos se torna a regra no país. Hoje, mais de 30% dos filhos de casais separados vivem parte do tempo com a mãe, e outra parte com o pai. Entre crianças de seis e dez anos, essa proporção é ainda maior: 50%.

Uma reportagem filmada para a *TV Bandeirantes*, em 2012, mostrou como vive o sueco Anders Herlitz depois de se divorciar da primeira mulher. Anders me contava que vive com os dois filhos do casamento anterior no sistema da guarda compartilhada. As crianças moram uma semana com ele, e outra semana na casa da mãe. Casado hoje com a brasileira Daniela Gradim, com quem teve a caçula Maria Isabela, Anders diz que na Suécia é comum dividir a guarda das crianças. E também as contas.

Na semana em que as crianças estão com ele, é Anders quem cuida dos filhos e paga as despesas. Quando as crianças vão para a casa da mãe, é ela que arca com os custos de alimentação, roupas e contas em geral. As despesas extras, como aulas de esportes, são compartilhadas entre Anders e a ex-mulher.

— É tudo dividido. Cinquenta por cento para o pai, 50% para a mãe — conta Daniela.

A lei sueca é clara: o homem só é obrigado a pagar pensão para os filhos se as crianças morarem com a mãe em tempo integral. Se os filhos vivem só com o pai, é a mãe que paga pensão. Na guarda compartilhada, nem o pai e nem a mãe precisam pagar pensão.

Na opinião da advogada Lotta Insulander-Lindh, uma das principais especialistas em divórcio do país, em muitos casos o sistema pode ser injusto: a criança pode acabar comendo filé na casa do pai, e salsicha na casa da mãe.

Nem todos concordam. Como tantas suecas divorciadas, Anna James, mãe de dois filhos, acha estranho pedir dinheiro a ex-marido.

— Não quero que ninguém me sustente. Ganho o meu próprio dinheiro e mando na minha própria vida — me disse Anna. Ela acha que se a mulher ganha pouco — é problema da mulher se esforçar para arranjar um emprego melhor.

— É diferente o jeito de pensar das suecas. É muito delas essa independência. Para mim, seria muito difícil — admite a brasileira Daniela.

Essas modernas famílias suecas também passam aniversários e até o Natal juntas. As festas reúnem ao redor da mesa ex-maridos, ex-mulheres, padrastos, madrastas e meio-irmãos. Tudo pelo bem das crianças.

A guarda compartilhada dos filhos foi aprovada na Suécia nos anos 1990. Na época, muitos tiveram receio daquela nova forma de criar os filhos. Mas uma pesquisa do Instituto Karolinska da Suécia, publicada em 2012, indica que trocar de casa para conviver com o pai e a mãe é mais benéfico para o fllho do que morar apenas com um dos pais.

A pesquisa envolveu mais de 170 mil filhos de casais separados, e concluiu que os filhos que moram com o pai e com a mãe, em intervalos regulares, são mais felizes. A pesquisa comprovou que eles são mais saudáveis psicologicamente, e se adaptam melhor na escola do que os filhos que moram apenas com um dos pais.

— Trocar de casa toda semana não é problema. Problema, para mim, seria ter que escolher viver só com um dos meus pais — disse Hamilton Lublin, de dezessete anos, na reportagem gravada para a *TV Bandeirantes.*

Assim como nos demais países nórdicos, o papel dos homens suecos nos cuidados com as crianças é notório. Na década de 1970, a Suécia foi o primeiro país a transformar a licença-maternidade em uma licença parental, para a mãe e o pai da criança. Hoje, os pais reivindicam cerca de 20% de todas as licenças parentais, mas este número vem aumentando. Segundo as estatísticas, os homens suecos se afastam em média noventa e três dias do trabalho para ficar em casa com o bebê.

Há trinta anos, o governo fez uma campanha estrelada por um campeão de levantamento de peso, com um bebê ao colo, para convencer os pais de que cuidar de bebê também era coisa de homem. Hoje, os sinais da modernidade estão por toda parte.

A cena é comum na capital sueca: todos os dias, vê-se executivos de terno empurrando seus carrinhos de bebê, enquanto falam ao celular tratando de negócios. Ou pais fazendo *jogging* atrás de seus carrinhos de bebê, que guiam e manobram pelas aleias dos parques da cidade.

Cuidar das tarefas domésticas e ser independente é coisa que se aprende cedo, nos bancos escolares. Nas escolas da

Cartaz da campanha governamental para estimular os pais a também cuidarem dos filhos.

Suécia, aprender a cozinhar, costurar, lavar roupa e pregar botão é matéria obrigatória do currículo escolar — tanto para meninas como para meninos.

Nas cozinhas das escolas, os alunos preparam uma receita nova a cada semana. Descobrem a diferença entre pepinos e abobrinhas, aprendem o valor nutritivo dos alimentos e têm aulas de economia doméstica. Na aula de lavar a roupa, eles são treinados para selecionar o ciclo correto da máquina para a lavagem de tecidos diferentes, como lã e algodão. Na hora de limpar, os alunos aprendem que produtos utilizar para lavar a louça, o chão ou a geladeira. Meninas e meninos têm também aulas de mecânica e carpintaria.

No ateliê de costura, as professoras ensinam a fazer bainhas de calças e a costurar peças de roupa. Os alunos suecos têm até aula de tricô. E o trabalho de casa dos rapazes pode ser tricotar um cachecol.

O SISTEMA DE BEM-ESTAR SOCIAL

Os anos dourados do Estado-providência sueco duraram até meados dos anos 1970, quando a Suécia vivia a fama de ter criado a sociedade mais justa e igualitária do mundo. Turbulências e crises começariam, porém, a desequilibrar o voo estável da economia sueca, produzindo cortes na radicalmente generosa política social. A crise do petróleo afetara profundamente a Suécia, que nos anos 1990 enfrentaria ainda uma grave recessão provocada pelo estouro de uma bolha imobiliária impulsionada pelo setor bancário. No dilema da busca por um Estado de bem-estar social mais viável, já durante o governo social-democrata foram adotados ajustes e mudanças de curso, como redução de subsídios e privatizações parciais nos serviços públicos. Desde 2006, novas reformas no sistema vêm sendo promovidas pelo governo da aliança dos partidos de centro-direita.

Mas até o momento, apesar das imperfeições, o modelo social sueco ainda é um sistema robusto, em um país rico que continua a manter uma forte economia e uma indústria competitiva.

Quando uma criança nasce na Suécia, os pais têm direito a uma licença parental remunerada de 480 dias. Desse total, sessenta dias devem ser usados exclusivamente pelo pai, e outros sessenta dias exclusivamente pela mãe, o que significa que esses dias não podem ser transferidos para o outro progenitor. O valor da licença, nos primeiros 390 dias, corresponde a 80% dos rendimentos da pessoa, dependendo de quanto a pessoa ganha. O teto máximo para o subsídio parental é de 874 coroas suecas (cerca de 140 dólares) por dia. Para os demais noventa dias da licença, o valor do subsídio é de 180 coroas suecas (cerca de 27 dólares) ao dia. Os 480 dias da licença parental podem ser solicitados em prazos variáveis, até a criança completar oito anos de idade. O pai de um bebê recém-nascido pode tirar uma licença extra de dez dias, a partir do nascimento da criança. Se forem filhos gêmeos, o período da licença é dobrado: vinte dias. Pais adotivos têm os mesmos direitos à licença parental.

As creches pré-escolares são largamente subsidiadas pelo governo, e os pais pagam apenas 8% do custo mensal. Há também um teto máximo a ser pago por criança que frequenta a creche — para a primeira criança de um casal, este limite é de 1.260 coroas suecas (cerca de 190 dólares). O valor da taxa cai gradualmente até o quarto filho de um casal, que pode frequentar a creche gratuitamente. O salário médio de um sueco é de 35,8 mil coroas, segundo estatísticas de 2012. É também comum os pais se unirem em cooperativas para criar e gerir suas próprias creches, que são financiadas pelo governo no mesmo sistema.

A partir do momento em que nasce, cada criança recebe um subsídio mensal do governo no valor de 1.050 coroas suecas (aproximadamente 160 dólares), até completar dezesseis anos de idade. Quanto maior é o número de filhos do casal, maior torna-se o valor do benefício: o subsídio aumenta progressivamente a partir do nascimento do segundo filho, até atingir o máximo de 10.014 coroas mensais (cerca de 1,5 mil dólares) para uma família com seis filhos.

Após completar dezesseis anos de idade, cada criança passa a receber um subsídio mensal do governo no valor equivalente a 160 dólares mensais, como assistência financeira enquanto completa seu período de estudos. A contribuição é paga durante dez meses por ano, ou seja, não cobre o período das férias escolares.

O tratamento dentário é gratuito para crianças e adolescentes até os dezoito anos de idade. Eles também podem ter aparelhos dentários financiados pelo governo regional: quando os especialistas julgam necessária a correção dos dentes, o paciente recebe um "cheque saúde dos dentes" para custear os gastos com o ortodontista de sua escolha.

Quando as crianças têm problemas graves de visão, também é o governo regional que paga os óculos de grau. Para famílias com uma situação econômica extrema, os pais de crianças com deficiências de visão mais comuns podem contatar os serviços sociais, que então financiam os óculos.

O sistema de educação é financiado majoritariamente pela arrecadação de impostos, e a Suécia é um dos países que mais gasta neste setor. Não existem mensalidades escolares. A partir dos seis anos de idade, todas as crianças têm acesso gratuito à educação, que é obrigatória até o último ano do ensino médio. As escolas fornecem ainda todo o material escolar, incluindo livros, apostilas e cadernos. A merenda escolar também é gratuita, e consiste em geral de um bufê que inclui dois pratos quentes e uma opção vegetariana, além de saladas, legumes, pães e frutas. Após o horário escolar, creches e atividades supervisionadas são oferecidas nas escolas todas as tardes, para crianças entre seis e doze anos de idade. A partir das quatro da tarde, começa o entra-e-sai dos pais, que saem do trabalho diretamente para buscar os filhos na escola.

Se decidem cursar a universidade — que também é gratuita — os estudantes suecos têm direito a uma assistência financeira mensal, até completar os estudos. Esta assistência é composta de um subsídio de 3.066 coroas suecas (cerca de 463 dólares) por mês, além de um empréstimo no valor de 6.710 coroas suecas (cerca de mil dólares) mensais. Em caso de necessidade, o estudante pode se candidatar a um suplemento na ajuda financeira. O prazo para o reembolso do

---

[Nota: na Suécia, 87% dos adultos possuem o diploma do ensino médio, porcentagem maior do que a média de 74% dos demais países da OECD (Organização para a Cooperação e Desenvolvimento). Fonte: OECD]

empréstimo é o dia em que o ex-estudante completa sessenta anos de idade. Na minha época de estudante na Universidade de Estocolmo, eu recebia automaticamente um cheque mensal no valor do subsídio.

O sistema de saúde é também amplamente subsidiado, e a taxa de internação em um hospital é de 80 coroas suecas (cerca de 12 dólares) por dia. As taxas para atendimentos básicos variam entre 100 e 200 coroas suecas, dependendo da municipalidade. Para consultas a especialistas, a taxa máxima é de 300 coroas suecas (45 dólares). O sistema aplica ainda um limite máximo para as despesas de uma pessoa com saúde: a partir do momento em que um paciente desembolsa 900 coroas suecas no período de um ano, todas as consultas médicas tornam-se gratuitas por um prazo de doze meses. Existe ainda um teto semelhante para as despesas com medicamentos — o que significa que ninguém gasta mais de 1,8 mil coroas com despesas de saúde no período de um ano (cerca de 270 dólares).

Em 2005, os conselhos municipais e o governo central decidiram introduzir uma garantia no atendimento à saúde. Isso significa que nenhum paciente deverá esperar mais de noventa dias, uma vez determinado o tipo de atendimento que ele necessita. Se o prazo estabelecido expirar, os pacientes têm a opção de receber os cuidados necessários em outro local. O custo, incluindo as despesas com transporte, é pago pelo governo municipal.

O sistema de seguro social sueco também inclui subsídios de auxílio-doença. Durante os primeiros catorze dias de afastamento do funcionário, cabe aos empregadores pagar o benefício. Nos casos de enfermidades com tratamento mais longo, o sistema paga o auxílio-doença durante um período máximo de 364 dias, no valor de 80% da renda do funcionário. Após esse prazo, o paciente tem direito a receber o auxílio-doença por um período adicional de 550 dias, num valor correspondente a 75% de seus rendimentos. O cálculo é feito com base em rendimentos anuais de no máximo 333.700 coroas suecas (cerca de 50 mil dólares). O benefício pode ser estendido em caso de doenças graves, e regras específicas regulam a concessão do auxílio-doença também a estudantes e desempregados. Pais de crianças doentes também têm direito a receber subsídios a fim de permanecer em casa para cuidar dos filhos.

Portadores de deficiência têm direito a assistência pessoal e gratuita, incluindo transporte em táxis ou veículos especialmente adaptados. Para os idosos, também é oferecida assistência social em domicílio — com taxas cobradas de acordo com a possibilidade de cada um de pagar. Para idosos com recursos limitados, o serviço pode ser gratuito. Todos têm a alternativa de escolher entre obter atendimento em casa até o fim da velhice, ou nas casas de repouso administradas pelos governos municipais.

O sistema de aposentadoria sueco é constituído por três partes — uma pensão nacional, uma pensão trabalhista que é financiada pelo empregador, e um plano de previdência privada. Um total de 18,5% do salário e outros benefícios tributáveis do trabalhador são destinados à sua aposentadoria pública. Desse total, 16% vão para a conta de aposentadoria pública, cujo valor cresce de acordo com a evolução dos rendimentos e do desempenho da economia na Suécia.

Os 2,5% restantes vão para a chamada pensão *premium*, que varia segundo o desempenho dos fundos nos quais o trabalhador escolhe investir.

Para pessoas que tiveram pouco ou nenhum rendimento em suas vidas, há uma parcela menor da aposentadoria nacional, chamada de aposentadoria garantida. A finalidade é garantir a essas pessoas uma quantia mínima todo mês. O apoio de assistência aos idosos fornece uma última rede de segurança, para assegurar um padrão de vida digno.

Já o seguro-desemprego é voluntário — ou seja, o trabalhador deve se inscrever em instituições específicas para ter direito ao benefício, e pagar uma mensalidade. Estas instituições são conhecidas como *A-Kassa* (*Arbetslöshetskassor*), e muitas são administradas por sindicatos. No pacote básico, a mensalidade é de 90 coroas suecas mensais (cerca de 13 dólares). Para poder usufruir de um salário-desemprego maior do que o básico, o trabalhador deve fazer um seguro suplementar, com contribuições mensais proporcionais ao salário. Quando perde o emprego, um trabalhador pode receber o salário-desemprego por até 300 dias úteis. Nos primeiros 200 dias, o benefício é equivalente a 80% do valor do antigo salário — a um teto máximo, porém, de cerca de 100 dólares por dia. Nos demais 100 dias, essa porcentagem cai para 70%. Os trabalhadores que perdem o emprego e não são afiliados à A-Kassa podem, ainda assim, obter benefícios — mas somente em um nível básico, e não superior a cerca de 48 dólares por dia útil.

Para famílias mais pobres ou com problemas econômicos temporários, os governos municipais prestam assistência sob a forma de apoio financeiro com base em avaliações individuais. Esse apoio inclui recursos para despesas básicas, com a finalidade de garantir um padrão de vida razoável.

É um sistema ainda amplamente generoso, que no entanto já foi melhor. Ao longo dos anos, o Estado de bem-estar social sueco sofreu uma série de reformas a fim de se adaptar às novas condições econômicas. Os subsídios ao desemprego foram contraídos, assim como o nível dos recursos para a saúde e a habitação. O sistema escolar sofre atualmente críticas pela queda no desempenho escolar dos estudantes, e pelo aumento do número de crianças em cada sala de aula. O modelo também enfrenta deficiências no número de profissionais capacitados para o atendimento aos idosos, e a imprensa sueca aponta para o fraco controle das autoridades públicas sobre a qualidade dos serviços prestados por algumas empresas privadas que, financiadas com o dinheiro dos impostos, atuam no setor. Várias escolas são hoje também administradas de forma independente, e a gestão privada do sistema de saúde é uma tendência que cresce.

Desde 2006, o governo de centro-direita busca implementar a sua visão para um modelo sueco renovado: deve ser mais atraente para os cidadãos suecos trabalhar, reza a mensagem, do que viver de subsídios sociais. A receita básica para incentivar as pessoas a trabalhar, na fórmula em curso, combina impostos mais baixos para os trabalhadores e menores benefícios sociais para quem está fora do mercado. Subsídios como auxílio-doença e pensões por invalidez se tornaram menos generosos, ao passo que os impostos sobre rendimentos têm sido reduzidos.

Para o governo de centro-direita, trata-se de modernizar o Estado-providência e dinamizar a economia sueca, sem alienar os tradicionais valores do modelo social sueco. Para a oposição de esquerda, trata-se de uma receita para a morte dos ideais de igualdade e solidariedade do país.

OS NOVOS TEMPOS

Os índices são invejáveis: a Suécia aparece entre os primeiros na lista de *rankings* globais como o Índice de Desenvolvimento Humano da ONU (IHD), o Índice de Prosperidade do britânico *Legatum Institute*, o Índice de Democracia elaborado pela *The Economist Intelligence Unit*, o Índice de Qualidade de Vida e o Índice Global de Inovação, além de encabeçar o novo Índice de Progresso Social e o *Web Index*, que mede o nível de conectividade e utilização da internet.

Mas os desafios do país ocupam os noticiários e preocupam a população, em uma nação que se pergunta se o seu modelo de igualdade e bem-estar social, que tornou-se referência para o mundo, será sustentável no futuro. A desigualdade econômica cresce, o envelhecimento contínuo e prolongado da população afeta o equilíbrio do sistema de seguridade social, e os problemas na política de integração de imigrantes dão força a um novo movimento político extremista.

A Suécia, um dos países mais igualitários do mundo, vem se tornando um pouco mais desigual. É o país onde a diferença de renda entre os mais ricos e os mais pobres cresce de forma mais acelerada entre os trinta e quatro países da OECD

(Organização para a Cooperação e Desenvolvimento Econômico), segundo relatório divulgado em 2013.

"Safáris de classe" para espiar os mais ricos tornaram-se uma novidade incômoda: ônibus lotados de turistas sociais circularam em 2012 pelos recantos nobres de Saltsjöbaden, bairro de classe média alta de Estocolmo, em passeios promovidos pela organização de esquerda "*Allt åt Alla*" (Tudo para todos). Os passeios eram encerrados, inevitavelmente, com as marcas dos ovos atirados contra os ônibus por moradores descontentes.

Maior do que as palpitações nervosas dos mais ricos, porém, foi a explosão de revolta nas comunidades de imigrantes, que incendiou nove subúrbios da periferia de Estocolmo e chocou a pacata Suécia em maio de 2013. O estopim dos distúrbios foi a morte de um imigrante de sessenta e nove anos, baleado em sua própria casa por policiais que alegaram ter agido em legítima defesa quando o homem empunhava um facão. Mas as cenas de batalha campal que se seguiram trouxeram à tona os sentimentos de segregação e exclusão vivenciados por uma parcela considerável dos imigrantes, que representam 15% da população sueca. O epicentro da revolta foi o distrito de Husby, onde o desemprego atinge 8% de seus 12 mil habitantes.

Os mais pessimistas proclamaram o fracasso do multiculturalismo e da política de integração sueca. Um dos países mais solidários do mundo no abrigo a refugiados que fogem de zonas de conflito e perseguições políticas, a Suécia tem um enorme contingente de imigrantes chilenos, iranianos e de origem iugoslava, além de ser a nação que recebeu o maior número de imigrantes iraquianos após a guerra do Iraque. Em agosto de 2013, as autoridades suecas anunciaram a concessão imediata de vistos de residência permanente para refugiados do conflito na Síria, que chegam à Suécia em levas cada vez maiores. Grande parte da população de imigrantes vive em comunidades isoladas do contato com a sociedade sueca. E apesar de ter acesso à educação gratuita e aos demais serviços públicos, tem dificuldades em conseguir emprego, e não se sente representada pelos políticos. As tensões aumentaram.

Em 2010, a solidária Suécia assistiu com surpresa e apreensão à entrada da extrema-direita no Parlamento. A eleição do partido nacionalista Democratas da Suécia (*Sverigedemokraterna*), com 5,7% dos votos, confirmou o avanço dos extremistas de direita na Europa, que exigem drásticas reduções nos índices de imigração.

— Na época, os suecos se chocaram com a eleição dos extremistas de direita. Agora, parece que eles vieram para ficar. Um dos maiores desafios da Suécia hoje é a integração dos imigrantes — diz a cientista política Jenny Madestam, da Universidade de Estocolmo.

A Suécia parece precisar cada vez mais de seus imigrantes, num momento em que o desafio do envelhecimento populacional também se impõe: o país tem hoje a maior porcentagem de pessoas com idade superior a oitenta anos, em relação aos demais países da União Europeia. Dos 9,6 milhões de habitantes da Suécia, cerca de 18% já ultrapassaram a idade de aposentadoria, e calcula-se que em 2030 o número de aposentados deverá subir para 23% da população. É quase uma bomba-relógio: uma menor população economicamente ativa trabalha para sustentar um sistema que tem um contingente cada vez maior de aposentados.

O primeiro-ministro Fredrik Reinfeldt avisa: os suecos devem se preparar para trabalhar muito mais. Em 2012, Reinfeldt lançou faíscas no debate ao sugerir a ampliação da idade de aposentadoria para setenta e cinco anos. No atual sistema flexível de aposentadoria sueca, os cidadãos podem se aposentar a partir de sessenta e um anos de idade, ou trabalhar até os sessenta e sete anos.

— O sistema de aposentadoria não é baseado em mágica, e sim no trabalho dos cidadãos e na redistribuição dos recursos em larga escala. Se as pessoas acham que podem viver mais tempo e diminuir seu tempo de serviço, então terão que aceitar que as pensões vão ser mais baixas. Será que as pessoas estão preparadas para isso? Acho que não — disse Reinfeldt, em entrevista ao jornal *Dagens Nyheter*.

As críticas dos opositores da ideia jorraram.

— Para aqueles que vivem no meio político, como o primeiro-ministro, trabalhar além dos sessenta e cinco anos significa ocupar altos postos em conselhos de administração de empresas, ou trabalhos muito bem pagos em consultoria. Mas, para um operário ou funcionário de hospital, que sente que os joelhos e as costas já não funcionam tão bem com a idade, a história é outra — criticou o jornal *Aftonbladet*.

O elixir prescrito desde tempos ancestrais para curar males variados da humanidade também está em demanda na Suécia: a criação de mais empregos. Em julho de 2013, o nível de desemprego registrado foi de 7,2%. Entre jovens com idades entre quinze e vinte e quatro anos, o índice foi maior: 17,3%. O aumento do número de postos de trabalho será um dos principais temas da campanha para as próximas eleições gerais, que acontecem em setembro de 2014.

Em 2006, a coligação dos partidos de centro-direita rompeu a hegemonia do poder social-democrata — que, com a exceção de breves intervalos, governou a Suécia durante sete décadas. A pouco menos de um ano das novas eleições, o governo acaba de anunciar uma quinta redução nos impostos daqueles que trabalham. A reação não foi de comemoração, como se poderia supor se esta não fosse a singular Suécia: a nova baixa dos impostos é um ato que desagrada a uma parcela significativa da população, e gera um intenso debate no país.

Os impostos na Suécia são comparativamente bastante elevados, em relação a outros países. As taxas municipais variam entre 29% e 36% da renda de um indivíduo, dependendo do local em que a pessoa vive. Além disso, para os que ganham acima de 35,5 mil coroas suecas mensais — que é o salário médio de um professor universitário, por exemplo —, impostos estatais entre 20% e 25% são cobrados a partir de determinados níveis de rendimento. A carga tributária é aumentada ainda pelo imposto sobre valor agregado, uma taxa de 25% que incide sobre a compra de alimentos e a maioria dos produtos e serviços em geral.

Mas cerca de 75% dos suecos estariam dispostos a pagar impostos ainda mais altos para financiar os serviços de saúde, educação e tratamento de idosos — segundo pesquisa realizada em 2010 pelo sociólogo sueco Stefan Svallfors. Muitos suecos ainda desconfiam de políticos que prometem baixar os impostos: não querem maiores ameaças à generosidade do Estado de bem-estar social, e à qualidade de serviços públicos como o sistema escolar e o de saúde.

— Historicamente, a maioria dos suecos sempre pagou altos impostos de bom grado, porque sabe que o dinheiro será revertido na forma de benefícios sociais e serviços públicos de qualidade — diz a jornalista Sophia Polhammer, da agência sueca *Direkt*, a principal agência de notícias financeiras da Suécia.

— As pessoas têm a confiança de que o dinheiro dos impostos não será desviado para o bolso dos políticos, e sim empregado em políticas bem definidas que beneficiam a todos. Esta "moral dos impostos" sobrevive em alto grau. As pessoas pagam os impostos que são cobrados, sem reclamar especialmente muito — ela acrescenta.

Sophia Polhammer observa que desde 2006 o atual governo tem promovido uma significativa redução de impostos para aqueles que trabalham, com o propósito de fazer com que muitos que hoje vivem de benefícios sociais retornem ao mercado de trabalho.

— Mas uma das consequências dessa política tem sido uma piora nas condições de vida de grupos vulneráveis, como os desempregados e aqueles impossibilitados de trabalhar por motivos de doença. Isso gerou, por sua vez, um acirrado debate político sobre a atual política de redução de impostos — diz a jornalista.

Este é um dos dilemas da Suécia de hoje: como minimizar a queda do alto padrão do Estado de bem-estar social do país, que mostra rachaduras em sua estrutura. De um lado do debate, estão os que concordam com a oposição de esquerda, para quem as sistemáticas reduções de impostos e outras medidas promovidas pelo governo conduzirão à piora dos serviços e ao abandono do modelo sueco de justiça social. De outro, enfileiram-se os defensores da política de centro-direita, que define as recentes transformações como uma necessária adaptação aos novos tempos.

— Nas próximas eleições, uma questão dividirá os eleitores: será de fato possível manter o modelo de bem-estar social sueco, ao mesmo tempo em que se continua a reduzir os impostos? No momento, a economia sueca está em boa forma. Conseguiu, em grande parte, se manter à margem da recessão global, e continua a ser uma das economias mais competitivas do mundo. Mas isso poderá mudar no futuro — diz a cientista política Jenny Madestam.

Não será possível desejar a todos os suecos que tenham fé em Deus para superar os desafios do futuro: esta é uma nação essencialmente secular, onde apenas uma em cada dez pessoas atribui à religião um papel de importância em suas vidas. A Igreja Luterana sueca continua a testemunhar o declínio do seu rebanho.

Mais dominantes parecem ser os mandamentos da chamada *Jantelagen*, ou Lei de Jante. É uma "lei" criada nos anos 1930 pelo autor dinamarquês-norueguês Aksel Sandemose, e que acabou por se disseminar entre os países nórdicos. São dez mandamentos no total, que giram em torno de uma mensagem central: "não pense que você é especial, e não pense que você é melhor do que ninguém".

É uma lei que ainda parece moldar a mentalidade de muitos suecos — incluindo os políticos do país.

UM PAÍS E SEUS POLÍTICOS

Será mais provável nevar no inferno do que ver políticos suecos enriquecendo no poder ou desfilando em carros luxuosos, limusines e jatos particulares. Por que é assim na Suécia?

O que a longa história sueca conta é uma história marcada pela tradição de democracia e igualdade entre os indivíduos, em uma sociedade caracterizada por rígidos princípios morais que se desenvolveram através dos tempos.

— Esta é uma sociedade com uma forte tradição de igualdade. E esta tradição igualitária se reflete na representação política do país — diz o cientista político sueco Rune Premförs, da Universidade de Estocolmo.

— Existe aqui um profundo sentimento de que os políticos devem ser indivíduos capazes de compreender, baseados em seu próprio estilo de vida, a situação em que vivem os cidadãos que representam — ele aponta.

Esta cultura da igualdade é um aspecto também comum aos demais países nórdicos, como a Noruega e a Dinamarca. Na sociedade sueca, dominada nos primeiros tempos de seu desenvolvimento por uma população agrária e homogênea, com um grau acentuado de participação democrática, a legitimidade dos políticos sempre esteve associada a valores de frugalidade e parcimônia. Em outras palavras, à simplicidade do modo de vida daqueles que são eleitos para representar o povo.

— É parte da nossa história — enfatiza o repórter e comentarista político Mats Knutson. — Desde a Idade Média, camponeses e pessoas comuns tiveram participação no Parlamento e no poder, embora em determinados períodos esse poder tenha sido manipulado pelo rei. Esse fato, penso, tem ligações com o aspecto que caracteriza o exercício da atividade política na Suécia: os políticos vivem uma vida simples. E é o que os eleitores esperam deles.

A classe política sueca também parece refletir, em geral, os valores de honestidade, parcimônia e ética que caracterizam a própria sociedade sueca como um todo. Valores que o autor Nima Sanandaji define como um forte "capital moral" da Suécia, arduamente constituído através dos séculos, e que tem também sustentado o sucesso econômico do país. [Nima Sanandaji, "*The Swedish Model Reassessed: Affluence Despite the Welfare State*", *Libera Institute*, 2011]

— Os políticos espelham, em geral, aquilo que a sociedade é — opina o jornalista francês Jean-Paul Pouron, radicado na Suécia desde 1975. — A Suécia tem uma ética particular. É uma sociedade de origem camponesa, com sólidas regras de honestidade. Os suecos não são as melhores pessoas do mundo, mas têm moral. Um político, aqui, tem que ser limpo. Os políticos suecos têm consciência do seu papel na sociedade. E os jornalistas estão sempre fiscalizando o que eles fazem.

— No meu país, temos várias divas — prossegue Pouron. — Na França, os políticos têm incontáveis privilégios, e formam uma elite à parte. Aqui (na Suécia), não.

O índice de confiança dos suecos nos seus representantes políticos é positivo: na pesquisa mais recente, 56% das pessoas afirmaram ter um alto grau de confiança nos políticos. (Fonte: *Statistiska Centralbyrån, Agência Central de Estatísticas da Suécia*)

— Este é um elemento-chave — diz a cientista política Jenny Madestam, da Universidade de Estocolmo. — Os cidadãos suecos não consideram que seus políticos são corruptos, e a atitude das pessoas em relação às instituições públicas também é de confiança. O alto grau de confiança social existente na Suécia é uma consequência do processo de construção de fortes instituições no país, iniciado no século XIX. E esse é um aspecto central do sistema — ela observa.

Cada país tem a sua própria cultura política, que reflete a cultura da sociedade como um todo — diz Madestam.

— Na sociedade sueca, a ideia da igualdade entre as pessoas é um valor fundamental. Ninguém deve ser melhor do que ninguém, todos devem ajudar uns aos outros — e isso se estende aos políticos. Reformas políticas, como a construção do Estado de bem-estar social sueco, refletem esse valor básico da sociedade — ela acrescenta.

— Portanto, os suecos não querem ver políticos levando uma vida de luxo. Queremos que eles sejam pessoas normais, sem carros de luxo, sem mansões, sem roupas caras e sem gastar demais o dinheiro público. Porque trata-se do nosso dinheiro, e o nosso dinheiro deve ser direcionado para o bem-estar da sociedade como um todo — pontua a cientista política.

Ela concorda que os valores da cultura política da Suécia não podem ser transpostos, mecanicamente, para outras sociedades. Mas diz que a experiência sueca pode soar "como um alarme de despertador" para alguns países:

— Não conheço as circunstâncias da realidade de países como o Brasil, por exemplo. Mas em várias sociedades, a percepção da população em relação aos privilégios dos políticos vem se transformando. Na Itália, as pessoas já questionam o estilo de vida exagerado de seus representantes, e se perguntam se um político deve realmente ter regalias, circular em carros luxuosos e comprar o que quiser. Na Grécia, em parte também devido à crise na economia, o mesmo vem ocorrendo. Cada vez mais, as pessoas veem os privilégios e regalias de seus políticos com um olhar crítico, e dizem a si mesmas: "Não tem que ser assim".

Também a Suécia, por sua vez, parece ter sofrido a influência de outras culturas.

— O salário dos parlamentares, por exemplo, sofreu uma série de aumentos ao longo dos últimos tempos, apesar de ainda ser comparativamente menor do que em outros países — observa Jenny Madestam.

Agora, no fim desta tarde de agosto que o sol insiste em iluminar, o ministro das Finanças sueco estará voltando para seu apartamento conjugado, e o presidente do Parlamento deverá estar em algum vagão de metrô a caminho de casa. Na TV, os noticiários desta terra singular mostram imagens de mais um urso abatido a tiros. Informa-se ainda que cinco alces bêbados invadiram uma casa na ilha de Varmdö, depois de se embriagar comendo maçãs fermentadas no quintal da propriedade.

Nos corredores do poder, produz-se mais uma vítima.

Na principal manchete dos noticiários da noite, a ministra do Trabalho anuncia a demissão imediata da Diretora-geral da Autoridade Sueca de Emprego Público (*Arbetsförmedlingen*), Angeles Bermudez-Svankvist. Ela cai do cargo na sequência de duas revelações da mídia. A primeira: Angeles tomou um táxi para casa no valor de 575 coroas (cerca de 88 dólares), após sua festa de aniversário de cinquenta anos — "e a conta foi paga com o dinheiro dos contribuintes", denunciou o jornal *Aftonbladet*. A segunda revelação: a conta do telefone celular de Angeles vinha batendo a marca de cerca de 15 mil coroas suecas por mês (cerca de 2,3 mil dólares), pois a diretora não bloqueara os serviços de *roaming* do aparelho em suas viagens de trabalho ao exterior. "A situação é insustentável", decretou a ministra do Trabalho diante das câmeras de TV.

As histórias continuam.

Neste país ordeiro e organizado ao ponto do desespero, onde o povo conta as semanas por números, faço uma última ligação para tentar ouvir as impressões de mais um cientista político.

— Pode ser na semana 36? — diz a voz do outro lado da linha.

CAPÍTULO V

ENQUANTO ISSO, NO BRASIL....

Izabelle Torres e Josie Jerônimo*

* jornalistas

Com frequência ministros e parlamentares voam – legalmente – em jatinhos da FAB. O então, ministro do Trabalho, Carlos Lupi foi flagrado desembarcando de um avião particular, o problema foi quem pagou a conta.

Carld Bildt, ministro das Relações Exteriores da Suécia e ex-primeiro-ministro, a caminho de seu gabinete

O FUSQUINHA DO PRIMEIRO-MINISTRO

"Estou parado num sinal (aqui quando o sinal é vermelho ninguém atravessa, mesmo que esteja tudo deserto). Agora não está deserto mas quase. Há um coletivo vermelho, um Volvo azul-celeste e um fusquinha branco bem ao meu lado.

— Olho pro solitário motorista deste último e quase caio da bicicleta de surpresa. Essa cara não me é estranha: macacos me mordam se não é o primeiro-ministro Olof Palme. Lá está ele: lourinho, cara maliciosa, nariz adunco e olhar vivo, esperando o sinal abrir. Ficou verde, ele engata a primeira e sai ligeiro rumo à sede do Governo, sozinho no seu fusca sem chofer ou guarda-costas, como qualquer cidadão comum que vai ao trabalho pela manhã.

— Este lance do Palme me impressiona, acostumado que estou a ver os chefes de estado em longas limusines negras,

precedidos de batedores e com dois ou três carros de escolta cheios de sujeitos mal-encarados, ligadões com a mão na coronha, costumeiro matrimônio entre o poder e a paranoia.

— Mas na Suécia o primeiro-ministro vai de fusca ao trabalho e o rei anda de bicicleta pela rua."

Trecho do livro "*Roleta Chilena*", de Alfredo Sirkis, 1981.

POLÍTICOS DO BRASIL

No Brasil, política é sinônimo de poder, prestígio e muitas mordomias. Representantes eleitos para representar o povo passam a integrar uma elite e a desfrutar de uma vida de luxo e regalias que em nada lembra a realidade em que vivem seus representados. Um levantamento divulgado no início de 2013 pela Organização das Nações Unidas (ONU) mostrou que o Brasil possui o segundo Congresso mais caro do mundo, onde cada parlamentar custa nada menos do que US$ 7,4 milhões por ano. Apenas os Estados Unidos superam esse gasto, alcançando US$ 9,6 milhões. O grande problema é que tanto investimento não representa qualidade dos legisladores brasileiros. No Congresso, a cada dez parlamentares, quatro respondem a inquéritos ou processos em andamento. São nada menos do que 542 ações penais investigando 224 parlamentares.

O Congresso Nacional é o grande símbolo das benesses concedidas aos políticos com dinheiro público e serve de (mau) exemplo para assembleias legislativas e câmaras municipais. A conta para bancar o luxo dos congressistas não é barata. Na Câmara dos Deputados, os 513 parlamentares consomem um orçamento que supera os R$ 4 bilhões anuais. Os detalhes das despesas efetuadas por eles revoltam brasileiros que pagam a conta. Para se ter uma ideia, cada deputado tem direito, além do salário de R$ 26.700, a receber outros R$ 38.600 por mês para pagar despesas referentes à atividade parlamentar. Nessa conta entram aluguel de carros, passagens aéreas, telefone e aluguel de salas comerciais para servir de escritório quando estiverem nos estados de origem. Esse valor é reembolsado pela Câmara na conta dos parlamentares mediante a simples apresentação de uma nota fiscal. Não há qualquer análise técnica sobre os serviços prestados e ninguém sabe se as notas apresentadas se referem a uma despesa realmente realizada. Essa liberdade para gastar faz com que os parlamentares considerem esse valor como parte do salário.

Como se não bastasse, os parlamentares recebem ainda R$ 3.800 para pagar aluguel ou diárias em hotéis em Brasília. Se preferirem, podem também optar por um dos imóveis funcionais à disposição da Câmara. Apartamentos luxuosos pertencentes à União foram reformados para abrigar deputados durante os dias que permanecem na capital do país. Esses imóveis já foram simples e sem ostentação. Entretanto, uma reforma concluída em 2012 em 432 unidades deu aos apartamentos um estilo de luxuoso com direito a banheiras de hidromassagem e mobília moderna assinada por grandes *designers*. A reforma de cada um dos apartamentos custou nada menos do que R$ 600 mil. Quem ocupa um desses imóveis não precisa se preocupar com taxas de condomínio, energia ou despesas extras. Tudo é pago pelo erário, inclusive a limpeza de cortinas e os serviços de lavanderia.

© JUCA VARELLA/FOLHAPRESS

Nas férias, o presidente tem a disposição uma mansão da Marinha, na Base de Aratu, no litoral da Bahia. Tanto FHC, na foto, no convés de uma lancha, como Lula e Dilma sempre usufruíram do espaço

Mas esse cenário nem sempre foi assim. Segundo a revista *IstoÉ*, de 19/7/2013, "*Na década de 1980, um político eleito pelo voto popular recebia um salário equivalente ao de um engenheiro, dispunha de três ou quatro assessores e recebia uma pequena ajuda de custo para pagar as contas do gabinete. Quem quisesse mais regalia deveria pagar do próprio bolso. Assim, um integrante do Congresso Nacional custava ao erário, incluídos aí seus vencimentos, 25 mil cruzeiros, o equivalente a 33 salários mínimos ou US$ 2 mil. Já não era pouco para a época. De lá para a cá, as mordomias só aumentaram. O resultado dessa escalada de privilégios é que hoje um parlamentar recebe, entre benefícios e salários, quase R$ 140 mil, o que corresponde a 203 salários mínimos ou US$ 62 mil*".

A escalada das mordomias parlamentares começou principalmente a partir da década de 1990, quando deputados e senadores começaram a editar, sem pudor, atos administrativos que beneficiavam a eles mesmos. Foi nesse contexto que ficou decidido que os gastos com saúde dos parlamentares e seus familiares também devem ser responsabilidade do erário. Despesas médicas realizadas nos hospitais mais caros do país podem ser ressarcidas sem limites de valores. Basta apresentar o laudo médico e a nota fiscal do tratamento. Remédios, mesmo os de uso contínuo ou de medicina alternativa também são pagos pelo Congresso. O atendimento beneficia o parlamentar, cônjuge e dependentes com até vinte e um anos, ou até vinte e quatro, se universitários.

No Senado, além do tratamento médico privilegiado, os parlamentares também contam com mordomias exclusivas. Mensalmente, o valor da verba indenizatória varia de R$ 21.045,20, para senadores do Distrito Federal e de Goiás, a R$ 44.276,60, para quem é do Amazonas. Esses valores podem ser cumulativos, o que não é gasto num mês pode ser no outro, desde que não ultrapasse o total da dotação anual. Para os senadores, não há limites de gastos com combustível, e muitos parlamentares usam os recursos para abastecer as próprias aeronaves, sem precisar dar detalhes sobre o destino e que tipo de atividade política ligada ao mandato foi desempenhada. O salário dos senadores é o mesmo dos deputados: R$ 26.700, mas eles nem sequer precisam alugar carros e pagar as contas dos próprios telefones. O Senado tem carros oficiais para os oitenta e um senadores e um convênio com empresa de telefonia que prevê um aparelho para cada parlamentar com as contas pagas pela Casa.

Ex-senadores e ex-deputados também desfrutam de regalias eternas. Somente em 2013, o Congresso vai gastar R$ 88 milhões com o pagamento de aposentadorias e pensões a 583 ex-deputados, setenta e cinco ex-senadores e 602 viúvas de congressistas, além de servidores aposentados. Para quem foi senador, mesmo por alguns meses, há ainda a possibilidade de ter ressarcidas despesas médicas na rede particular de saúde. Assim como os deputados federais, os senadores desfrutam também da possibilidade de escolher entre o auxílio moradia de R$ 3.800 ou o uso de um imóvel funcional.

Para os presidentes da Câmara e do Senado a vida é ainda melhor. Além do poder de comandar o Legislativo, eles têm o direito a usufruir de duas mansões à beira do lago Paranoá, que podem ser ocupadas pelas famílias dos presidentes, com direito a cozinheiros, telefonistas, seguranças e secretários. Tudo pago com recursos públicos. Os dois comandantes do Legislativo também usufruem de aeronaves da Força Aérea Brasileira (FAB) exclusivas.

As benesses concedidas aos presidentes da Câmara e do Senado foram aumentando ao longo dos anos numa tentativa de aproximação com os direitos concedidos ao presidente da República. O cargo mais importante da nação usufrui de salário semelhante ao dos parlamentares, carros oficiais e aviões da FAB de uso exclusivo da presidência incluindo um de luxo com suíte presidencial, sala de reuniões, equipamentos de reanimação para emergências médicas e serviços de satélite para uso de internet e telefone.

O presidente da República do Brasil tem à sua disposição três palácios e uma residência oficial de veraneio, equipados e decorados de acordo com o gosto do mandatário. O Palácio do Planalto é o local de trabalho e onde se localizam salas de assessores e algumas secretarias ligadas à Presidência. A residência oficial do presidente é o Palácio da Alvorada, o primeiro prédio construído em alvenaria na capital do país. No Alvorada há

A residência da Granja do Torto é uma casa de veraneio que os presidentes normalmente usam para descansar aos finais de semana, dar festas e jogar futebol. O ex-presidente Lula realizava a tradicional festa junina, com a presença de vários ministros de estado.

um andar exclusivo de habitação presidencial, além de cinema, capela, auditório e uma biblioteca composta principalmente de clássicos da literatura brasileira. A biblioteca é tombada e seu acervo não pode ser modificado pelos presidentes que assumem o mandato. Há ainda a Residência Oficial da Granja do Torto, uma espécie de casa de veraneio onde os presidentes costumam dar festas e passar os finais de semana. Para o período de férias presidenciais, uma mansão pertencente à Marinha do Brasil, localizada na base naval de Aratu, no litoral da Bahia, serve a familiares e convidados. A casa fica à disposição da presidência da República durante todo ano e costuma chamar a atenção dos brasileiros apenas quando os gastos com sua manutenção tomam conta do noticiário dos jornais. Em 2010, por exemplo, o então presidente Luiz Inácio Lula da Silva gastou R$ 2 milhões para mandar reformar a residência (Coluna Claudio Humberto,

6/1/2010). Quando Dilma Rousseff assumiu o poder, foram gastos outros R$ 650 mil para outra reforma e compra de equipamentos eletrônicos (ONG *Contas Abertas*, 10/12/2011).

As vantagens e regalias presidenciais não chamam tanto a atenção da sociedade e nem despertam revolta na população. Por dois motivos. O primeiro é que o desempenho da função por si exige tratamento diferenciado e uma estrutura de preservação da figura do presidente em exercício. O segundo é que sob alegação de segurança nacional, 95% dos gastos presidenciais são mantidos em sigilo. Por lei, essas despesas deveriam perder o caráter confidencial ao fim do mandato, mas isso não acontece. Mesmo depois da posse de sucessores, a Casa Civil mantém em segredo os detalhes desses gastos, como nome dos fornecedores e itens comprados. Portanto, despesas como vestuário, alimentação, locomoção, diárias e consultorias não são conhecidas, apesar de custarem caro.

Entre 2003 e 2010, por exemplo, foram gastos R$ 44,6 milhões de forma secreta por assessores presidenciais. Nessa lista, além das despesas com alimentação, viagens e vestuário, entraram também despesas de corretagem, material esportivo, taxas de estacionamento, compra de material esportivo e até comida para cachorro. Os dados constam em relatórios de fiscalização do Tribunal de Contas da União (TCU), a quem cabe a fiscalização.

A falta de critérios nos gastos realizados sob sigilo movimentou os trabalhos de uma Comissão Parlamentar de Inquérito (CPI), em 2008, que pretendia investigar o uso dos cartões corporativos não apenas pela Presidência, como também pelos ministros de estado. Os parlamentares concluíram os trabalhos sem ter acesso aos detalhes dos gastos sigilosos dos presidentes. Mas a CPI serviu para restringir o uso do cartão corporativo por ministros. Para a Presidência da República, entretanto, as regras e o segredo permanecem, mesmo após o fim dos mandatos.

SUPREMO TRIBUNAL FEDERAL

Os onze ministros do Supremo Tribunal Federal (STF) mobilizam estrutura de mais de 2 mil funcionários, entre efetivos, comissionados e terceirizados, a um custo de R$ 564 milhões aos cofres públicos. As despesas do STF cresceram R$ 51 milhões, quase 10%, nos últimos dois anos, segundo a Lei Orçamentária Anual 2012 e 2014. O gigantismo das estruturas administrativas brasileiras e o aumento progressivo das despesas de custeio não têm servido de alerta para as autoridades pararem com a autoconcessão de benefícios.

O juiz Magid Nauef, do Tribunal de Justiça de Minas Gerais, em artigo científico para a revista da Ordem dos Advogados do Brasil, afirma que o Judiciário mantém, há quase 200 anos, a mesma estrutura monárquica. E essa necessidade de tratamento "real" se reflete na cadeia de benesses que se multiplica, avançando do campo público para o privado. Assim, juristas assumem o comando de orçamentos milionários, e os recursos públicos ficam à mercê de gestores despreparados e inclinados a beneficiar seus pares, ao tomar decisões sobre a aplicação das verbas.

"No exercício do cargo, normalmente, o presidente do tribunal não tem preparo para lidar com as cifras, o orçamento financeiro público, a lei de responsabilidade, os recursos humanos,

a aplicação da verba pública. É que não há planejamento, e a cada dois anos (tempo máximo para exercício da presidência) tudo se transforma, à falta de continuidade administrativa. Daí o resultado de tantos benefícios aos servidores, estes que na verdade governam e administram o Poder Judiciário."

Mais do que ninguém, os juristas sabem o quanto é difícil provar "má-fé" quando se trata de administração pública. E os exemplos práticos de aplicação de dinheiro público em mordomias para autoridades estão justamente elencados no limiar do delito e da amoralidade. Flagrante disso, a necessidade de juízes que só despacham e participam de sessões em um mesmo local receberem diárias por deslocamentos fora do estado e do país foi alvo de amplo debate no Conselho Nacional de Justiça (CNJ). Escolhidos por indicação presidencial, os ministros do Supremo Tribunal Federal não têm o mesmo papel representativo dos parlamentares que rodam suas bases eleitorais; no entanto, conquistaram o benefício das diárias para custear viagens fora de Brasília. Resolução de 2009 do CNJ regulamentou o pagamento de R$ 614 para despesas de alimentação e hospedagem dos magistrados. Apesar de a corte funcionar em Brasília, os ministros conseguem alegar que seus deslocamentos para outros estados e países são de interesse público.

A resolução de 2009 que padronizou o pagamento de diárias no Judiciário brasileiro condicionou a concessão do benefício à divulgação do motivo da viagem. Quatro anos depois, a regra da transparência não é cumprida. Com a aprovação da Lei 12.527/2011, que regulamenta o acesso às informações da administração pública, porém, o excesso nos gastos veio à tona. Sem agenda judiciária em outros estados e países, os ministros recebem reembolso de gastos

© DIEGO VARA/AG.RBS/FOLHAPRESS

Tanto ministros de Estado quanto os da Supremo Corte têm direito a um carro de luxo e um motorista a disposição. Na foto, o presidente do STF, Joaquim Barbosa, entra num automóvel de última geração para visitar o presídio Central, em Porto Alegre. O STF aumentou os seus próprios custos em 10%, em relação a 2012 a 2014. Os onze ministros e os 2 mil funcionários custarão ao país R$ 564 milhões neste ano.

com alimentação e hospedagem para custear deslocamentos com finalidade particular.

Um exemplo disso foi a palestra feita pelo presidente do STF, ministro Joaquim Barbosa, em abril desse ano. Segundo *O Estado de S. Paulo*, de 20 de abril de 2013, ele viajou para Nova Iorque com a finalidade de dar palestra a estudantes e participar da cerimônia de uma revista. Apesar de os eventos não terem ligação direta com o Supremo, Joaquim Barbosa recebeu seis diárias, no total de R$ 6 mil. Os benefícios extras não são contabilizados como remuneração. O subsídio dos ministros — de R$ 28 mil — é o vencimento referência do teto do funcionalismo brasileiro. Assim, se as diárias fossem calculadas como salário os magistrados estariam desobedecendo à regra.

Além da diária, o Supremo autoriza emissão ilimitada de passagens aéreas para os magistrados e familiares. A farra das viagens dos parentes dos ministros é regulamentada pelas resoluções 254, de 2003; e 439, de 2010. Assim, o STF paga bilhetes de primeira classe para os ministros e seus acompanhantes. Nos últimos três anos, o Supremo gastou R$ 600 mil para bancar trinta e nove viagens de esposas dos ministros. O ex-ministro Ayres Britto confirma que viajou para a Itália em companhia da mulher, para uma conferência, mas não vê conflito ético no benefício.

"Eu, como presidente, viajei uma vez, fui fazer uma conferência em Veneza, em uma instituição de que o Supremo é signatário. Fui, fiz minha exposição, publiquei um texto, mas isso é regimentalmente previsto. Não vejo problema se está documentado, se está autorizado, e se é usado parcimônia, como tem sido a regra, eu quero crer. Os ministros têm cotas de passagens, e quando eles viajam em objeto de representação, por exemplo, fazendo uma conferência, eles têm o direito de levar um acompanhante. Geralmente levam as esposas." (Fonte: *O Estado de S. Paulo*, 20/5/2013)

Voar com a conta paga pelo contribuinte não encerra os mimos concedidos às autoridades judiciárias. A cultura que ainda impera na administração do estado brasileiro separa em castas de cidadania as autoridades. Para evitar que os ministros se deparem com qualquer tipo de constrangimento ou burocracia nos aeroportos, o Supremo paga por um esquema seleto de embarque para os magistrados, em Brasília. As obras da Copa do Mundo de 2014 deixaram ainda mais caótica a vida dos brasileiros que passam pelo Aeroporto Juscelino Kubitschek, ao deixar a capital do país, em viagens para outros estados ou países. As filas intermináveis, a poeira das instalações provisórias e a confusão da estrutura aeroportuária brasileira não atingem, no entanto, as autoridades. Os ministros usam a estrutura aeroportuária comercial, mas não enfrentam filas de *check-in,* nem são submetidos às rotinas padrões de embarque. Para assegurar o tratamento privilegiado aos magistrados, segundo a Transparência administrativa do STF, o Supremo desembolsa R$ 150 mil por ano, no aluguel de salas VIP para os ministros. Acostumado ao tratamento privilegiado em Brasília, o ministro Luiz Fux levou uma grande vaia ao furar a fila do embarque no Aeroporto Santos Dumont, no Rio de Janeiro, em abril desse ano, conforme noticiado pelo *Portal UOL*, em 30/4/2013. Na cidade, o STF ainda não tem convênio de salas VIP para autoridades.

Em terra, os magistrados também são bem tratados. Contam com frota de Ômegas australianos, avaliados em mais de R$ 100 mil, para rodar menos de dez quilômetros dos apartamentos funcionais onde vivem até a sede do STF. Além da frota de Brasília, a representação da corte em São Paulo aluga carros para prestar serviço aos magistrados em trânsito na capital.

Atualmente, dez dos onze ministros do STF moram em imóveis funcionais em quadras nobres da Asa Sul, em Brasília. Alguns dos apartamentos têm mais de 500 metros quadrados. O Supremo gastou, nesse ano, R$ 90 mil só para reformar os banheiros do apartamento do presidente da corte, Joaquim Barbosa. (*Folha de S. Paulo* — 20/4/2013). O único ministro que ainda não ocupa imóveis do estado é Luiz Fux. Como não tem apartamento cedido pela corte, o magistrado recebe auxílio moradia no valor de R$ 4.377.

Os magistrados, assim como os chefes de estado, nunca andam sozinhos em Brasília. Mas diferentemente do Executivo, que tem estrutura própria de segurança, ligada a um gabinete militar, o Supremo investe milhões em firmas terceirizadas para fazer a guarda dos ministros. Em outubro de 2012, o STF contratou noventa homens para fazer a segurança pessoal dos magistrados. A licitação de R$ 6,3 milhões permitiria que cada ministro tivesse até sete seguranças à disposição, dia e noite.

ASSEMBLEIAS LEGISLATIVAS

Promessas são uma constante na boca dos políticos, sejam os ouvintes os eleitores ou colegas de trabalho. Assim que são eleitos para o cargo de deputados estaduais, os parlamentares são investidos em outra maratona. Dessa vez, a corrida é pelo voto de seus pares, na escolha da Mesa Diretora que comandará orçamento milionário da folha de pagamento, despesas de custeios e recursos de investimentos da estrutura legislativa.

As assembleias dos vinte e seis estados e Distrito Federal movimentam mais de R$ 5 bilhões da receita dos impostos pagos pelos cidadãos, segundo a ONG *Transparência Brasil*. Em casos como os de Roraima, Rondônia, Piauí, Amapá e Sergipe, as casas legislativas chegam a consumir 5% do orçamento do estado, destinado a despesas fixas com saúde, educação e previdência.

A principal reclamação do Legislativo é o cerceamento ao poder de gerar despesas no orçamento elaborado pelo Executivo. Mas durante a administração do orçamento das assembleias, com a chave do cofre nas mãos, eles criam

O último presidente do período do regime militar, João Baptista de Oliveira Figueiredo utilizava as áreas da Granja do Torto para adestrar o seu cavalo "Corsário"

regalias com impacto direto no destino da aplicação dos impostos recolhidos. Mas as relações de interdependência que os governadores têm com as assembleias favorecem o mau uso do dinheiro público.

Em Sergipe, os deputados estaduais têm "verba de subvenção" no valor de R$ 1 milhão por ano para repassar para organizações sem fins lucrativos, à margem de qualquer controle administrativo. O Ministério Público do estado investiga a aplicação das verbas, após denúncia de desvio. Até a conclusão das apurações, decisão judicial de agosto desse ano determinou a suspensão dos repasses aos deputados estaduais. Os parlamentares tentam reverter a suspensão e reclamam da perda temporária do benefício, que funcionava como uma espécie de emenda de execução garantida. O deputado estadual Augusto Bezerra (DEM) usou o plenário da Assembleia de Sergipe para rebater a suspensão, alegando que somente o próprio legislativo poderia determiná-lo, pois a subvenção é regulada por uma lei aprovada pela casa.

"Sabemos que decisão judicial deve ser cumprida, mas pode ter recurso. Chega a ser falta de conhecimento uma pessoa dar uma decisão e dizer que pegue o dinheiro da subvenção e mande para a Ação Social do governo. A subvenção serve para ação social, bem como para cuidar de pessoas doentes no interior do estado, para passar para hospitais, para todas as casas que cuidam de pessoas com câncer. É um trabalho social. Então é importante que as pessoas antes de falar procurem essas instituições para saber a importância desse recurso que é repassado. Quero só deixar claro que essa é a minha opinião e falo pelas entidades que indiquei e falo pelo respeito com que trato esse assunto."

No Espírito Santo, para proteger seus colegas dos ataques da sociedade civil pelo abuso dos deputados estaduais na utilização de gasolina e carros oficiais, o presidente da Assembleia, Theodorico Ferraço (DEM), determinou a retirada das placas pretas dos veículos, dando assim mais liberdade aos parlamentares. (*A Gazeta*, 15/8/2013).

Responsáveis por ditar reajustes e concessões de novos benefícios para si próprios, os deputados estaduais de São Paulo estão sofrendo duro golpe do Ministério Público. Provocado por cidadãos indignados com o crescimento das despesas da Assembleia Legislativa de São Paulo, em grande parte graças à cadeia de mordomias parlamentares, o MP passou a acompanhar de perto as decisões administrativas do legislativo estadual. Em maio desse ano, o MP solicitou e a Justiça respondeu suspendendo o auxílio moradia de R$ 2.250 que os deputados recebiam. A rede de benesses funciona como uma forma de os representantes públicos não tocarem no subsídio, de R$ 20 mil em São Paulo, para custear despesas particulares dos noventa e quatro deputados. A suspensão do auxílio moradia representou economia de R$ 2,5 milhões por ano aos cofres públicos.

A intervenção judicial atingiu apenas um dos numerosos benefícios que o mandato concede aos parlamentares paulistas. Os deputados têm ainda o direito de gastar R$ 24 mil, desde que apresentem notas comprovando a despesa. Os impostos dos contribuintes pagam também verba de gabinete de R$ 73 mil, recursos que bancam o salário de até 32 assessores particulares. A locomoção dos deputados também é paga pelo contribuinte. A frota de carros de luxo tem custo mensal de R$ 224 mil. Os veículos são trocados de dois em dois anos. Após denúncias de que a licitação deste ano tinha edital dirigido para substituir os atuais Vectra (Chevrolet) por 150 Toyotas Corolla avaliados em R$ 11 milhões, a renovação da frota foi suspensa, temporariamente.

Mas não são apenas os parlamentares da ativa que se penduram na estrutura do Legislativo. A Assembleia de São Paulo tem gasto anual de mais de R$ 30 milhões com 266 ex-deputados e pensionistas vitalícios, alguns que nunca sequer foram eleitos para mandato legislativo na casa. Segundo o jornal *O Estado de S. Paulo*, de 26/12/2012, os benefícios vitalícios variam de R$ 10 mil a R$ 18 mil.

Em Minas Gerais, o pacote de benefício para um deputado estadual inclui casa, telefone celular, gasolina e muitos assessores. A falta de critérios na aplicação das verbas públicas seja ao cúmulo de pagar auxílio moradia, até mesmo, para os parlamentares que já moravam em Belo Horizonte antes da eleição. Dos setenta e sete parlamentares mineiros, trinta e dois têm imóveis em seus nomes na capital mineira e mesmo assim não abrem mão de receber todo mês R$ 2.850 a título de ressarcimento pelos gastos com moradia. Outros quatro deputados estaduais licenciados também recebem, apesar de ausentes do exercício da representação parlamentar. O mimo custa R$ 2,7 milhões por ano, dinheiro que sai da receita dos impostos pagos pelos cidadãos e poderia ser revertido em investimentos de interesse público. De despesas de gabinete, o subsídio mensal de R$ 20 mil dos deputados estaduais mineiros é acrescido, ainda, de outros R$ 60 mil, entre verbas para custeio de gasolina, contas de celular e ressarcimento de despesas. Outros R$ 40 mil pagam salários aos assessores que os parlamentares têm direito de contratar.

Localizada em meio à confusão do trânsito do centro do Rio de Janeiro, a Assembleia Legislativa não poupa recursos para garantir conforto a seus setenta deputados na hora de estacionar. Por ano, a casa chega a gastar R$ 2 milhões em aluguel de vagas para estacionamento para os parlamentares. As excelências têm ainda cota mensal de R$ 2 mil em combustível, e os que alegam morar a mais de cem quilômetros da capital recebem R$ 2,2 mil em auxílio moradia.

Na Assembleia Legislativa do Rio de Janeiro, os deputados estaduais não têm verba indenizatória nos moldes da apresentação de notas para ressarcimento. No entanto, eles recebem cotas livres, a exemplo dos R$ 3 mil que podem gastar em selo e outros R$ 3 mil em contas de telefone celular. Para estruturar o gabinete, os parlamentares têm recursos à disposição para contratar até vinte secretários com salários de até R$ 6 mil.

Com o argumento de que precisa servir bem as visitas de seu gabinete, o presidente da Assembleia Legislativa do Rio de Janeiro, Paulo Melo (PMDB), alugou por R$ 43,2 mil uma máquina de café. Segundo o jornal *Extra*, de 6/3/2014, o contrato anual possibilita o fornecimento de um cafezinho a cada três minutos, ao custo de R$ 1 pela xícara. O gasto foi duramente criticado por seus eleitores e, em vez de recuar, o deputado contra-atacou.

"Eu vou ao Tribunal de Justiça, ao gabinete da presidente, tem lá café, tem um restaurante. Ali no Tribunal de Justiça, os carros dos desembargadores são Passat, importados. No Ministério Público, são carros de luxo, que o procurador usa, e que aqueles que detêm esse direito usam. O Tribunal de Contas tem restaurante: é um direito. Por que o Poder Legislativo não pode ter as coisas? Por quê? Porque é o Poder a que todos têm acesso? É o Poder que se submete e que submete as suas entranhas à análise de todos?"

Incrustado no estado de Goiás, o Distrito Federal é carinhosamente apelidado de "quadradinho", devido às pequenas dimensões da capital da República. Mesmo com pouco território a percorrer, os vinte e quatro deputados distritais que compõem a Câmara Legislativa do DF conseguiram gastar, nos sete primeiros meses desse ano, R$ 408 mil em combustível, o suficiente para comprar 134 mil litros de combustível. Calculando o consumo médio de um carro executivo de 2.0 cilindradas, os deputados distritais percorreram 9 mil quilômetros por mês. Na Câmara Legislativa, os parlamentares têm cota de ressarcimento de despesa limitada em R$ 20 mil mensais. A maioria das notas apresentadas é de consumo de gasolina.

Em sessão extra, quando poucos prestavam atenção na pauta, os deputados estaduais do Tocantins aprovaram, para si mesmos, o pagamento do auxílio moradia. Os R$ 3,4 mil seriam pagos a todos os vinte e quatro parlamentares, até mesmo aos treze deputados que têm imóveis na capital, Palmas. A pressão popular foi grande, e semanas após a aprovação da benesse, em julho desse ano, eles tiveram que revogar a decisão. Em troca do auxílio moradia, o parlamento analisa agora projeto que cria o auxílio saúde para os deputados. Se o benefício passar, os parlamentares poderão apresentar notas para ressarcimento de despesas médicas. No Tocantins, além do salário de R$ 20 mil, os deputados recebem verba de gabinete de R$ 47 mil para contratação de assessores e podem ser indenizados mensalmente até o limite de R$ 25 mil, com a apresentação de comprovantes de despesas parlamentares.

A criatividade dos parlamentares brasileiros ao utilizarem recursos públicos em causa própria parece não ter fim. Na Assembleia Legislativa do Recife, os deputados estaduais conseguiram um jeito de pagar retroativos de auxílio moradia a parlamentares que atuaram na casa de 1994 a 1997, período em que o benefício nem existia. Com a aprovação da regra, cada um dos deputados desse período recebeu R$ 354 mil em auxílios retroativos, em parcelas que começaram a ser pagas no início de 2012.

Esse ano, os deputados estaduais já se movimentaram para melhorar a própria situação e reajustaram em 37,3% o valor da verba indenizatória. Cada um dos quarenta e nove parlamentares recebe R$ 15,4 mil para despesas de gabinete. Além do subsídio de R$ 20 mil, os deputados ganham auxílio moradia de R$ 2.850 e têm à disposição frota de carros oficiais que custa R$ 3,2 milhões ao ano aos cofres públicos.

A Assembleia Legislativa de Alagoas é a casa que paga a maior verba de gabinete da região Nordeste: R$ 39 mil.

Apesar de ter número menor de deputados (vinte e sete parlamentares) em comparação com outros estados nordestinos, a exemplo da Bahia (com sessenta e três deputados e verba de R$ 29 mil). Não há controle sobre o uso dos R$ 39 mil em verba indenizatória. O parlamentar tem o recurso à sua disposição, além dos R$ 20 mil de subsídio. Numerosas irregularidades na administração da Assembleia de Alagoas estão sendo apuradas. Atualmente, descobriu-se que a casa tem duas mil pessoas na folha de pagamento, mas a estrutura física da Assembleia não comporta mais do que 400 funcionários.

O mau uso do dinheiro público por parlamentares, geralmente, é respaldado por leis internas que formalizam os excessos e mordomias. Mas em alguns estados do Norte, geograficamente distantes dos centros de comunicação e órgãos de fiscalização federal, os casos de desrespeito com o dinheiro dos contribuintes deixam a esfera da má-fé administrativa e torna-se pauta policial.

A situação na Assembleia Legislativa do Amapá é tão extrema, que a Polícia Federal, em 2010, entrou à força na casa para cumprir pedido de busca e apreensão. O orçamento de R$ 200 milhões é usado para interesse próprio dos parlamentares. Os deputados se autoconcederam verba indenizatória de R$ 100 mil, a maior do país, e depois da revelação da afronta pública, o valor foi reduzido para R$ 50 mil. Os parlamentares têm a maior diária do legislativo, em todo país. Quando em viagem, alegando motivo de trabalho, as excelências recebem R$ 2,6 mil por dia, custeados pelos cofres públicos. As despesas com diárias custam R$ 4 milhões ao ano. A situação no estado é tão absurda, que um dos anexos do Poder Legislativo funciona em um hotel da mulher de um dos deputados, que aluga o imóvel à Assembleia por R$ 20 mil mensais.

O Ministério Público do Acre investiga deputados que usaram dinheiro da casa para pagar advogados, aluguéis de imóveis comerciais ligados a empresas dos deputados estaduais e fretamento de aeronaves para entregar cestas básicas em comunidades carentes, em franca campanha eleitoral. Dos cofres do legislativo estadual saíram mais de R$ 3 milhões para viagens dos parlamentares em eventos de cunho eleitoral, pelo estado. A investigação também aponta que os parlamentares recebem verbas superiores ao subsídio de R$ 20 mil como ressarcimento de passagens aéreas, mas a casa não mantém portal de transparência para justificar os gastos. Formalmente, um deputado estadual acriano tem R$ 8 mil para gastar em bilhetes aéreos, além dos R$ 29 mil de verba de gabinete.

Na região Sul, a Assembleia de Santa Catarina se destacou esse ano com a aprovação de um projeto de interesse exclusivo dos parlamentares. Segundo o *Diário Catarinense*, de 13/2/2013, os deputados concederam 79% de reajuste no próprio auxílio moradia. Com a canetada, o benefício saltou de R$ 2,4 mil para R$ 4,3 mil por mês para cada um dos quarenta deputados. Os parlamentares não precisam nem mesmo apresentar comprovantes mostrando que o dinheiro foi gasto para pagar aluguel de imóvel residencial em Florianópolis. Apesar de a capital estar na oitava colocação no *ranking* das cidades mais caras para se viver — segundo pesquisa do setor imobiliário — o auxílio moradia da Assembleia de Santa Catarina é o maior do país. O presidente da Assembleia, Joares Ponticelli (PP), justifica o reajuste.

"A lei permite que todos recebam, não há nenhuma ilegalidade. Se o parlamentar quiser, por decisão própria, abrir mão do auxílio, fica a critério de cada um."

Além do auxílio moradia, os deputados estaduais de Santa Catarina têm subsídio de R$ 20 mil e recebem R$ 75 mil para a contratação de até vinte e dois secretários parlamentares. Entre salário, verbas e ressarcimento de despesa com passagens, telefone e manutenção de escritórios, os deputados estaduais custam R$ 118 mil por mês.

CÂMARAS MUNICIPAIS

A liberdade do sistema federativo brasileiro — de criar regras que se adaptem às características econômicas, geográficas e culturais dos estados — não faz parte dos sistemas legislativos. Assim como as assembleias seguem todos os passos do Congresso na cartilha da autoconcessão de benefícios, as câmaras municipais fazem o mesmo em relação ao parlamento estadual. A cada vez que Câmara e Senado criam um novo benefício, o efeito cascata atinge todo o país. Reajustes salariais do Congresso são replicados nas assembleias, que fixaram seus salários em 75% dos subsídios parlamentares. O mesmo ocorre com os benefícios. A padronização ou cartelização das mordomias é uma forma de os representantes se protegeram das críticas repetindo o argumento: se o Congresso tem, nós também podemos ter.

A prática de replicar, em âmbito regional, a rede de benefícios parlamentares modificou a fisionomia das câmaras municipais, principalmente nas capitais. A figura do vereador, munícipe mais próximo aos problemas do cidadão comum, foi alterada. Assim como as excelências, o vereador anda de carro oficial e participa das estruturas monstruosas da administração pública com o gabinete recheado de verbas com a suposta finalidade da representação.

Trabalho da ONG *Transparência Brasil* indicou que a Câmara do Rio de Janeiro (RJ) é a que tem a maior estrutura do país. Por ano, cada um dos cinquenta vereadores custa mais de R$ 6 milhões em impostos dos contribuintes. O subsídio dos vereadores do Rio de Janeiro é pouco menor do que o dos parlamentares estaduais, R$ 15 mil. Eles têm cota de mil litros de combustível por mês, autorização para gastar R$ 4 mil em selos e para contratar vinte secretários particulares. Em 2011, a câmara chegou a pagar R$ 2,3 milhões para comprar frota de carros oficiais modelo Jetta, avaliados em R$ 65 mil. A negociação foi feita sem licitação, e após polêmica o Legislativo municipal devolveu os carros.

Os vereadores do Rio de Janeiro têm as cotas fixas de combustível e selo, e os de Belo Horizonte (MG) recebem verbas indenizatórias. Os mineiros têm à disposição R$ 16,9 mil para gastos com locação de veículos, gasolina e contratação de consultoria técnica. Segundo portais da Transparência das câmaras municipais do Rio de Janeiro e Belo Horizonte, a despesa com a verba dos quarenta e um vereadores custa R$ 7,3 milhões ao ano. Além da verba de ressarcimento, os vereadores têm R$ 30 mil para contratar assessores.

Os vereadores de Palma (TO) são os que custam mais caro para a população, em um cálculo *per capita*. Anualmente, é como se cada habitante tirasse R$ 83 do bolso só para patrocinar a Câmara Municipal. O subsídio dos representantes municipais é de R$ 10 mil. No outro extremo, o vereador *per capita* menos oneroso, individualmente, ao contribuinte está em Belém (PA). Por ano, segundo a ONG *Transparência*

Brasil, a manutenção da Câmara custa R$ 21 a cada cidadão. Esse ano, os vereadores de Belém decidiram reajustar seus próprios salários em mais de 60%, elevando o subsídio de R$ 9,8 mil para R$ 15 mil. Apesar de representarem menor custo *per capita*, os vereadores não têm gabinetes aos moldes espartanos. A Câmara oferece auxílio alimentação de R$ 13 mil — regalia considerada inconstitucional e utilizada como uma espécie de verba indenizatória sem obrigação de prestar contas — linha de celular com gastos ilimitados e R$ 15 mil para o pagamento de assessores.

No Nordeste, onde a pobreza da população é indisfarçável e os índices de desenvolvimento são os piores do Brasil, o luxo dos vereadores salta aos olhos. Em Maceió, cidade que apresenta os piores índices sociais, os vereadores se deram aumento salarial de 67% no início de 2013, elevando os próprios salários de R$ 9 mil para R$ 15 mil, além dos privilégios, que incluem R$ 10 mil de verba de gabinete, dez cargos com salários pagos pela Câmara, mais de mil reais para alugar salas comerciais, mil litros de combustível e a locação de até dois veículos. Em Natal estão os vereadores mais caros do Nordeste, com salários de R$ 17 mil e o mesmo valor em Verba Indenizatória Parlamentar, que pode ser usada para locação de imóveis, veículos, além de pagamentos de contas como telefone e material de expediente.

Os salários dos vereadores de Natal ultrapassam os vencimentos dos cinquenta e cinco parlamentares da maior Câmara Municipal do país. Em São Paulo, cada vereador recebe R$ 15.031,70, mais verba de R$ 106.452 para contratar assessores e outros R$ 18 mil para pagar despesas de aluguel e locação. Isso quer dizer que o mandato de cada um dos vereadores da capital paulista tem um custo mensal de R$ 135,1 mil aos cofres municipais. Os valores servem de exemplo da distância da realidade em que vivem políticos e brasileiros comuns. Em São Paulo, por exemplo, o salário médio de um professor é de R$ 2.296,00.

GOVERNADORES E PREFEITOS

As mordomias de governadores e prefeitos não estão previstas em lei. Os prefeitos comandam as cidades ditando as próprias regras, usufruindo de telefones, carros oficiais e o poder — que vale muito Brasil afora — de comandar a máquina com o aval das Câmaras de Vereadores, geralmente interessadas em cargos no Executivo.

A situação dos governadores é semelhante, mas até pelo prestígio e pela importância do cargo, a liberdade para ditar as regras e decidir quais facilidades vão conceder a eles mesmos, custa pequenas fortunas aos cofres públicos. Em regra, os governadores possuem as facilidades de sempre, como telefones, carros oficiais, auxílio moradia e helicópteros. Eles podem morar nos palácios de governo, mas geralmente optam por usá-los apenas para realizar grandes eventos. E a conta das festas também é bancada pelo erário.

Os governadores possuem uma atração por aluguel de helicópteros e jatinhos. Não se tem registro de algum estado onde o uso tenha sido regulado ou regulamentado. O governador do Rio de Janeiro, Sérgio Cabral, por exemplo, tem seis helicópteros à sua disposição, e desde 2012 usufrui de um jato para nove pessoas cujo aluguel, divulgado no *Diário oficial da União* (*DOU*), custa nada menos do que R$ 3,5 milhões por ano.

No Ceará, a liberdade de o governador fechar contratos sem licitação o levou a alugar um avião por quase R$ 400 mil para fazer uma viagem com a família pela Europa, com tudo pago pelo erário durante o carnaval. Questionado sobre o ato, Cid Gomes disse não ter cometido erros (*Folha de S. Paulo, de 16/4/2008*). Em Sergipe, os gastos do governador Jackson Barreto (PMDB) chamaram a atenção do Ministério Público que, sem sucesso, pediu cautela ressaltando a situação difícil das finanças do estado.

Embora governadores venham dando demonstrações públicas e inquestionáveis da disposição para conceder a si mesmos privilégios, esse não é o único problema envolvendo o comando dos estados. No Brasil, a aposentadoria de ex-governadores é um problema real. Por ano, os cofres públicos gastam pouco mais de R$ 30 milhões para pagar pensões para ex-governadores ou suas viúvas.

A Ordem dos Advogados do Brasil (OAB) apresentou doze Ações Diretas de Inconstitucionalidade (Adins) para que o Supremo Tribunal Federal julgue a legalidade dessas pensões. Há casos, inclusive, de gente que ocupou o cargo de governador por dez dias e se aposentou com salário integral. Ao julgar uma dessas ações, a Corte entendeu que o pagamento é imoral e ilegal. Apesar disso, os estados seguem pagando os benefícios, porque ainda não há uma súmula vinculante editada pelo Supremo mandando suspender todos os casos de pagamentos ilegais. Em resumo, cada caso será julgado individualmente. Enquanto isso, as pensões consideradas imorais pelo STF continuarão a ser pagas.

INFORMAÇÕES SOBRE A

GERAÇÃO EDITORIAL

Para saber mais sobre os títulos e autores
da **GERAÇÃO EDITORIAL**,
visite o site www.geracaoeditorial.com.br
e curta as nossas redes sociais.

Além de informações sobre os próximos lançamentos,
você terá acesso a conteúdos exclusivos
e poderá participar de promoções e sorteios.

geracaoeditorial.com.br

/geracaoeditorial

@geracaobooks

@geracaoeditorial

Se quiser receber informações por e-mail,
basta se cadastrar diretamente no nosso site
ou enviar uma mensagem para
imprensa@geracaoeditorial.com.br

GERAÇÃO EDITORIAL

Rua Gomes Freire, 225 – Lapa
CEP: 05075-010 – São Paulo – SP
Telefax: (+ 55 11) 3256-4444
E-mail: geracaoeditorial@geracaoeditorial.com.br